U0449622

能见度
visibilité
古人

隐忍的大帝
孙权传

柯胜雨 著

浙江大学出版社
ZHEJIANG UNIVERSITY PRESS

目　录

第一章　江东开基 …………………………………（001）

　兵圣胄裔 …………………………………………（002）

　败亡襄阳 …………………………………………（007）

　扫荡江东 …………………………………………（012）

　受封吴侯 …………………………………………（016）

第二章　一方诸侯 …………………………………（023）

　临危受命 …………………………………………（024）

　淮泗集团 …………………………………………（029）

　西征黄祖 …………………………………………（036）

　剪除异己 …………………………………………（042）

第三章　火烧赤壁 …………………………………（049）

　甘宁献策 …………………………………………（050）

　鲁肃寻盟 …………………………………………（054）

　君臣同心 …………………………………………（060）

　屯兵乌林 …………………………………………（064）

　鏖战赤壁 …………………………………………（069）

第四章　三足鼎立 …………………………………（077）

　喋血江陵 …………………………………………（078）

　荆州借案 …………………………………………（083）

　迁治建业 …………………………………………（088）

　西取川蜀 …………………………………………（092）

　首战濡须 …………………………………………（096）

　湘水之盟 …………………………………………（101）

第五章 吴蜀交恶 ·· (107)
  兵败合肥 ·· (108)
  襄、樊合战 ·· (112)
  擒杀关羽 ·· (116)
  忍辱称藩 ·· (122)
  授封吴王 ·· (127)
  夷陵奇功 ·· (132)

第六章 自保江东 ·· (141)
  分道扬镳 ·· (142)
  吴蜀复盟 ·· (148)
  暨艳反腐 ·· (152)
  海洋强邦 ·· (156)
  石亭诱敌 ·· (161)
  孙权称帝 ·· (165)

第七章 开疆拓土 ·· (171)
  远航夷洲 ·· (172)
  平五溪蛮 ·· (177)
  截杀吴使 ·· (181)
  公孙败盟 ·· (186)

第八章 攘外安内 ·· (193)
  两攻合肥 ·· (194)
  征服山越 ·· (198)
  许迪贪案 ·· (202)
  攻讨襄阳 ·· (207)
  吕壹事件 ·· (211)
  辽东败亡 ·· (214)

第九章 赤乌余辉 ·· (219)
  四路伐魏 ·· (220)
  播威海外 ·· (224)

南鲁党争 …………………………………………………… (228)
筑宫建寺 …………………………………………………… (234)
储君易位 …………………………………………………… (238)
大帝之殇 …………………………………………………… (243)
附录　孙吴家族世系表 ……………………………………… (249)

第一章

江东开基

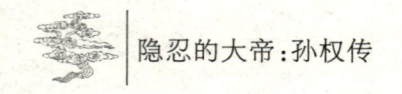

兵圣胄裔

> 洪涛奔逸势,
> 骇浪驾丘山。
> 訇隐振宇宙,
> 漰磕津云连。

　　这首气吞山河的钱塘观潮诗词出自东晋大将苏彦笔下。每到农历八月十八,钱塘涌潮如万马奔腾,咆哮着排山倒海而至,令人既胆寒战栗又雄心骤起。世人相传,汹涌的钱塘潮与伍子胥在临死之前的诅咒有关。

　　周敬王三十六年(公元前484年),"卧薪尝胆誓吞吴"的越王勾践暗赂奸佞太宰嚭,挑拨吴国君臣,轻松扫除了勾践复国的最大阻碍——一代名将伍子胥。昏庸愚蠢的吴王夫差听信太宰嚭的谗言,赐伍子胥一个全尸。伍子胥自刎前对夫差发出愤怒的诅咒,并嘱咐儿子:把我的头颅挂在姑苏城的南门上,我要亲眼观看越人攻打吴国;把我的尸体装入鱼皮袋,扔进钱塘江里,我要乘着涌潮观看吴国的溃败。

　　杀了伍子胥后,夫差倾师北上与齐国争霸。伍子胥的咒言成真,勾践乘虚而入,偷袭夫差的老巢姑苏城。吴国元气大伤,刚愎自用、不可一世的夫差吞下自酿的苦果,国破身死,痛呼"无脸去见伍子胥"后自杀,连同老爹阖闾的丰功伟绩也一起被吞没在滚滚的钱塘潮中。传说姑苏城破之日,钱塘江上隐约可见伍子胥驾着白马素车,驰跑于涌潮头。

　　伍子胥是吴国称霸的两根支柱之一,另一支柱是伍子胥的亲密战友、大军事家孙武。两人悉心辅佐吴王阖闾,共破当时的超级大国——楚国,攻占郢都,取得了辉煌的战绩,创造了古代战争史上的奇迹,也成就了吴国这个

夷蛮之邦的一代霸业。孙武堪称世界级的军事家,他留下的兵法十三篇名垂千古,中外兵家奉之为圭臬,尊之为兵圣。即使在当今信息化战争时代,《孙子兵法》依旧焕发出灿烂的智慧光芒。

孙武,才是那个激荡人心的时代的真正主角。

孙武出身于一个生命力异常旺盛的家族,这是一个以善于隐忍而著称的家族。其直系先祖陈完,原是陈国公子。周惠王五年(公元前672年),陈国内乱,陈完改名田完,躲到齐国去避难。时人预言,田氏"五世其昌,并于正卿。八世之后,莫之于京"。——田氏家族将在齐国生根发芽,枝繁叶茂,五世子孙将与正卿序列朝班,八世子孙将是临淄城的主人。

田完和他的子孙们就像冬眠之蛇,隐忍蛰伏在异国他乡长达一百四十年,终于等到了他们的机遇,雷霆万钧,叱咤风云,犹如耀眼的流星划过历史的夜空,留下光芒四射的无穷魅力。

周景王十三年(公元前532年),田完的四世孙田无宇联合鲍氏击败栾氏、高氏,成为齐国的当权派,这就是预言中的"五世其昌,并于正卿"。田无宇之子田书伐莒有功,齐景公赐姓孙,食采乐安。孙武就是孙书的孙子,为避内乱南奔吴国,结识伍子胥,献兵法十三篇,受到吴王阖闾的重用。而齐国的田氏势力不断壮大,随意废立齐国君王,最终取而代之,史称"田氏代齐"。这就是预言中的"八世之后,莫之于京"。

当田氏家族在齐国呼风唤雨的时候,孙武也在江南的吴国建立殊勋,威名扬天下,为阖闾争霸立下汗马功劳。在那个血腥风雨、朝不保夕的时代,如此一位旷世奇才的人生结局如何?历来有二说,其一说孙武同遭伍子胥厄运,被夫差诛戮;其二说孙武早在阖闾时代就脱然归隐,终老吴地。

不管孙武的人生结局如何,他的胄绪在江南地区绵延不息,五六百年后传承先祖隐忍力超强的王者基因,在春秋吴国的旧地上再度创立了一个强盛的割据政权——东吴。

东吴政权的奠基者孙坚,字文台,汉桓帝永寿元年(公元155年)出生于吴郡富春,与后来东吴的死对头、"篡汉奸贼"曹操是同龄人。富春地处钱塘江的上游,正是兵圣孙武之子孙明的食采之地,这个孙明就是战国时期齐国大谋略家孙膑的祖父。孙膑也留下一部兵书——《孙膑兵法》(也称《齐孙子》),其卓越的军事才华足以与乃祖孙武平分秋色。

司马迁在《史记》中记载,孙膑生于齐国的阿、鄄之间(今山东阳谷阿城、菏泽鄄城间),这与孙明食采之地富春相隔千里。对此,孙膑后人的解释是:孙膑之父英俊潇洒,被齐国公主看中,故而北上入赘。如此一来,诞生于富春的孙坚就不是孙膑的后人了,而应该是孙武其他子孙的后裔。

自孙武以降,直至孙坚,相隔六七百年,其间名号世系泯灭不可究,人们对孙坚的家族情况所知甚少,只知道他的父亲叫孙钟。孙坚的胞兄孙羌早亡,留下二子孙贲和孙辅。孙坚还有一双异母弟弟和妹妹。

孙坚的老家富春距钱塘不过百余里,孙钟一定给他讲过先祖孙武和伍子胥的故事。受到智慧与勇敢的熏陶,孙坚年少时就具备了一呼百应的豪杰气质。汉灵帝建宁四年(公元171年),孙坚年方十七,英姿勃发,在县衙里谋了一个差事。

一次,他与父亲孙钟乘船顺着钱塘江而下,准备出海,恰逢海盗胡玉等人劫掠商旅货物,在岸上明目张胆地分赃,所有的船只都被堵在钱塘江上,谁也不敢前进。孙坚骤生英雄气概,对孙钟说:"这伙海贼可杀,让我去干掉他们!"孙钟早已吓瘫在船上,劝阻儿子:"咱们还是少惹事为妙,别逞强。"孙坚一句话也没说,操刀上岸,孤身一人,挥动手臂,乱指一通,像是在指挥大队人马围剿海盗。胡玉等海盗远远望去,以为官兵在抓捕他们,吓得丢弃赃物,落荒而逃。孙坚来了个勇猛的冲锋,斩杀一个海盗,提着他的脑袋去见父亲,让孙钟大吃一惊。

孙坚由此在吴郡很快走红,远近数百里皆知富春出了一个孤胆英雄。孙坚也被吴郡太守提拔为署假尉(代理校尉),跃升为中级军官,先后担任三个县的县丞。孙坚声名鹊起,深得人心,前来归附的同乡旧友以及邻近无赖多达数百人。无论是谁,孙坚一概优渥款待,亲若子弟。

四年之后,孙坚的妻子吴夫人产下长子孙策。过了七年,光和五年(公元182年),孙坚在下邳郡丞任上又喜得麟子,其子长得方形阔脸,大嘴高额,双目炯炯有神,颇有领袖之相。孙坚暗暗称奇,断言这个儿子日后必是大富大贵之人,就取名孙权,字仲谋。

传说,吴夫人怀上孙策时,梦见月亮落入怀中;吴夫人怀上孙权时,又梦见太阳落入怀中。一个月亮一个太阳，如此罕有的异兆令吴夫人惊奇不已，赶紧告诉孙坚。孙坚大喜，回答说："日、月是天地阴阳之精华，极贵的征兆，我的子孙后代必然兴旺发达！"

孙权呱呱坠地的那一刻，东汉帝国正处在大黑暗时代。国家反腐体系全面溃败，从根烂到枝叶，上上下下无不散发出恶臭的腐烂气息。当国者汉灵帝刘宏是阴差阳错被外戚窦氏相中扶上皇位的，他登基之后实施党锢政策，公开卖官鬻爵。宦官势力横行，把持朝政，无恶不作。老百姓怨声载道，民间反叛暗潮涌动，河北钜鹿的宗教组织"太平道"领袖张角，假借传道和治病，信众多达数十万，遍布东汉帝国的每一个角落。张角四处宣扬"苍天已死，黄天当立。岁在甲子，天下大吉"，秘密准备暴动，打算推翻腐朽的朝廷，取而代之。

国家面临前所未有的危机，汉灵帝似乎也嗅到了死亡的气息，于是在光和五年（182）下了一道反腐诏令，让朝廷百官揭发、检举腐败的地方长官，试图以此来平息民愤。太尉许馘、司空张济等朝廷高官却阿附宦官集团，收受贿赂，袒护宦官势力的爪牙，诬陷边远小郡为官清正、政绩斐然的二十六个地方官。许馘、张济等公然助纣为虐、指鹿为马，恶行昭然若揭。民众自发组织起来，在皇宫前集会喊冤。朝中的正义之士如议郎曹操等，初露锋芒，充当救国救民的急先锋。汉灵帝虽然有所醒悟，斥责许馘等人，为蒙冤的官员拨乱反正，统统任命为议郎，但是这一隔靴搔痒的纠错之举，根本就无法扭转日益滑向覆没深渊的趋势。终于在中平元年（公元184年）二月底，黄巾大起义爆发，犹如惊涛骇浪，猛扑向破烂漏水的大船，整个帝国陷入天翻地覆之中。

汉灵帝慌忙令左中郎将皇甫嵩、右中郎将朱儁率军镇压黄巾起义。孙坚所在的下邳虽处于风暴的边缘，但朱儁久闻孙坚的英名，就让他做佐军司马，召集部众，参与平叛。于是孙坚纠集了一帮子弟兵，其成员大多数为跟随孙坚在下邳的同乡青年。这支吴郡子弟兵紧密团结，拥有高度的凝聚力，具备超强的战斗力。孙坚为了让部众轻装上阵，把眷属转移到远离风暴中心、位于淮河中游南岸的寿春（今安徽六安寿春镇）。三岁的小孙权紧随其母吴夫人、哥哥孙策，离开了出生地下邳，踏上了南下之途。

抵临寿春之后，孙策、孙权兄弟过上了令人羡慕的平静日子。在那儿，

年仅十余岁的孙策显露出惊人的社交能力,朋友圈均为当地的知名人士。其中最为显著者,是一个叫周瑜的同龄人。

周瑜,字公瑾,出身于庐江舒县的一个官宦世家。周瑜的从祖父周景及其子周忠都做过太尉(相当于现在的国防部长),周瑜的父亲周异也做过洛阳令(即京畿首长),家世不可谓不显赫,是淮泗地区的豪族。周瑜俊美无俦,玉树临风,精通音律,志趣高雅,与孙策、孙权结下深厚的情谊。结识周瑜,无疑是孙策、孙权兄弟一生中最重要的事件之一。

当孙策、孙权兄弟在寿春整日与周瑜高谈阔论,弹琴奏乐,过着优哉游哉的日子时,他们的老爹孙坚正在北方出生入死,穿梭于刀枪剑戟之间,与黄巾军作殊死搏斗。

孙坚率吴郡子弟兵西去后,沿途又招募商人,还有慕名入伍的淮泗精兵,总数逾千人。这支部队人数虽少,却上下一心,战力惊人,所向披靡,是朱儁麾下作战最勇猛的部队。仗打得异常艰苦,孙坚在西华之役中受重伤,一度与部下失去联系。但是吴郡子弟兵士气旺盛,屡战屡胜,汝南、颍川一带的黄巾军招架不住,退保宛城(今河南南阳)。在攻城时,孙坚身先士卒,第一个将旗帜插在宛城上,部下蜂拥而上,一举收复了宛城。此战令孙坚威名远扬,他被朝廷授予别部司马,为军中高级将领,有自己的编制队伍。

在名将朱儁、皇甫嵩的镇压下,黄巾军坚持了一年多后宣告失败。但是黄巾大起义动摇了东汉统治的根基,地方军阀趁势而起,挑战朝廷的权威,率先发难的是西北凉州的边章和韩遂,他们打着讨伐宦官集团的旗号,率军进犯关中地区,揭开了东汉末年大乱局的序幕。

京师洛阳岌岌可危,汉灵帝慌了,赶紧任命司空张温为车骑将军,负责平叛。面对边、韩叛军的咄咄逼人之势,张温做了部署,令屡立战功的孙坚为参军事,镇守长安城;起用被革职的凉州土豪董卓为中郎将,让他去阻挡边章和韩遂的叛军。

董卓自幼长于陇西,在大西北拥有强大的号召力,凶悍的羌人都对他服服帖帖,因此颇受朝廷重用,成为稳定西北局势的关键性人物。董卓也仕途坦荡,一路攀升,从羽林郎(禁军头目)到军司马,到地方县令、北部都尉(边防军长官)、西域戊己校尉(西域屯田长官)、地方郡守,再到中郎将这一和平

时期军人的最高职务。黄巾起义爆发后,董卓的好运走到了头,在平叛中败得一塌糊涂,功劳簿上的成绩被清空,只得灰溜溜地回到陇西。

边章和韩遂的叛乱让失意的董卓重燃政治欲望之烈火,接到朝廷的任命书后,董卓率十万大军火急火燎地赶赴前线,不料遭到叛军的打击,损失惨重。董卓气馁,惧战逗留。张温搬出汉灵帝的诏书,让董卓去长安城共议军务。但是董卓根本就不买张温的账,过了许久才去见张温。张温大怒,狠狠地训斥了董卓一顿。孰料董卓也不是一盏省油的灯,针尖对麦芒,跟张温对着干,出言甚是不逊。

坐在一旁的孙坚再也看不下去,上前偷偷告诉张温:"这个董卓目无法纪,留着必是祸患,应该治他一个未按时到达之罪,斩首以正军法。"但张温不听。于是孙坚又列数董卓三大罪行,泣血苦劝,可惜张温有妇人之仁,不忍杀了董卓,错过了一次为国锄奸的大好机会。

孙坚豪气冲天,力倡张温诛杀董卓,拳拳报国之心,令众人感慨不已,闻者无不叹息。平定边章、韩遂之乱后,孙坚被授予议郎之职,但从此与董卓结下了梁子。

败亡襄阳

此时的东汉帝国已呈决疣溃痈之势,朝政腐败到了极点,各地暴动此起彼伏。黄巾起义、边章与韩遂之乱刚刚平息,南方湘水地区又燃起三股叛火:长沙的区星、零陵的周朝、桂阳的郭石。尤其是区星,他拥众万余,日夜不停地攻打长沙城,紧急奏章如雪片般飞入京师,搞得汉灵帝焦头烂额,寝食难安。

于是朝廷推举豪气凌云、忠肝义胆、智勇双全的孙坚为长沙太守,让他南下收拾乱局。这是孙坚第一次独立指挥征战。孙坚赴任之后亲力亲为,跟部下同甘共苦,不到一个月就击溃区星乱军;紧接着又沿湘水南下,转战零陵郡、桂阳郡,轻易击破周朝、郭石乱军,三郡迅速恢复了平静。

这时庐江太守陆康的侄子也被乱民围困于宜春,他听说孙坚在湘水一带作战,遣使求援。宜春在湘水六七百里之外,隶属豫章郡管辖。部下都劝孙坚不要擅自越境作战,否则恐将获罪。孙坚大义凛然道:"以此获罪,何愧海内乎?"——如果因为这个受到惩罚,我无愧于天下矣!他毅然率部东向,围困宜春之敌听说孙坚来了,不战自溃。

朝廷不但没有责怪孙坚的"狗拿耗子",反而前后数功并赏,赐封孙坚为乌程侯。乌程(今浙江湖州),为太湖边的一个富饶县名,以盛产美酒著称,在孙坚家乡富春以北两百里。授封乌程侯,无疑极大地提高孙坚的向心力,使他在南方诸郡树立了崇高的威望。他开始迈上新的人生旅途,实现从普通将领向地方军阀的华丽转身。

中平六年(公元189年),汉灵帝崩,朝中大乱,外戚与宦官争权厮杀。野心家董卓趁火打劫,率兵进京,逼迫何太后废少帝,立年幼的陈留王刘协为帝,也就是汉献帝。朝政落到手中后,董卓一朝得意,残忍不仁,倒行逆施,戕害忠良,东汉帝国坠入永劫不复的阿鼻地狱。各路地方军阀对这匹来自大西北的恶狼恨之入骨,骁骑校尉曹操、冀州牧韩馥、渤海太守袁绍、后将军袁术、荆州刺史王睿等结成"讨董联盟",号称关东军,推举袁绍为盟主。全国又陷入兵荒马乱的内战之中。

在长沙的孙坚闻讯大恸,痛心地说:"要是当初张温听从我的话,国家就不会有今日之难了。"他立即宣布加入"讨董联盟",被袁术荐举为假中郎将。孙坚率部浩浩荡荡向北进军,从南线夹击董卓。孙坚跨过长江之后,顺手杀了与己有仇的荆州刺史王睿,剪除一个潜在的敌对势力,继而一路向北。沿途百姓听说乌程侯来了,无不夹道欢迎。孙坚的队伍不断壮大,抵达南阳城下时已有数万之众。

南阳太守张咨也是"讨董联盟"的成员,见孙坚有数万之众,镇定自若,满脸堆笑着恭迎,实则嫉恨不已,巴不得孙坚早点离去。但是张咨绝对料不到,自己即将面临一场血光之灾。

后将军袁术与董卓有仇(袁绍、袁术之叔袁隗被董卓灭族),躲在鲁阳(今河南鲁山),但对南阳垂涎三尺,早已跟孙坚达成一桩政治交易:孙坚帮袁术夺取南阳城,袁术则帮孙坚捞取各种政治资本。当孙坚向张咨筹措粮草时,张咨问部下,部下告诉他:"孙坚自己的俸禄就有二千石,军中粮草多的是。"张咨就拒绝了孙坚的要求,终于惹祸上身。次日孙坚大摆鸿门宴,在酒席上以"阻扰讨董义军"的罪名杀了张咨,引兵归附鲁阳的袁术。袁术大喜,上表封孙坚为破虏将军,领豫州刺史。

两人惺惺相惜,结为盟友。孙坚以鲁阳城为基地,出兵进攻董卓,袁术则负责筹粮,充当运输队长。董卓派遣"天下武功第一"的吕布与陈郡太守胡轸率步、骑兵共五千人迎战。双方对峙于鲁阳以北百余里的阳人,吕布跟胡轸向来不和,见孙坚军容整齐,不可战胜,感到胆怯,就散布各种谣言,结果自乱阵脚。孙坚不战而胜,趁势进取梁东(今河南方城东)。但接下来,董卓派华雄率大军将梁东重重包围,孙坚大败,只率数十骑突围而出。但孙坚重整旗鼓之后,再次跟华雄决战于阳人。孙坚誓血梁东惨败之耻,率部奋力冲杀,大破敌军,阵斩华雄。华雄也是董卓的一员虎将,勇猛仅次于吕布,他的被杀令董卓胆战心惊。但是后来的罗贯中张冠李戴,把孙坚杀华雄的英雄事迹记在了关羽名下。

这时,东线的曹操、袁绍等讨董义军同床异梦,被董卓一一击破,纷纷作鸟兽散。只有南线的孙坚凯歌高奏,败吕布、毙华雄,所向披靡。董卓畏之如虎,对长史刘艾说:"关东军曹操、袁绍等人都是我的手下败将,奈何我不得。只有一个小傻孙坚很会用兵,要告诉诸将谨慎为妙。"

正当孙坚踌躇满志,准备一鼓作气直捣洛阳时,军中却缺粮了。原来有人提醒袁术,如果让孙坚攻夺了洛阳城,那是赶走豺狼又迎来虎豹,将成尾大不掉之势。袁术是个小肚鸡肠之人,听人这么一说,立即断绝粮草。孙坚无法继续前进,眼见就要成功,只好星夜从阳人赶到鲁阳去见袁术。孙坚慷慨陈词:"我不惧身死,上为国家讨贼,下为将军报家门深仇。我跟董卓并无个人恩怨,你还受人挑拨,做出亲者痛仇者快的事!"

袁术无话可说,只得调拨粮草。孙坚的军队得到了补给,士气骤涨,兵锋直指洛阳城。董卓最忌惮的就是孙坚,赶紧派遣将军李傕向孙坚求和,让他开出一个家族成员的名单,他们要当哪个州郡的刺史、郡守都行。

但是董卓的糖衣炮弹无法击中孙坚那颗勇敢、赤诚的心。孙坚断然拒绝董卓的任何求和条件,誓言要诛杀董卓九族,传首天下,以惩罚他的大逆不道之恶行！接着，他率军进至离洛阳城不到九十里的一个大山谷。消息传来，洛阳城内一阵鬼哭狼嚎，董卓惊恐万分，打起迁都长安城的主意。临行前，董卓实行野蛮、残忍的焦土政策，将繁华一时的洛阳城烧成一堆破瓦砾。

孙坚进入洛阳城时，看到的都是残垣断壁，尸首盈野，数百里内无人烟。这位坚忍的猛士见此惨状，不禁惆怅流涕，潸然泪下，当即让将士清扫残破的宫殿，祭祀太庙，填掩被董卓挖掘的陵墓。清理洛阳城时，孙坚的部下在城东南的甄官井里探得了一件宝物，那是秦始皇流传下来的传国玺，刻着李斯书写的"受命于天，既寿永昌"八个字。玺四寸见方，上面雕着五条相互缠绕的龙，但四个角缺一个。除了传国玺，孙坚还在洛阳城缴获了皇帝六玺，上面分别篆刻着"皇帝之玺""皇帝行玺""皇帝信玺""天子之玺""天子行玺""天子信玺"等文字。象征正统皇权的七玺全部落到了孙坚手中。

传国玺是汉帝国至高无上的秘宝，在秦灭之后被汉高祖刘邦所取，一直传到汉灵帝，业已四百余载。汉灵帝死后，大宦官张让作乱，汉少帝仓皇出逃，传国玺也被投入甄官井。

谁获取传国玺，就意味着天命所归，社稷所寄，肩负着拯救苍生于水火之中的使命。

但是这一国之宝器就像英国奇幻作家托尔金(J. R. R. Tolkien)笔下的魔戒，能够摄人心魂，乱人心智。孙坚触碰到传国玺的那一刻，就变了样，贪念骤起，由一个铁骨铮铮、忠烈肝胆的硬汉子沦为暗怀叛逆异志的阴鸷枭雄。这一刻，注定了孙坚将走上不择手段抢夺地盘、割据一方的军阀之路。

孙坚拿到七玺之后，立即严密封锁消息，而后若无其事地撤出洛阳城，回到鲁阳。但是孙坚的厄运也随之而来了。袁绍、袁术两个兄弟爆发阋墙之争，袁绍也任命亲信周㬂为豫州刺史，来抢夺孙坚的地盘了。

袁氏兄弟的矛盾由来已久，袁术一向瞧不起袁绍这个庶兄，经常蔑称为野杂种。但在推举"讨董联盟"的盟主时，这个"野杂种"竟然众望所归，堂堂正正地坐在盟主的位置之上，令袁术羡慕嫉妒恨。之后袁绍提议立幽州牧刘虞为帝，但是袁术有叛篡之心，公开反对袁绍的提议。于是袁氏兄弟彻底撕破脸，反目为仇。袁绍对孙坚死心塌地追随袁术非常恼火，遂决定先拿孙坚开刀，以震慑袁术。结果孙坚成了袁氏兄弟火并的牺牲品。

对此，孙坚不禁号啕大哭："同举义兵都是为了拯救即将沉沦的大汉江山，眼见就要灭了董卓，现在大家却闹到这个地步，我跟谁生死与共呢？"当然，周喁绝非孙坚的对手，屡屡败北。袁术见孙坚有难，也出兵攻打周喁的兄弟、九江太守周昂。周喁连忙回师救援，结果两面受敌，一败涂地，惨死在老家。

交手的第一回合，袁绍落在下风，于是又拉拢单骑入荆州的宗室刘表和风头正劲的曹操来对付袁术。刘表也算是当时的一霸，控制了除南阳之外的荆州七郡，坐镇华夏的地理中心、长江中游的交通要地——襄阳，睥睨四方豪强。

汉献帝初平三年（公元192年），袁术令孙坚攻打刘表。孙坚倾巢而出，自南阳、鲁阳南下直取襄阳城。刘表慌忙调派驻防江夏的黄祖西上阻击孙坚，双方在鲁阳以南三百里处的新野展开激战，黄祖大败。孙坚又突破刘表大军的邓、樊防线，强渡汉水，进围襄阳城。

刘表紧闭城门拒战，夜里派遣黄祖出城偷袭孙坚大营。可孙坚早有防备，黄祖见势不妙，引兵欲返，孙坚果断发起逆袭。黄祖大败，后路被孙坚阻断无法撤回襄阳城，只好逃到襄阳城西南七里的岘山。此山东望汉水，深林茂密，山上有一座桃林亭，道路崎岖，为襄阳城的屏障。

孙坚是个打起仗来不要命的人。黄祖躲入岘山的密林之后，孙坚追杀得兴起，不顾左右劝谏，只带上若干亲信，紧随在黄祖身后，也没头没脑地钻进竹丛茂林中。蓦地只听见"嗖嗖"几声，从黑暗处飞出一阵利箭，孙坚闪避不及，中箭落马身亡。

孙坚阵亡时的详情，"建安七子"之一的王粲写的笔记类史料《英雄记》中有不同的说法。按王粲之说，刘表部将吕介（亦作吕公）率兵顺着岘山而下迎战孙坚，孙坚则率一队精锐轻骑兵上山寻敌，结果被吕介士卒抛下的石块砸碎脑袋而亡（或中箭而死）。孙坚归西的时间是初平四年（公元193年）正月初七日，时年三十七或三十八，而不是史学家陈寿在《三国志》中记载的初平三年（公元192年），或其他史料提到的初平二年（公元191年）。

这几种说法中，王粲记述的最接近史实，因为当时他就在襄阳城，其所居之地万山与岘山遥遥相望，有可能耳闻目睹了岘山之战的全过程，所记孙坚阵亡的细节不容忽视，其与陈寿《三国志》的记载并无违和之处，相反可互作印证与补充。陈寿向来惜墨如金，叙事之简洁如同今天报纸的新闻标题。

孙坚攻打刘表，实则是一场跨年度的大战，从初平三年下半年一直持续到翌年正月孙坚阵亡才终结。乱箭射死孙坚的是吕介，当时或配属黄祖与孙坚交战，或被刘表遣派以策应黄祖。

但实际上杀死孙坚的正是他自己，缴获传国玺与皇帝六玺，让孙坚顿生骄心。以往傲人的战绩又令孙坚麻痹大意，他轻敌冒进，误中敌伏也是在情理之中。古今中外不知有多少名将，就因为轻敌惨遭不测，断送大好前程。孙坚之死，是东汉末年无数英豪悲惨结局的一个典型案例。在那个浮浮沉沉的年代，上自皇帝，下至基层官吏，无论是谁都朝不保夕，今天高高在上不可一世，明日说不定就是身首异处。

扫荡江东

孙坚意外阵亡，对孙策、孙权兄弟来说，无疑是最惨痛的损失。是时，孙策十八九岁年纪，正步入青壮年阶段。孙权十二岁，尚处在朝气蓬勃的少年时期。他们为了躲避战乱，从黄巾大起义始已经离开父亲九年了。

在这九年中，他们多次流徙转移，过着漂泊的日子。中平元年（公元184年），孙坚西击黄巾军，吴夫人、孙策、孙权母子南下寿春。中平六年（公元189年）孙坚北伐董卓，吴夫人母子在周瑜的热忱相邀下，又从寿春南下，迁居周瑜在舒县的家宅。可此一时彼一时，孙策、孙权与周瑜的关系发生了变化。五年前在寿春时，论家世、论资质，周瑜都不逊于孙策、孙权兄弟，故而三人结成平等友好的朋友关系。但现在孙坚已被授予豫州刺史，手握兵权，堪称乱世之英豪，又被赐封为乌程侯。孙策、孙权兄弟一跃成为侯门公子爷，地位渐超周瑜。三人已变成主从关系，孙策、孙权是主，周瑜是从。吴夫人母子能光临周瑜宅第，足以让周氏家族荣耀一时。所以周瑜就像一个忠实的奴仆，倾心照料主人。周瑜把大道南边的一栋豪宅让给孙策、孙权兄弟居住，毕恭毕敬地登堂拜见吴夫人。在舒县期间，孙策将非凡的社交才能发挥得淋漓尽致,广结朋友,如磁石一般吸住了江淮之间数不清的能人异士。

四年之后,孙坚战殁襄阳岘山。孙氏家族的支柱轰然倒塌,风光一时的吴夫人母子沦为孤儿寡母,无所栖息。失去了依靠就必须自己靠自己,孙策、孙权兄弟唯有精诚团结,靠自己的能耐站稳脚跟,靠自己的坚忍力度过这一非常困难时期。虽然失去了最坚强的后盾——孙坚,但是孙策、孙权兄弟并没有失去勇气与信心。他们忍住了悲痛,也忍住了锥心刺骨的仇恨。他们将孙坚尸首迎葬于曲阿(今江苏丹阳)之后,便渡过长江迁往江都(今江苏扬州江都区)。袁术被袁绍、曹操联手击败后,率部众逃往九江,占据寿春。长江下游一带是袁术的地盘,对孙策来说,也是最安全的地方。

孙策到江都的第一天,就去拜访当地的名士张纮。张纮年少时曾经北上京师洛阳,在儒学大家韩宗门下学习《左传》等经书,博学多才,远近闻名,回到江都后被推举为秀才。当时的外戚权臣、大将军何进,名将朱儁等都动起张纮的主意,想聘他入府为官。张纮均称病拒绝,隐居在江都逍遥自得。

孙策亲访张纮,有请他出山辅佐之意。孙策先向张纮咨询当世之事,说:"现在国家衰微,天下大乱,各路豪杰自立山头,只顾抢占地盘,没有一个站出来为国家而献身。"紧接着孙策表白心中的大志:"我父亲先前追随袁氏兄弟高举反董大旗,孰料大业未成先遭黄祖暗算。我虽然愚弱幼稚,但是也有微末之志,想干点事业。"

张纮问孙策:"你要怎么干?"

孙策是这么打算的:他的舅舅也就是吴夫人的弟弟吴景,多次跟着孙坚立下大功,官授骑都尉。袁术给吴景一个丹阳太守的职务,让他去攻打丹阳太守周昕(周喁之兄),抢夺丹阳郡(郡治宛陵,今安徽宣城市。古代阳、杨通用,又作丹杨郡)。于是孙策决定到寿春去找袁术,要回孙坚的老部下,投奔舅舅吴景,然后慢慢收拢人马,立足吴郡,攻打刘表,诛杀黄祖,以雪杀父之仇,最后做朝廷外臣。

张纮早闻孙策大名,无奈此时自己的母亲刚去世,尚在守孝期间,因而婉拒了孙策的盛情。但孙策涕泪交垂,慷慨陈词,令张纮为之心动。张纮给孙策支招:"你继承先父之业,有骁武之名,如能投靠丹阳,立足吴郡,再取扬州、荆州,则可报杀父之仇。但如能割据长江,芟夷群丑,匡扶汉室,那么功勋可比春秋五霸的齐桓公、晋文公,何止一个朝廷外臣?"

张纮短短几句话,成为孙氏割据江东的指导纲要,三国鼎立自此初见端倪。后来刘备三顾茅庐,诸葛亮作《隆中对》,简直就是孙策亲访张纮的翻版。张纮堪称三国第一位政治战略家。

此时孙策豁然开朗,大有"听君一席话,胜读十年书"之感,当即将母亲吴夫人和弟弟孙权等交托给张纮照顾,自己轻装上阵,踏上了开疆立业的辉煌征途。按照既定计划,孙策带上亲信吕范、孙河,先去宛陵见舅舅吴景,在当地募集了数百人马。丹阳人身处恶劣地理环境,养成习武好战的习俗,善于打山地战。在日后,这些剽悍的丹阳兵驰骋沙场,所向披靡,是孙氏家族东征西讨的一把锐利尖刀,为东吴建政立下不世之功。

兴平元年(公元194年),孙策率丹阳兵北上寿春,去见袁术,要他归还孙坚的旧部人马。老奸巨猾的袁术起初不肯,但孙策善于表演,在袁术面前哭哭啼啼,翻起老爹孙坚生前忠心追随袁术而捐躯的旧事。袁术经不住孙策的死缠硬磨,就将孙坚的旧部千余人交还给孙策。这些孙坚旧部的骨干大多是吴郡兵,以及部分淮泗兵,对孙氏的忠诚度极高,他们后来与强劲的丹阳兵一道,出生入死,勠力前行,充当孙策、孙权兄弟称霸江东的急先锋。

但是袁术将孙坚旧部还给孙策之后,看到孙策实力大增,开始反悔。他先是答应让孙策当九江太守,但没几天就把九江给丹阳人陈纪了。再之后,袁术要进攻徐州牧陶谦,向庐江太守陆康借米三万斛。陆康不肯,袁术大怒,派遣孙策去打他。袁术信誓旦旦地对孙策说:"前回错用陈纪,我心里无比懊悔。这回要是拿下陆康,庐江就是你的了。"孙策二话没说,率部攻下庐江。孰料袁术翻脸比翻书快,又把庐江给了部属刘勋。

受到三番五次的愚弄,孙策自尊心全无,对霸道反复的袁术大为失望,开始密谋出走,另起炉灶。孙策的战略目标是渡过长江,打回老家吴郡,在那儿创建根据地。但是长江上的两个重要渡口——当利口(今安徽和县东十二里)、横江津(今安徽和县东南二十五里)被刘繇控制了。

这个刘繇原是扬州刺史,当时扬州郡治在寿春。袁术赶走刘繇,占据寿春。刘繇就渡过长江,把郡治迁到曲阿去。刘繇到了曲阿后,四处掠土。当时丹阳郡被孙氏家族控制,孙策的舅舅吴景为丹阳太守,孙策的堂兄孙贲为丹阳都尉。刘繇杀入丹阳郡治宛陵,把吴景和孙贲赶到长江北岸的历阳(今安徽和县历阳镇)。为了挡住袁术南下,刘繇派部将樊能、于麋驻守横江津,又派部将张英驻守当利口。袁术任命旧部属惠衢为扬州刺史、吴景为督军中郎将,让他们率兵跟孙贲一起进攻当利口、横江津,以打通渡江的道路。但是张英、樊能凭借有利地形,屡屡击退吴景、孙贲的进攻。

要想脱离袁术,开辟江东根据地,就必须突破刘繇在长江北岸的封锁线。于是孙策向袁术请缨作战:"我的老家在江东,让我助舅舅吴景一臂之力,攻打横江津。拿下横江津之后,就可以回到江东,招募三万人马,为你效力,匡扶汉室。"

袁术也是明眼人,知道孙策心里恨自己,但他对孙策的实力不以为然,因为江东有两股大势力,一个是占据曲阿的刘繇,另一个是占据会稽的王朗。他自己拥兵数万,尚且对他们二人敬畏三分,更别说孙策区区的千余人马了。

袁术心里打着如意算盘,要让孙策这嘴上没毛的小子去尝点苦头。于是袁术上表朝廷封孙策为折冲校尉,代殄寇将军,让他南下破敌。孙策出发时兵才千余,战马不过数十匹,另有宾客数百人。看着这支以步兵为主的小部队,袁术暗自窃喜,这回孙策恐怕是肉包子打狗了。

但是袁术绝对看扁了孙策在江淮地区的号召力。孙策旗帜所至之处,从者如云,到了历阳之后,南征队伍迅速扩充到五六千人。在历阳,孙策与母亲吴夫人和弟弟孙权等人相聚。刘繇渡江南下时,孙策的部将朱治、吕范早已将吴夫人和孙权等从江都接到曲阿,护送他们到历阳吴景处。

一家人团圆之后,孙策为了确保吴夫人和孙权等人的安全,又将他们送到历阳西边两百里的阜陵(今安徽全椒县),卸掉了渡江南下的包袱。

兴平二年(公元195年),挺进江东的战役打响。孙策偷渡长江,袭击南岸的刘繇军粮库牛渚屯,包抄北岸张英、樊能的后路。结果孙策偷袭得手,缴获了大量粮草补给和器械。

占领牛渚屯后,孙策趁机扩大战果,扫荡南岸的刘繇势力。孙策首先北攻秣陵城中依附刘繇的彭城相薛礼、下邳相笮融。秣陵城为联结曲阿和江北横江津的战略要地,攻占秣陵城,可将刘繇集团割裂为东、西两股,而后逐个击破。薛礼在秣陵城内,笮融屯兵城南,里外相呼应。孙策先打笮融,斩获五百首级，笮融胆寒，闭门不敢出战。孙策继而渡江进攻秣陵城。薛礼大骇，弃城而逃。眼见孙策就要获胜，不料北岸横江津的樊能、于麋乘虚夺回牛渚屯，孙策陷入两面夹击之危，赶紧回师迎战樊能、于麋。在舒县的周瑜听说孙策渡江作战，也起兵响应，渡江攻夺宛陵，而后北上与孙策汇合，大破敌军，虏获男女万余人，牛渚屯失而复得。

孙策又马不停蹄，北击龟缩大营的笮融。孙策身先士卒，但却被笮融的士卒射中大腿，流血如注，无法骑马，只好撤回牛渚屯休养。这时笮融接到情报称，孙策已中箭身亡。笮融大喜，派部将于兹进攻牛渚屯。孙策将计就计，设下埋伏围歼于兹部，斩首千余级。

孙策乘胜杀到笮融的军营前，笮融部听说孙策来了，都吓破了胆，纷纷溃散。笮融赶紧挖深沟，筑堡垒，加固防御工事。孙策见一时难下，就舍弃笮融，转战梅陵（今安徽南陵县）、湖孰（今江苏江宁县南湖熟镇）、江乘（今江苏句容北）等地，所向皆破，无不下者，最后逼近刘繇的老巢曲阿。

是年十二月，孙策对曲阿发起总攻，刘繇战败，在悍将太史慈的死命保护下，溯江仓皇逃往豫章。秣陵城南的笮融听说主子跑了，也弃军逃往豫章。至此，孙策粉碎了据守曲阿的刘繇集团，取得了江东之战的第一阶段胜利。

受封吴侯

曲阿地处长江南岸，扼长江入海口，境内水网密布，膏腴沃土。孙策夺得曲阿之后，派部将陈宝到阜陵接回母亲吴夫人和孙权等弟妹，决心以此为王霸之基，开创一番轰轰烈烈的大事业。

建立霸业首先必须取得民心，但是曲阿的百姓遭到刘繇的欺压，早已对军阀割据深恶痛绝，听说孙策来了，不知祸福，无不吓得魂飞魄散。那些刘繇任命的地方官吏，赶紧扔下官印，纷纷避逃深山。

孙策的当务之急就是安抚民众，收拢人心，才能站稳脚跟。孙策进入曲

阿之后,做了四件事:第一件事,颁布军令,整肃军纪,严禁袭扰地方;第二件事,发布招安令,刘繇、笮融旧部,愿来则来,一切既往不咎;第三件事,犒劳将士,重赏有功之人,并优厚招募,免除徭役、赋役;第四件事,亲自巡视,深入民众。结果曲阿成了一片乐土,大军所过,秋毫无犯,老百姓不但不避走,反而箪食壶浆相迎。又见孙策身躯凛凛,吐语轩昂,谈笑风生,性情阔达,魅力四射,亲和力十足,老百姓大悦。前来投军的人络绎不绝,无不乐于抛洒热血,效命孙氏。不到半个月,孙策的军力迅速扩充,拥有士卒两万、战马千匹、良将百员,一时震撼江东。

站稳脚跟之后,下一步就要消灭邻近的抵抗势力,开疆拓土,抢占地盘。当时江南的抵抗势力主要有六股,南边乌程地区的邹他、钱铜,以及前合浦太守王晟等;吴郡太守许贡;丹阳部族酋长祖郎和自称丹阳太守的太史慈;东南浙江的会稽山贼严白虎;会稽太守王朗;西南江西地区的豫章太守华歆。

孙策认为盘踞会稽的严白虎山贼只是一群乌合之众,以劫掠为生,素无大志,易于剿定。豫章太守华歆又地处西南偏远,而丹阳地区的祖郎和太史慈力量最强。太史慈是刘繇的旧部,护送刘繇逃往豫章,藏匿在芜湖附近的深山中,自号丹阳太守。他与祖郎依附强悍的山越人(包括被汉人同化的古越人和避难山区的汉人),独霸一方。所以孙策决定先易后难,各个击破,先扫荡东南沿海诸敌,解除对曲阿的威胁,而后伺机进攻丹阳、豫章之敌。孙策兵分两路,自率一路,南攻乌程、会稽,大将朱治为另一路,东攻吴郡。

建安元年(公元196年),孙策在曲阿城内誓师,开始南讨。孙策引兵首先南下乌程,乌程之敌邹他、钱铜、王晟等不堪一击,一触即溃,都成了俘虏。孙策特赦了与孙坚有故交的前合浦太守王晟,其余全部族诛。

与此同时,进攻吴郡的朱治也在由拳(今浙江嘉兴)击破吴郡太守许贡的防线,许贡南投严白虎。朱治率部开进郡城,遂被孙策任命为吴郡太守。两路大军继而聚攻吴郡以南的严白虎。严白虎惶急无计,躲在沟垒背后,派弟弟严舆向孙策求和。严舆单独与孙策面谈时,孙策趁其不备,投掷出手中的短兵器——手戟击杀严舆。严舆是个大力士,他一死,山贼胆寒,士气大泄。孙策一战破敌,擒获许贡,将他绞死。严白虎则下落不明。

击破严白虎山贼后，据守山阴（今浙江绍兴）的会稽太守王朗成了孙策的下一个目标。

王朗是个大学问家，本为徐州牧陶谦的部属。黄巾大起义时，王朗因劝陶谦遣使进京朝贡，被朝廷授予会稽太守之职。王朗莅任之后，政绩卓然，颇受百姓的爱戴。王朗根本就瞧不起被袁术表荐、擅自任命的孙策，部下虞翻劝他暂避锋芒，王朗却认为自己是朝廷命官，理应履行保境安民的神圣职责，于是贸然举兵与孙策交战。

王朗在固陵（今浙江杭州萧山）布下防线，依靠富春江险要，屡屡击退孙策的进攻。孙策采取叔父孙静的计谋，避实击虚，夜间点火布设疑兵，暗走查渎道，偷袭山阴以南的高迁屯（今浙江诸暨），包抄王朗背后。王朗大惊，仓促派出与孙策有仇的前丹阳太守周昕迎战。孙策一鼓作气，击杀周昕，攻拔山阴。王朗驾舟出杭州湾，从海上逃往南边的东冶（今福建福州）。孙策从陆路穷追不舍，翻山越岭，强行军千余里，直插东冶。王朗又准备走海道逃往广东，但由于部众哗变，王朗只好投降。

孙策尊重王朗有点政绩，痛斥一顿之后饶其不死。不料王朗是个软骨头，被孙策的霸气彻底镇服，唯唯诺诺，自称"擒虏"，可耻地表示"身轻罪重，死有余辜"，愿意伸长脖子等着被砍，伸出双腿等着被绑，完全丧失了读书人的气节。王朗唾面自干，花言巧语，苟且偷生，此后投靠曹操，摇身一变，在曹魏政权里混到司徒的位置上，为世人所不齿。在罗贯中的《三国演义》中，王朗被诸葛亮骂得狗血喷头，有口难辩，气得脑充血，狂号一声，撞死马下。这是后话。

此番孙策南征，大获全胜，扩地千里，远抵大海，初步奠定了东吴政权的基础。孙策凯旋后，任命弟弟孙权为阳羡（今江苏宜兴）县令。此时孙权虽然仅仅十五岁，但是小小年纪就展现出雄霸之气，令世人惊奇不已。

史书上称，孙权"性度弘朗，仁而多断，好侠养士"，完全具备了宽宏大度、有担当、仁慈善断、礼贤下士的领袖风范，其威名直逼乃父孙坚、乃兄孙策。孙策也将孙权视为自己最得力的助手，决策时常常征求他的意见。孙权总是侃侃而谈，话语之中无不显露出真知灼见。孙策大为讶异，自叹不如。在宴会上，孙策当众对孙权说：这些将帅、谋士，都是你的人！

孙策在江东长袖善舞,也不忘时常给汉献帝进贡一些特产。使者刘琬奉诏令前往曲阿褒奖孙策,孙策让几个弟弟去拜见刘琬。当时选拔人才采取自下而上的察举制,吴郡太守朱治推举孙权为孝廉,朝廷授予代行奉义校尉之职。刘琬精通相术,第一眼看到孙权时就惊为天人,回去后告诉同僚:"孙策几个兄弟都挺不错的,个个才华出众,通情达理,可惜福禄都不能长久。只有二弟孝廉(即孙权)形貌奇伟,骨架奇异,有大富大贵之相,寿命也将最长。不信你们等着瞧!"

此时孙权恐怕也不会安心于当一个七品芝麻官,他希望自己是一只雄鹰,翱翔蓝天,像父兄那样建立不朽功勋。孙权的宏愿很快就会实现。

建安二年(公元197年)春,江淮地区响起一声炸雷。野心家袁术公然在寿春称帝,建立伪仲家政权。

袁术逆谋已久,但是让他贸然行动的是因为探听到了传国玺下落,传国玺就在孙坚的老婆吴夫人手中。于是袁术趁着孙策渡江攻打刘繇,派兵袭击阜陵,将吴夫人劫持到寿春,逼令她交出传国玺。既而又假惺惺地上疏朝廷,捏造诏令,授封孙策为殄寇将军。册命诏书于建安元年(公元196年)十二月二十日送抵孙策手中,当时孙策业已攻拔曲阿,但是尚未在江东站稳脚跟,所以对袁术"拘母夺玺"之辱隐忍不发。

袁术夺取传国玺后,自以为得天命,悍然称帝,成为天下公敌。当时曹操挟天子以令诸侯,发布讨袁宣言,痛斥袁术"不顾朝恩,坐创凶逆,造合虚伪,欲因兵乱,诡诈百姓"。孙策见时机成熟,上疏朝廷,声称先前在曲阿得到袁术诏书,不知其伪,是被坑了一把,于是公开宣布与袁术决裂,拥护受曹操控制的许昌朝廷。

孙策的这一决策及时、英明。站对队伍马上就得到了回报。曹操派遣议郎王誧奉诏书南下曲阿,册命孙策为骑都尉,袭爵乌程侯,领会稽太守。

但是孙策拥兵数万,占有数郡之广,对骑都尉这一小官职一点也不稀罕。他让人贿赂并暗示王誧。王誧闻琴音而知雅意,马上给了孙策一个明汉将军的官爵。建安三年(公元198年),孙策又向朝廷进贡特产,其数量是前一年的两倍之多。曹操大喜,授意汉献帝,拜孙策为讨逆将军,改封吴侯。

受封吴侯,标志着孙策在江东的霸主地位正式获得朝廷的承认,这是孙策在政治上的重大胜利,为日后孙氏家族顺理成章盘踞一方确立了合法性。

孙策宣布与袁术决裂之后,在寿春的周瑜也伺机脱离袁术,回到江东。孙策渡江攻打刘繇时,周瑜也发兵响应,与孙策一道齐心协力,攻拔横江、当利,破笮融、薛礼,击走刘繇,进入曲阿城。此时孙策已拥兵数万,南下扫荡严白虎、王朗等绰绰有余,遂让周瑜回去,协助其伯父丹阳太守周尚守城。不久,袁术派侄儿袁胤为丹阳太守,把周尚、周瑜二人招回寿春。袁术称帝之后,很赏识周瑜的才干,想把他挖过来。周瑜认为袁术不是干大事的料,准备回归孙策,就请求让他去居巢当县令。袁术不知是计,结果让周瑜金蝉脱壳,从居巢逃往曲阿。

孙策听说周瑜回来了,兴奋不已,亲自恭迎,授予周瑜建威中郎将,领兵两千,马五十匹。周瑜时年二十四岁,英姿勃发,光彩照人,东吴百姓亲切地呼之为"周郎",他更是无数少女的梦中情郎。

袁术对周瑜归吴及孙策高调公开反袁大为恼火,就暗中勾结丹阳郡内的祖郎、太史慈,唆使他们煽动山越人,共同对抗孙策。丹阳距曲阿不过三百里,卧榻之旁岂容他人酣睡?于是孙策开始西征,亲自率兵进攻丹阳,首战陵阳(今安徽青阳县南),擒获祖郎;又在勇里(今安徽泾县)大破太史慈,将其生擒。太史慈箭术高超、武艺卓越,深受孙策的喜爱,于是孙策亲自为他松绑,虚心讨教,终于感化了太史慈,将其归服。得到太史慈,孙策更添一员虎将。

不久,逃往豫章的刘繇死去,其部众奉豫章太守华歆为主,继续跟孙策对抗。华歆成了孙策拓土江东的最后一块心病。于是刚刚被挖过来的太史慈派上了用场,孙策让他带领几十人深入虎穴,摸清豫章的底细,试图不战而屈人之兵。太史慈不辱使命,回来汇报说华歆是个好人,但不是个好官,品德高尚却不善于治郡,更是打仗的外行。孙策拊掌大笑,遂定下和平解决的策略。翌年,孙策又派遣王朗的降将虞翻到豫章劝降。果然不出太史慈所料,华歆根本就无心对抗,他告诉虞翻:我久在南方,早就想回到北方去。要是孙策能来,我就归附。

于是孙策率领一支军队,浩浩荡荡开往豫章。华歆"葛巾迎策"——乖乖地竖起白旗,整理好衣裳,向孙策投降。孙策不费一兵一卒,占领豫章全境。

孙策孤军起兵渡江，经过两三年艰苦卓绝的拼杀之后，终于拥有吴郡、会稽、丹阳、豫章四郡，初步奠定了江东拓土的大业。一个强盛的割据政权——东吴初见雏形。

当时全国的形势是这样的，黄河以北是袁绍的天下；四川是刘璋的领地；黄河以南、长江以北的广袤空间成了各路军阀争夺的主战场，这个主战场又以淮河为界，分为河淮、江淮两个战区。

河淮之间从东到西分布了四股力量，下邳的吕布、小沛的刘备、许昌的曹操、南阳的张绣，他们常年相互攻伐，征战不已，是整个风暴的中心。

江淮之间又有两股势力：一股是占据长江中游的荆州刘表，另一股是长江中下游的东吴孙策。而袁术的伪仲家政权就落在两个战区的分界线——淮河上，如果战略灵活、战术得当，可以南北逢源，干出一番事业。无奈袁术目光短浅、心胸狭隘、手段拙劣，反倒成了两个拳头打人。由于江东孙策向许昌曹操靠拢，结成共同反袁的临时联盟，袁术便陷入南北夹击的困境之中，败亡是早晚的事。

之后，曹操挟天子以令诸侯，占据东汉帝国的政治中心，东破吕布，西打张绣，北扼袁绍，南讨袁术，进退自如，成了当时最大赢家。而袁术屡屡遭到曹操的打击，惶急不安，根本就无暇顾及东吴。东吴几乎没有受到来自外部的压力，雄心勃勃的孙策开始把目光转向千里之外的荆州。荆州是全国的地理中心，位置异常重要，谁取得了荆州，谁就控制了整个长江流域。孙策遂下定决心，翻出旧账，西伐荆州刘表、黄祖，以报杀父之仇。

第二章

一方诸侯

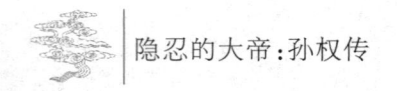

临危受命

建安四年(公元199年),全国形势发生骤变。是年夏天,袁术在曹操的猛攻穷打之下实力大损,再加上江淮地区天灾连连,袁术众叛亲离,病死江亭,臭名昭著的伪仲家政权覆没。秋天,曹操北进黎阳,拉开与袁绍争夺北方的序幕。自称拥有汉室血统的刘备夹在曹操与袁绍之间,朝秦暮楚,正为自身的生存而焦头烂额,处境极为尴尬。冬天,南阳张绣投降曹操,刘表南下包围长沙,长沙太守张羡病死,部众拥立其子张怿为主,继续抗击刘表的入侵。刘表加紧攻势,克拔长沙城,又趁热打铁,继续南下占领零陵、桂阳二郡,将整个长江中游地区收归囊中。刘表若顺流而下,孙策不但无法报杀父之仇,而且连东吴政权的安危也将成为问题。

外部环境急剧恶化,孙策决定反戈一击,倾巢而出,讨伐黄祖,要像一把利刃,将刘表的地盘劈得七零八落。

攻打荆州,孙策师出有名。东汉朝廷在曹操的授意下,颁布诏书,敕令司空曹操、卫将军董承、益州牧刘璋、吴侯孙策等,齐心协力,讨伐叛逆无道的袁术与桀骜不驯的刘表。孙策立即进行总动员,任命周瑜为中护军(主管选拔、监督、节制武将),领江夏太守。孙权也紧跟兄长身旁,日夜厉兵秣马,准备与仇家黄祖拼个你死我活。但是东吴大军尚未出发,就传来消息称,袁术死了!袁术的侄儿袁胤、女婿黄猗畏惧曹操,不敢赖在寿春城内,于是携带袁术的棺材以及眷属、部属逃出寿春城,投奔皖城(今安徽安庆)的庐江太守刘勋。皖城本来就缺粮,袁胤、黄猗一众来了之后,加剧了城内粮食供应的紧张。

刘勋听说袁术旧部长史杨弘、大将张勋准备投降孙策,就出兵截击,俘获杨弘、张勋等人,劫掠珠宝无数。孙策闻讯震怒,但他正集中兵力进攻黄祖,不想节外生枝,就佯装与刘勋讲和、结盟。此时刘勋正为筹粮的事忙得

不可开交,于是不把孙策放在心上。刘勋派堂弟刘偕向豫章太守华歆购粮,华歆也是愁眉苦脸,郡内本来就缺粮少谷,老百姓嗷嗷待哺,哪有余粮粜给刘勋。

华歆就遣使随同刘偕到海昏邑上缭城(今江西安义东阳镇)筹粮,让当地的土豪、酋长捐助三万斛米给刘偕。但是刘偕在上缭城待了一个月,才筹措到数千斛米。刘偕密报刘勋,海昏邑内粮食堆积如山。于是,刘勋又干起强盗的勾当,亲自率部直奔海昏邑劫粮。但是当地的土豪、酋长早已坚壁清野,结果刘勋徒劳无功。

孙策率军西讨黄祖,行至石城,听说刘勋跑到海昏邑去,皖城成了一座空城。这可是天赐的良机,孙策分出八千人马给堂兄孙贲、孙辅,屯兵彭泽,切断刘勋的退路。孙策与周瑜自率两万步兵偷袭皖城,俘获人口无数。

攻拔皖城之后,孙策和周瑜缴获了一份特殊的战利品:乔公和他的两个绝色女儿大乔、二乔。大乔嫁给了孙策,二乔嫁给了周瑜,孙策、周瑜结成连襟关系,东吴君臣上下一心,讨伐刘表、黄祖指日可待。

刘勋听说老巢被抄,赶紧撤军北还,但在彭泽遭遇孙贲、孙辅,一败涂地,只好向荆州刘表告急,向黄祖求援。黄祖连忙派长子黄射带领五千水兵顺江东下彭泽,援助刘勋,结果几乎被孙策包围。刘勋独与刘偕率亲信数百人北奔曹操,黄射也兵败逃回。

孙策收编了刘勋的旧部两千人马,还有船只千余艘,军威大盛,于是溯流而上,直趋夏口,寻找黄祖的主力决战。刘表也派遣侄儿刘虎、部将韩晞率五千长矛军,为黄祖先锋,迎战孙策。东吴军锐不可当,一个冲锋就将刘虎的五千长矛军杀得落花流水。

首战告捷,孙策、孙权兄弟于建安四年(公元199年)十二月初八兵临黄祖的大本营——沙羡县(今湖北武昌西金口)。经过三天的精心准备之后,十二月十一日凌晨五时许,东吴军吹响总攻的号角。孙策兵分多路,命江夏太守周瑜、桂阳太守吕范、零陵太守程普、行奉业校尉孙权、行先登校尉韩当、行武锋校尉黄盖等各为一路,齐头并进,以排山倒海之势直扑黄祖大军。仇人相见,分外眼红。东吴军奋力拼杀,孙策亲自擂击战鼓,孙权身先士卒,东吴军备受鼓舞,斗志暴起,无不视死如归,奋勇击杀,"越渡重堑,迅疾若飞。火放上风,兵激烟下,弓弩并发,流矢雨集"。东吴军先是火攻,然后在烟幕的掩护下弓箭齐发。黄祖军被打得措手不及,死伤无数。

鏖战至辰时(上午八时许),黄祖的荆州兵抵挡不住东吴军的猛烈攻势,纷纷溃败。长江江面上杀喊声震天,荆州兵大败,四处逃散,不是死于东吴军的箭下,就是葬身火海。战事呈一边倒态势,孙策大获全胜,斩杀刘虎、韩晞部下两万余人,荆州兵溺死者也不下万余人。黄祖侥幸脱逃,但是其眷属男女七人被俘。孙策还缴获六千艘船只,船上粮草、物资、财宝堆积如山,这些军备物资大大增强了东吴的实力,从此东吴有了一支强大的水师部队,为日后抗击曹操、三足鼎立贡献颇多。

孙策沙羡大捷的消息传到许昌,曹操的脸色很不好看,但是对孙策的高超战法和顽强战力敬畏不已,以至于发出"猘儿难与争锋也"的感叹——孙策这只疯狗是不可战胜的!此时曹操正准备与北方强敌袁绍大干一场,无力插手江南的事。于是曹操试图采取怀柔政策,拉拢孙吴政权,为己效命。曹操把侄女许配给孙策四弟孙匡,又跟孙贲结为儿女亲家,让三子曹彰迎娶孙贲之女。曹操还授意汉献帝,发出征召令,把孙策的二弟孙权、三弟孙翊召到许昌,以牵制、分化孙策兄弟。孙权时年十八岁,风华正茂,令曹操深为敬服,于是又命扬州刺史严象向朝廷荐举孙权为茂才。

但是曹操这一图谋并未得逞。孙策表面上拥护曹操,实则碍于形势所逼,不得不联结曹操牵制袁术与刘表,内心对其"挟天子以令诸侯"深恶痛绝。

建安五年(公元200年)二月,袁绍率十万大军进驻黎阳,派兵渡河南击东郡太守刘延,拉开了官渡之战的序幕。

曹操倾师出征,六万主力部队全部拉到官渡前线,围堵袁绍南下。留守许昌的兵力不足六千,曹操将其命门暴露在世人面前。荆州刘表蠢蠢欲动,准备猛捅一刀,但是优柔寡断、瞻前顾后,最终放弃了袭击许昌的计划。

孙策却不愿放过这个千载难逢的称霸时机,调兵遣将,趁机北击驻守射阳的广陵太守陈登,将势力扩延到江北。西晋史书《九州春秋》认为,孙策此举意在乘虚偷袭许昌,营救汉献帝。但是东晋史学家孙盛力辩说,孙策受到黄祖与陈登的掣肘,不可能置后方安危于不顾,贸然出兵千余里之外,去打一场胜负未卜的仗。

陈登是曹操的亲信,剿灭吕布,就是陈登献策的。所以无论孙策有无偷袭许昌之心,他敢于进攻陈登,表明已经放弃了过去一味亲曹的路线,改走独立自主的称霸之路。孙策大军进至丹徒时,停留此地等待后勤补给。孙策喜好狩猎,就带上几个亲信,上山追逐野兽,结果遭遇不测,遭到前吴郡太守许贡的家奴行刺。孙策最终出师未捷身先死。

许贡被绞死之后,他的小儿子与家奴逃匿江边,日夜不忘为许贡报仇。狩猎之日,许贡家奴三人伪装成东吴士卒,尾随孙策之后。孙策所乘坐的绝影飞马其疾如风,随从都无法赶上。许贡三名家奴趁机逼近,孙策大惊,问是谁。三名刺客假称是韩当的士卒。孙策起了疑心,说:"韩当的士卒我都认识,从未见过你们三人。"于是拉开弓箭,射死一人。其余两名刺客慌乱之中也用弓箭还击,正射中孙策的脸颊,血流如注。

孙策的随从赶上,将两名刺客杀死,但是孙策流血过多,生命垂危。被抬至军营后,孙策知道自己不会长久,招来众将,交代后事。孙策对谋士长史张昭等人说:"如今天下大乱,东吴凭靠长江天险,足以自保,坐观成败。请你们好好辅佐我弟孙权!"

其后,孙策又把印、绶传给孙权,正式确立他为继承人。孙策对孙权的政治才华信心十足,对他说:"举江东之众,决机于两陈之间,与天下争衡,卿不如我;举贤任能,各尽其心,以保江东,我不如卿。"——领兵打仗,争夺天下,你不如我。但是选拔人才,治理江东,我不如你。

建安五年(公元200年)四月初四,孙策拿起镜子,看到镜中自己的大花脸,疮孔累累,疤痕纵横,全无昔日俊美之色,令人不堪一睹。孙策心中无比悲愤,大叫说:"像我现在这张脸,还可以征讨天下、建功立业吗?"叫罢摔镜扑在桌案上,恨恨地狂吼几声,顿时疮口迸裂。是夜孙策死去,年仅二十六岁。

七年之间,父兄接连死于非命,加上仓促受命,孙权既悲伤又无措,日夜伏在孙策尸体旁边哭个不停。

一旁的托孤重臣、长史张昭实在看不下去,如此一位性情中人岂能挑起振兴江东的重任?张昭劝导孙权说:"孝廉啊,这时候还哭啥呢?西周时期的伯禽不执行周公立下的法度,这并非刻意违逆父亲的意愿,实则形势使然也。当今大汉帝国奸佞横行,豺狼当道,你现在却只顾儿女私情,虽然遵循伦理之

道,却耽误朝政,反而成了开门揖盗,引狼入室,对得起吴侯的临终嘱托吗?"

张昭啰哩啰唆了一大堆话,年少的孙权只悟出一个道理:欲成大事,必须练就强大的隐忍力量。纵然泰山压顶,也岿然不动,淡定自若。必须像田完及其子孙们那样,在齐国隐忍蛰伏百余年,终于如一声炸雷,横空出世,缔造了不世功勋。于是孙权擦干眼泪,抖擞精神,披上戎装,巡视军队。三军士气高涨,齐呼万岁。孙权在吴郡吴县(今江苏苏州)登临大位,后来又称吴王,追谥孙策为长沙桓王,在长沙建桓王庙祭祀。

孙权即位时的形势并不妙,虽然继承了孙策打下的会稽、吴郡、丹阳、豫章、庐江、庐陵六郡,但是那些险要的战略重地并非都在孙权的掌控之中。丹阳郡内的山越人依阻山险,怀有叛逆之心,不服孙权的统治。"天下英豪布在州郡,宾旅寄寓之士以安危去就为意。"——豪杰智能之士分散在各个州郡,那些投靠东吴的俊才心猿意马,都在打退堂鼓。东吴人心惶惶,一盘散沙,君臣关系尚未稳固。更可怕的是,由于孙权年纪尚轻,孙氏家族内部失和,驻扎乌程的定武中郎将、堂兄孙暠(孙坚之弟孙静长子)暗中觊觎大位,竟然率部南下会稽,企图趁丧抢夺领地。

面对这么一个危机四伏、暗潮涌动的局势,"政治素人"孙权忧心忡忡,寝食不安。大海航行靠舵手,孙权扪心自问:自己有资格当一名杰出的领航员,驾驶巨舟安全脱离惊涛骇浪吗?

正当孙权在迷茫中徘徊不前、踽踽独行,东吴上下日益互相猜忌、离心时,有两个关键人物站出来了。一个是中护军、领江夏太守周瑜,另一个是长史张昭。周瑜当时镇守千里之外的巴丘(今湖南岳阳湘江右岸),防备长江中游的黄祖趁丧偷袭。周瑜颇有先见之明,听到孙策逝去的噩耗,立即率部顺江而下,以最快的速度赶到孙权身边。由于周瑜手握重兵,成了稳定东吴局势的定海神针。

周瑜找到最有威望的文臣张昭,商讨之后,两位重臣取得共识,孙权虽然年少,但其英明不亚于乃父乃兄,忍辱含垢,是一条蛰伏中的巨龙,大有前途。周瑜遂决定暂时留在曲阿,与张昭共掌政事,悉心辅佐新主子。

在周瑜的支持下,张昭做了两件事,对维稳起了重大作用。第一件事,上疏朝廷,示好曹操。曹操于当年十月授意汉献帝,任命孙权为讨虏将军,

领会稽太守,统治东吴六郡,赋予高度的自治权,允许孙权自由发布文书。取得了朝廷的认可之后,孙权在东吴渐渐确立威信。第二件事,张昭以吴侯长史的名义,发布命令,"中外将校各令奉职"——各自坚守岗位,禁止妄动,有力地保证了东吴六郡的稳定。由于周瑜、张昭里外配合,文武并用,孙权的地位得到了加强与巩固。东吴自此进入了辉煌的孙权时代!

淮泗集团

文有张昭,武有周瑜,东吴局势初安。年轻的孙权犹如羽翼渐丰的雄鹰,梦想搏击长空。虽然有左膀右臂张昭、周瑜搀扶着,但是要走好未来之路,关键靠自己坚定的步伐。要治理好江东,必须有一个紧密协同的执政团队。正如孙策临终所言,"举贤任能,各尽其心,以保江东,我不如卿"。孙权表现出一个青年政治家所拥有的卓越见识与魄力,足以让孙策含笑九泉。

孙权举贤任能,治理江东,首先依赖孙策留给自己的执政班底——淮泗集团。

淮泗集团,包括追随孙策转战江东的淮泗籍将领,以及因战乱逃离北方、避难江东的淮泗"宾旅寄寓之士"。淮河,与长江、黄河、济水并称"四渎",是中国南北方天然分界线。泗水,发源于山东南部,是淮河下游的重要支流。淮泗流域,历来就是逐鹿中原的主战场。春秋争霸、楚汉战争,都在淮泗地区上演。由于战乱频仍,数不清的杰出政治家和军事家脱颖而出,如管仲、孙武、孙膑、韩信、萧何等。孙策取江东,淮泗隽杰是骨干力量,发挥着举足轻重的作用,也是东吴政权初期的支柱。

当时的淮泗集团包括文官、武将,文官以张昭为首,武将以周瑜为首。曾经是孙策的手下败将、熟悉东吴政局的王朗如此评价张昭、周瑜二人:"张子布(张昭),民之望也,北面而相之。周公瑾(周瑜),江淮之杰,攘臂而为其将,谋而有成。"他们是淮泗集团当之无愧的领头羊。

淮泗集团的文官包括：

张昭——徐州彭城（今江苏徐州）人。孙吴政坛无可争议的龙头老大。张昭一直是孙策生前最倚重的人物，官拜长史和抚军中郎将，政治、军事一把抓。孙策所有的决策都要经过张昭的审定，孙策也将君臣二人比拟作春秋时期的齐桓公与管仲。这是君臣关系的最高境界。孙策临终将孙权托付给张昭时说了一句违心的话："若仲谋不任事者，君便取之。"——如果孙权实在不行，你干脆就取而代之。后来刘备兵败夷陵，白帝城托孤时，对诸葛亮说了同样的话。孙策的话意在防止张昭在自己身后出现道德上的叛逆，逼迫他效忠。孙权上台后，不但延续了孙策对张昭的倚重，而且更上一层楼，"待张昭以师傅之礼"。这种"师傅之礼"类似于项羽尊称范增为"亚父"，刘禅尊称诸葛亮为"相父"，可见张昭位高宠盛达到无以复加的地步。

张纮——广陵（今江苏扬州）人。张纮年轻时游学京师洛阳，当时朝廷掌权者大将军何进、太尉朱儁等都想把张纮拉到自己的身边做官，张纮不愿意置身是非之地，毅然渡江依附孙策，遂得到孙策的信赖，授以正议校尉的职务。建安四年（公元199年），孙策派遣张纮入贡许昌，被曹操强留在许昌，担任侍御史。其后孙策死去，曹操试图趁丧伐东吴。张纮竭力劝阻说："乘人之丧，既非古义，若其不克，成仇弃好，不如因而厚之。"曹操听从张纮的话，这才任命孙权为讨虏将军，领会稽太守。曹操对张纮的看重由此可见一斑。张纮身在曹营心在孙吴，曹操以会稽东部校尉的官职来收买张纮，想让他回东吴充当间谍，策反孙权归降。但是张纮回到东吴后，忠心耿耿，侍奉孙权，君臣一心。孙权直呼张纮为"东部"，不呼其名，待遇与首席大臣张昭无异。张纮专门负责管理表文、书函等档案，是仅次于张昭的文官，两人合称"二张"。

步骘——临淮淮阴（今江苏淮阴）人。孙权上台后，步骘来投，被授予主记之职，负责记录、抄写文书。

是仪——北海营陵（今山东昌乐）人。本来是刘繇的属吏，刘繇被孙策击败后，是仪躲在会稽。孙权素闻是仪美名，极力邀请他出山，专典机密，被授予骑都尉之职。

胡综——汝南固始（今河南固始）人。少年时曾经陪同孙权读书，孙权对这个文采出众的同学委以重任,授以金曹从事之职,主管货币、盐铁、经贸,是孙吴的财政大臣。

严畯——彭城(今江苏徐州)人。精通儒家经典,避寓江东,跟诸葛瑾、步骘是铁哥们。严畯因性格憨厚,颇受张昭青睐,后者向孙权推荐他,严畯被授予骑都尉、从事郎中,负责监督、反腐等重责。

鲁肃——临淮东城(今安徽定远)人。鲁肃是当时的"愤青",痛恨东汉帝国的腐败无能,在老家组织一个保乡团,日夜操练,以对付盗匪的袭击。鲁肃慷慨大方,快意豪爽,颇有后世梁山泊好汉之风。当时周瑜担任居巢县长,境内缺粮,饥民四散。周瑜听说鲁肃家资颇丰,遂向他求粮。鲁肃二话没说,立即馈赠三千斛(三万斗)粮食。周瑜感动不已,二人遂结为好友。建安五年(公元200年),经过周瑜的推荐,孙权会见鲁肃。鲁肃秘密献出争夺天下的攻略,这就是可与诸葛亮隆中对相媲美的《榻上策》。

《榻上策》的前提是"汉室不可复兴,曹操不可卒除"。——东汉帝国油尽灯枯,曹操借尸还魂,肆无忌惮地扩充势力,气焰正盛,一时难以剪除。在这个前提下,鲁肃为孙权设计了称霸之路,先求自保,"鼎足江东,以观天下之衅";再求拓地,消灭割据荆州的黄祖、刘表,占据长江中游;最后"建号帝王,以图天下"。孙权对鲁肃这个过于张狂与超前的称帝计划兴味索然,说了一句话:"今尽力一方,冀以辅汉耳,此言非所及也。"——现在只想立足江东,忠心扶助摇摇欲坠的大汉帝国,榻上策有点牛头不对马嘴了。

张昭很讨厌鲁肃的张扬个性,猛批他不谦虚,多次在孙权面前诋毁鲁肃。孙权心中清楚鲁肃的能耐,不为张昭的话语所动,反而更加宠信鲁肃,赏赐颇多。但为了避免与张昭发生冲突,孙权只把鲁肃当作宾客,聘为私人顾问,不给实职。

诸葛瑾——琅邪阳都(今山东沂南)人。西汉反腐斗士诸葛丰的后裔,诸葛瑾之父诸葛珪做过山东青州泰山郡丞,早逝。诸葛瑾与两个弟弟诸葛亮、诸葛均跟随其叔父诸葛玄,过着困苦不堪的日子。汉献帝兴平元年(公元194年),诸葛玄带上诸葛亮、诸葛均兄弟南下豫章,诸葛瑾留守老家,侍奉继母。六七年后,继母辞世,诸葛瑾不甘寂寞,也南下东吴闯荡。诸葛瑾首先遇到孙坚的姐夫弘咨。诸葛瑾早年曾经在京师洛阳游学,口若悬河,弘咨视为异人,把他推荐给孙权。孙权见诸葛瑾能说会道,有战国苏秦、张仪之能,是搞外交的料,也把他当作宾客看待,待遇跟鲁肃一样。

淮泗集团的武将包括:

周瑜——庐江舒县(今安徽舒县)人。周瑜是淮泗集团的中流砥柱,东吴政权的核心决策人士。周瑜是孙策、孙权的亲密战友,为孙氏打下江东立下汗马功劳。故而自孙策时代开始,周瑜就担任中护军兼江夏太守,相当于东吴的总参谋长兼前敌总司令,位高权重,其地位在东吴无人能敌。

蒋钦、周泰——两位都是九江郡(治所在今安徽寿县)人。蒋钦是孙策的老部下,在孙策麾下多次征战,功勋卓著,做过三个县的县长。因镇压反叛的山越民有功,他被孙策提拔为会稽郡西部都尉,负责郡内的治安事务。周泰与蒋钦同时入伍,跟随孙策击破严白虎、王朗等敌,被孙策授予别部司马一职,独自指挥一支部队。孙权深爱周泰的勇猛,把他挖到自己身边。孙权继位后,周泰继续担任别部司马,驻地在豫章郡最西边的宜春,肩负看守东吴西大门的重责。

吕范——汝南细阳(今安徽太和)人。吕范原是汝南县的一个低级官吏,后避难寿春。兴平元年(公元194年),孙策北上寿春依附袁术时结识吕范,视其为心腹,将吴夫人、孙权母子接到曲阿的就是吕范。吕范几乎参加了孙策开拓江东的所有大战,先后出任宛陵县令、桂阳太守。孙策死后,吕范回到吴郡,跟周瑜、张昭一道辅佐孙权。

程普——右北平土垠(今河北丰润)人,其立场与淮泗集团一致,故而被归入淮泗集团。程普是东吴老资格的战将,先后随同孙坚、孙策父子征战黄河、长江两大流域,击黄巾军、董卓、刘繇,等等,历大小战斗上百次,威望颇高。孙策授之以荡寇中郎将之职,他是东吴重磅人物,被视为周瑜的副手。史书称,周瑜气度恢宏,"唯与程普不睦"。程普似因不是淮泗籍贯,又仗着自己的老资格,瞧不起嘴上没毛的周瑜,所以屡次找周瑜的茬。周瑜以大局为重、团结为主,面对鸡蛋里挑骨头的程普,放低姿态,诚心交往。结果程普受到感化,深深敬服周瑜的德能,叹气说,"与周公瑾结交,如喝美酒",成为东吴历史上的一段佳话。

韩当——辽西令支(今河北迁安)人。他精于骑射,也是一名老将,跟随孙坚、孙策父子转战四方,其资格不亚于程普。韩当在孙坚麾下时就是急先锋,冲锋陷阵,所向披靡,被授予别部司马一职。后来他随同孙策战江东,先后担任先登校尉、乐安长,震慑豫章郡内桀骜不驯的山越人。

吕蒙——汝南富陂(今安徽阜南)人。吕蒙是东吴的新生代战将,智略过人。吕蒙姐夫邓当是孙策旗下的将领,吕蒙十五六岁时偷偷追随邓当讨伐山越人,身先士卒。邓当看见后大惊,屡叱不退,回去后向吕蒙之母告状。吕母大怒,要责罚吕蒙。吕蒙说:"我不甘心贫贱,如果侥幸获得战功,就可以得到富贵。富贵险中求,不入虎穴,焉得虎子?"几句话令其母哀怜不已。

但是有个官吏瞧不起年少的吕蒙,嘲讽说:"这小子能干啥?还想入虎穴,只不过给虎喂肉而已。"并多次当面耻笑吕蒙,吕蒙不堪受辱,一怒之下杀了他。闯下大祸后,他躲藏到一位老乡家中,后向校尉袁雄自首。袁雄把吕蒙献给孙策,孙策一瞧,这个杀人犯器宇不凡,是个乱世奇才,不但免了吕蒙死罪,而且让他做自己的贴身保镖。几年后,邓当死去,张昭推荐吕蒙代替邓当,授别部司马。孙权掌权后,搞了一个军事改革,将那些资历浅、统兵少的年轻将校挑拣出来,合并成一支队伍。锐意进取的吕蒙知道这么一来,自己脱颖而出的机会更加渺茫,就要了一个花招。他不惜赊欠货款,给部卒购置花里花哨的军服,然后昼夜加紧操练。孙权检阅的那一天,见吕蒙所部队形整齐、操练娴熟,大喜,反而给他增添士卒。吕蒙由此踏上名将之途。

黄盖——零陵泉陵(今湖南零陵)人。黄盖也不是淮泗籍将领,但立场与淮泗集团一致。黄盖早年是一个郡吏,跟随孙坚击山越、战董卓,授别部司马。此后黄盖一直担任丹阳校尉,长期活跃在镇压山越暴乱的战场上。

太史慈——东莱黄县(今山东龙口)人。太史慈是一匹烈马,谁征服了烈马谁就是烈马的主人。太史慈年轻时是东莱郡的奏曹吏,专门负责向朝廷报送文书。有一回,东莱太守与上级青州刺史发生纠纷,上报朝廷裁决。当时有个潜规则,先呈送奏状的有理。青州刺史抢先一步出发,东莱太守唯恐对己不利,挑选二十一岁的太史慈赶赴京师洛阳,送呈奏状。太史慈抄小道,昼夜星驰,终于跟青州送奏状的小吏同时抵达洛阳。太史慈引诱青州小吏拿出奏状,而后一不做二不休,用小刀将奏状劈成两截。既而又哄骗青州小吏一道逃亡,太史慈却暗中折回洛阳,呈上东莱郡的奏状,结果青州刺史被朝廷骂得狗血喷头。但是太史慈也因此与青州刺史结下了梁子,为了避祸被迫躲到辽东去。北海相孔融对此暗暗称奇,不断地向太史慈之母赠送礼物,以收拢太史慈。

不久,黄巾起义爆发,孔融奉命出击,在都昌县被黄巾军将领管亥围困。太史慈单枪匹马去见孔融,孔融让他去向邻近的平原相刘备求援。刘备当时手下有关羽、张飞两个猛虎兄弟,颇有战力,正要大展宏图,接到太史慈的求援,沾沾自喜:"孔北海知世间有刘备邪!"——这个孔融知道世界上还有一个刘备呀。他立即派出三千精兵随同太史慈救援孔融,直奔管亥黄巾军而去。从此孔融更加器重太史慈。但太史慈仅仅是报恩而已,并不想辅佐平庸的孔融。他听说同乡刘繇在寿春担任扬州刺史,于是兴平二年(公元195年),太史慈南下投靠刘繇。不巧刘繇被袁术赶到江南的曲阿去了。太史慈又渡江去找刘繇。此时刘繇被孙策打得狼狈不堪,有人劝他重用太史慈抵抗孙策。刘繇不听,只让太史慈做个侦察兵。

太史慈执行侦察任务时在曲阿郊外的神亭遭遇孙策和韩当、黄盖等十三名从骑。太史慈与孙策展开决斗,混战之中孙策刺中太史慈的坐骑,夺走太史慈挂在脑袋后的手戟。太史慈也抢走孙策的头盔,这就是著名的神亭酣战。机缘巧合,惺惺相惜,不打不相识,从此太史慈与孙策结下深情。其后孙策大破刘繇,太史慈逃往豫章附近的深山中,自号丹阳太守。建安三年(公元198年),孙策在勇里之役中生擒太史慈,将其降服,从此太史慈死心塌地效命东吴,任建昌都尉,是淮泗集团的一员悍将。

徐盛——琅邪莒县(今山东莒县)人。因黄巾之乱避居东吴,属于"宾旅寄寓之士",被孙权任命为别部司马,率士卒五百镇守长江中游重镇柴桑(今江西九江),以抵御荆州的黄祖。

潘璋——东郡发干(今山东冠县)人。潘璋号称"战神杀手",刘备的二弟关羽就是栽倒在潘璋手中,西晋史学家陈寿誉之为"江表虎臣"之一。自建安元年(公元196年)孙权十五岁担任阳羡令时,潘璋就随伴孙权左右,是孙权的嫡系战将。潘璋贪酒、贪财,但作战勇猛,所以深受孙权的宠信,授予别部司马,后又担任吴郡集市刺奸——市场执法官,相当于是现在的城管。潘璋雷厉风行,下重手打击盗贼和不法贸易,有力地维护了市场秩序,由此

远近闻名。

吕岱——广陵海陵(今江苏如皋)人。吕岱也是"宾旅寄寓之士",孙权掌权后收揽人才,吕岱上门投附,授予吴郡郡丞(太守的助手)一职,后因功提拔为昭信中郎将。

淮泗集团是孙吴建政的骨干力量,对维护孙权的统治地位起到了不可取代的作用。孙权不拘一格用人才,除了依靠淮泗集团,巩固自身的权威之外,还重用、提拔一大批江东才俊,作为淮泗集团的补充,扩大孙吴政权的统治基础。于是另一股政治势力悄然而生,它就是江东士族。

江东士族主要包括吴郡顾、陆、朱、张等四大豪族。吴郡地域大致以太湖东岸的苏州为中心,包括方圆两百里之内的松江、嘉兴、湖州、昆山、常熟等地。吴郡是长江下游最为富饶的地区,得山川鱼米之利,航运业异常发达,人杰地灵,俊彦英才辈出。

顾雍——吴郡吴县(今江苏苏州)人。东汉大文学家、大音乐家蔡邕与朝中宦官势力不和,被流放朔方五原,又受到依附宦官势力的五原太守王智的陷害,被迫流亡吴郡长达十二年。顾雍年少时就师从蔡邕学习琴书,其才智大受蔡邕的称赞。二十岁时,顾雍开始涉政,担任合肥县长,颇有政声,之后又相继转治娄、曲阿、上虞三县,均是政绩斐然。可见顾雍是一个天生搞政治的料。建安五年(公元200年)十月,曹操授予孙权会稽太守之职。孙权待在曲阿,无法分身去郡治会稽视事,就任命顾雍为会稽郡丞,代理太守之职。顾雍来到会稽后,"讨除寇贼,郡界宁静,吏民归服",使得会稽郡成为东吴最清宁的地方。顾雍治政才干由此可见一斑。

陆逊——吴郡吴县人。陆逊出身于江东的大豪族,祖父陆纡做过城门校尉,父陆骏曾做过九江都尉,早逝。陆逊从小跟随陆纡的堂兄弟庐江太守陆康生活。兴平元年(公元194年),袁术要进攻徐州的陶谦,向陆康借粮遭拒。袁术恼羞成怒,派遣孙策进攻陆康。陆康为了保护眷属安全,将幼子陆绩(也就是陆逊的堂叔父)、陆逊送回老家吴县。建安八年(公元203年),陆逊年二十一岁,应募入仕,成了孙权身边的参谋。陆逊足智多谋,先后担任东、西曹的官员,负责管理人事档案;后又出外,到海昌(今浙江海宁)任县长兼屯田都尉。海昌连年干旱,陆逊莅任后大发慈悲,打开官仓放粮赈济灾民,鼓励农桑，百姓对他感恩戴德。而陆绩也被孙权授予奏曹掾，负责主管奏议。孙权不避前嫌，重用陆逊、陆绩，争取到了江东大地主贵族门阀的支持。

虞翻——会稽余姚（今浙江余姚）人。虞翻本是会稽太守王朗的旧部，建安元年（公元196年）孙策进攻王朗时，虞翻衡量当时的形势，力劝王朗暂避锋芒。王朗不听，结果被孙策打得一败涂地，两人逃往福建的东治。虞翻父亲刚死，王朗对他说：你家中还有一个老母亲，你可以走了。于是虞翻就回去了。虞翻一到家，孙策就亲自来请，授以功曹之职，后又提拔为富春县长。孙权上台后，任命虞翻为骑都尉。但是虞翻性格耿直，口无遮拦，跟其他官员关系闹得很僵，又屡屡犯颜进谏。孙权不悦，就把虞翻甩到丹阳泾县去了。

史书称，孙权掌政初期，"招延俊秀、聘求名士"，倚重淮泗集团，也不断地从江东士族中挖掘人才，短短一两年就彻底扭转了孙策猝死后的危局。孙权对堂兄孙暠的狼子野心隐忍不发，广施仁政，招揽人才，先求自立后图发展。在外有强敌环视、内有阋墙之患的情况下，孙权凭借其无比坚韧的隐忍力，终于安然无恙地避开暗礁险滩，迈出了成功的第一步，年未弱冠、仅十八岁就坐拥东吴六郡，成为当时仅次于曹操、袁绍的地方军阀，雄霸一方。孙权隐忍的成功哲学铸就了三国时期的一大奇迹。

西征黄祖

孙权稳固自己的地位后，开始踏上征战争霸之途。当时的全国形势是这样的，许昌以北一百五十里处的官渡，硝烟弥漫、战火纷飞。曹操的六万大军与袁绍的十万大军在此展开一场决定北方命运的血战。依附袁绍的皇叔刘备被派往汝南打游击战，让他从背后猛捅曹操一刀。刘备因而侥幸逃过了充当炮灰的劫难，获得了新生。由于袁绍的谋士许攸投奔老同学曹操，胜利的天平迅速倾向实力占下风的曹操。根据老同学提供的情报，曹操亲率五千人马偷袭袁绍的后勤基地乌巢。袁军大乱，兵败如山倒，袁绍仅率八

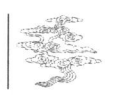

百亲信渡河北逃，八万部卒降曹之后全部被坑杀。

曹操继而挥师南下，进攻汝南，刘备溃不成军，投奔同宗的荆州牧刘表。此时刘表已攻陷长沙，尽得零陵、桂阳、长沙诸郡，拥地数千里，兵甲十余万，时刻威胁孙权的新生政权。但是刘表对刘备既用又防，拨出一支人马给他，让他驻守新野，替自己挡住曹操。

而曹操也感觉到孙权的潜在威胁，准备趁着袁绍元气丧尽，无力反扑，集中力量南征刘表，然后顺流而下，在孙权强大之前将他剿灭。曹操的首席战略家荀彧劝他说："如今袁绍新败，宜将剩勇追穷寇，痛打落水狗。如果远征荆州，让袁绍死灰复燃，乘虚偷袭我们的后方，那我们就全盘皆输了。"于是曹操暂时放下刘表，挥师北进，围剿仓亭的袁绍残部。袁绍见大势已去，不久就呕血而亡。

曹操与袁绍杀得天昏地暗，无力也无心南顾，此时正是孙权大显身手的良机，过河拆桥的庐江太守李术成为东吴锐刃的试刀石。

这个李术的来历史载不明，或说做过会稽太守，孙策开拓江东之后上表朝廷任命李术为庐江太守。建安四年（公元199年），袁术的伪仲家政权覆灭，曹操的首席军师荀彧推荐胆识过人的督军御史中丞严象去做扬州刺史，镇守寿春，填补袁术死去后的空白。严象还在曹操的指示下，向朝廷荐举孙权为茂才，可见严象是曹操对付孙吴的一粒活棋子。孙策有意拔除这颗钉子，以扫除向淮河扩张的绊脚石，于是孙策施展借刀杀人之计，暗中指使庐江太守李术截杀严象。

不久孙策去世，李术低估了年少孙权的实力，不肯屈尊称臣，甚至明目张胆地收容东吴的叛徒。孙权先礼后兵，书信一封晓之以理，让他送还东吴叛贼。但是李术我行我素，态度极为傲慢，回复说："有德见归，无德见叛，不应复还。"——人们归顺有德行的人，抛弃无德行的人，你要我交出那些叛徒，没门！

孙权震怒，决定杀鸡儆猴，起兵征讨李术，打出自己的威风，让天下人不敢小瞧自己。此役是孙权掌政后第一次亲征，势在必得，只能赢不能输。为了孤立李术，孙权首先向曹操告状，把杀害严象的罪行全推在李术身上。在给曹操的书信中，孙权说："扬州刺史严象是你委派的，李术凶恶，残害朝廷命官，宜惩恶扬善，尽速诛杀。现在我准备为国锄奸，李术胆寒必然求救于你。你身为当朝丞相,肩负海内重任,眼睛是雪亮的,一定会明辨是非。"

设法稳住曹操之后,孙权率大军直扑皖城。李术关闭城门据守,并遣使告急于曹操。曹操收到孙权的书信,恨不得将李术碎尸万段,以报严象血仇,果然没出一兵一卒。孙权将皖城围得水泄不通,城中缺粮,饿莩遍野,连女人都将泥土搓成丸团吞食充饥。于是城溃,孙权杀进城后抓到李术,将他枭首示众,并把他部众三万余人迁到东吴去。

建安五年(公元200年)的皖城之役,令孙权一战成名,扬威四方,成了他争霸天下的揭幕战。拉拢一方,孤立打击另一方,也成了孙权最擅用的征战手法。

皖城之役,让曹操对孙权刮目相看。此时曹操已在官渡消灭了袁绍的主力部队,袁绍也于建安七年(公元202年)五月死在冀州。扫除了统一北方的最大障碍,曹操的威望如日中天,开始动起东吴的主意来。

曹操书信一封,责令孙权把儿子送到许昌为质。书信到了东吴,孙权赶紧召集群臣商议,张昭、秦松等人畏惧曹操的势力,摇摆不定。孙权不愿意屈从于曹操,就拉着周瑜一个人去见其母吴太夫人。

吴太夫人才貌双全,智略超人,在孙坚时代就是个靠谱的贤内助。孙策死后,她以孙权年少唯恐误事,就日夜操劳,悉心辅佐儿子,是孙权最坚强的后盾。凡是群臣难以决定的事,孙权都听从吴太夫人的意见。

吴太夫人先问周瑜:"公瑾怎么看?"

周瑜慷慨陈词,说:"古楚国刚封荆山时,地不过百里,一片莽荒,但是经过后世子孙的披荆斩棘,开疆拓土,立基郢都,遂成南方霸业,舆土直抵南海,国祚长达九百余年。如今将军继承父兄基业,据有六郡,兵精粮多,将士用命,铸山为铜,煮海为盐,境内富饶,人不思乱。更有一支水军,风起扬帆,朝发夕至,所向披靡。谁敢来欺负?怎可送人质给曹操呢?送了人质,就被曹操牵着鼻子走,不得不受制于人,曹操指东将军不敢往西。如此高昂的代价,顶多换来一个侯印,十几个奴仆,几辆车几匹马,岂能与南面称孤相提并论?干脆不要送人质,静观其变,看曹操怎么办!倘若曹操替天行道,伸张正义,那时将军再归顺也不迟;倘若曹操图谋不轨,那是玩火自焚。将军有勇有谋,奋起反抗,只待天命,还送啥人质?"

周瑜不愧为一代帅才,豪气冲天,吴太夫人听得心悦诚服,由衷敬佩,教导孙权说:"公瑾说得极是!公瑾与孙策同年出生,只差一个月,我视之如亲生儿子,你要像兄长那样待他!"

吴太夫人、孙权、周瑜三人最高决策小组意见一致,宁死也不送人质给曹操。这个决议奠定了东吴顽强抗战的精神基础,影响了日后近百年的历史进程。

孙权遵从吴太夫人和周瑜的决定,未雨绸缪,整军备战,但是曹操并未对孙权拒送人质采取什么反制措施,因为此时他很忙。建安七年(公元202年)九月,曹操率大军开始大扫荡,进攻袁绍的三个儿子:袁谭、袁熙、袁尚,消灭袁氏集团的最后残余势力。这场战争持续了将近一年,由于军中缺粮,曹操采纳军师郭嘉之策,暂时退兵回到许昌,静观袁氏兄弟发生内讧,坐收渔翁之利。

趁着曹操深陷北方战事的泥潭,无法抽身,建安八年(公元203年),孙权又开始第二次征伐,兵锋直指杀父仇人黄祖,以完成兄长孙策未竟的大业。

孙权率领水师船只,一路浩浩荡荡,溯江而上,在夏口附近的水面上遭遇黄祖水师,双方展开激战。在混战中孙权吃了大亏,东吴破贼校尉凌操被黄祖的部下甘宁射杀。

凌操,轻侠有胆气,早年跟随孙策征战,凡战必身先士卒。甘宁,字兴霸,巴郡临江(今重庆忠县)人,也是个重义轻利的游侠,武艺高强,年少时常常拉上一帮小痞子,带着他们,身佩弓箭,头插羽毛,腰挂叮当响的铃铛,如同幽灵般出没于长江中游地区的高山峻岭。只要铃铛一响,人们都知道甘宁这小子来了,纷纷闪躲。所以甘宁的口碑不是很好。

甘宁率八百僮客(奴仆)投奔荆州刘表,刘表看不惯甘宁的土匪习性,就把他晾在南阳。甘宁又转投江夏的黄祖。黄祖也轻鄙甘宁的所作所为,并未重用,只把他当作普通人看待。就在这时候,孙权率东吴水师船队来了。

只知道往前冲的凌操依旧站在战船的最前沿,船队进入夏口时,凌操捷足先登,大破黄祖水师。黄祖见势不妙,扭头就跑。凌操独驾一条轻舟,英勇无畏,直入敌阵。眼见就要渐渐逼近黄祖,突然半路杀出一个甘宁。

当得意的独行侠遇上失意的游侠,注定必有一死。甘宁一心要猎取战功以证明自己绝非泛泛之辈。他率僮客偷偷地迂回到凌操的侧背后,趁其不备,乱箭齐发,终结了凌操只进不退的生涯。而这一射也让甘宁与凌操之子凌统结下了恩怨。

凌操之死,并未迟滞孙权的前进步伐。东吴水师一鼓作气,直抵夏口城下,随即展开激烈的攻城行动。狡猾的黄祖依仗有利地形,击退了孙权的多次进攻。

战事陷入胶着状态,这时候后方来报,丹阳郡的山越人大暴动,孙权只好下令撤军。大军途经豫章时,孙权部署镇压山越暴动,命令吕范讨伐鄱阳的山越人,程普讨伐乐安(今江西乐安)的山越人,留下太史慈镇守海昏,让韩当、周泰、吕蒙等猛将担任境内暴动频仍的县的县长。

这次进攻黄祖虎头蛇尾。由于山越人在后方捣乱,孙权不得不草草收场,更令他伤心的是折损了一员悍将——凌操。凌操之子凌统,才十五岁,有其父勇猛之风,备受众人称赞。孙权感念凌操死得壮烈,授凌统别部司马,暂代破贼都尉之职,让他统领父亲凌操的部属。

此战功败垂成,固然与黄祖的顽强抵抗有关,跟山越人在背后捣乱也不无关系。于是孙权不得不重新估量境内少数民族对自己西讨刘表、黄祖策略的影响。

江南的少数民族主要有三个:山越、武陵蛮、南越。山越人是古代越人的后裔,避居山区,分布在丹阳郡、庐江郡,他们依山阻险,构成紧密的宗族组织,是孙吴政权的心患。武陵蛮,为两汉之际大量汉人躲避战乱,逃到洞庭湖以西的武陵山,与蛮族杂居而成。目前处在刘表的势力范围内,尚未干扰到东吴政权的统治。南越,分布在岭南的交州诸郡,与会稽、豫章二郡相邻。南越人自秦汉以来与中原时敌时友,反复无常,他们地处偏远,实力超强。当年汉武大帝出兵十万才将南越彻底征服,因而交州对孙吴统治是个巨大的潜在危险。如果交州的南越态度不友好,勾结荆州刘表,遥相呼应,孙权的西进计划势必化为泡影。

孙权正为此忧心忡忡时,突然从许昌传来好消息,掌控交州五郡的交趾郡太守士燮上表朝廷,请求内附。

要说起士燮归附的事,首先得从交趾谈起。"交趾"一词据说源自交趾人睡觉时头朝外,两只脚在内相交叉。汉武帝灭南越后,设置交趾刺史部管辖。交趾刺史部下有九个郡：南海（郡治番禺，今广东广州）、苍梧（郡治广信，今广西梧州）、郁林（郡治布山，今广西桂平）、合浦（郡治今广西合浦）、珠崖（郡治今海南海口）、儋耳（郡治今海南儋州）、交趾（郡治龙编，今越南河内）、九真（郡治胥浦，今越南清化）、日南（郡治西卷，今越南东河）。

东汉初年改交趾刺史部为交州，东汉末年黄巾军四起，中原大乱，日南郡山高皇帝远，当地土著占人趁机叛变，宣告独立，建林邑国。祖籍山东、避乱广西苍梧的士燮因谙习南越的风俗、习性，被朝廷授予交趾郡太守之职。不久，交州刺史朱符为乱民所杀，交州诸郡日益混乱。为了保境安民，士燮率部从郡治龙编北上，掌控交州诸郡。士燮先斩后奏，上表朝廷，荐举三个弟弟分别为合浦太守、九真太守、南海太守。如此一来，交州大部分地区落入士燮四兄弟手中。

交州刺史朱符死后，朝廷曾经派遣张津为交州刺史，孰料张津莅任没几天，就被部将区景杀害。刘表见有机可乘，让亲信赖恭去做交州刺史，企图浑水摸鱼，染指交州。恰好苍梧太守史璜也死去，刘表一不做二不休，又让部将吴巨去做苍梧太守。

如果让刘表得逞，那么大半个华南就是他的了。曹操后发制人，赶紧赏赐士燮印玺，并书信一封通知他说："交州地处天涯海角，交通不便，音讯隔绝。逆贼刘表派遣党羽赖恭觊觎交州。今任命你为绥南中郎将，督统交州七郡，领交趾太守如故。"

士燮感恩戴德，把赖恭赶走，从此奉行敌视刘表的政策。与秦朝末年将军赵佗进入岭南之后割据称帝不同，士燮对中原朝廷念念不忘，屡次遣使进贡，请求内附。于是在建安八年（公元203年），曹操让汉献帝颁诏，令士燮为安远将军，封龙度亭侯。

敌人的敌人就是朋友，士燮的使臣北上朝贡，必将取道东吴。让一个忠心于朝廷、与荆州刘表交恶、亲和自己的士燮去统领南越人，无疑是孙权最愿意看到的事。东吴再也没有南顾之忧，得以集中精力，对付西边的荆州刘表和江夏黄祖。

剪除异己

交州的南越人归附朝廷了,丹阳等郡的山越暴动在吕范、程普、太史慈、韩当、周泰、吕蒙诸将的镇压下也渐渐平息下来。但孙权又觉察到东吴内部有一股逆流暗潮涌动,不同的声音日益响亮。为了确保东吴政权的纯洁性,孙权意识到该出重手狠狠地整治一番了。

孙权首先拿宗室孙辅开刀。孙辅是孙权伯父孙羌的次子,孙贲之弟。作为宗室成员,孙辅也为江东出了力,立了功。孙策渡江作战时,孙辅担任扬武校尉,转战吴郡、会稽、丹阳三郡。此后孙辅驻守江淮水陆之冲——历阳(今安徽和县),以抵挡袁术南下。不久又跟随孙策讨伐丹阳的山越宗酋祖郎,在陵阳之战中生擒祖郎。建安四年(公元199年)孙策讨伐庐江太守刘勋,孙辅与哥哥孙贲负责在彭泽切断敌军的退路。孙辅身先士卒,杀敌累累,立下战功,因而被孙策任命为庐陵太守,后来又加封平南将军、假节领交州刺史。

孙辅在宗室中辈分大、功劳大,因而脾气也大。孙策死后,孙辅瞧不起不及弱冠的孙权,暗中跟其他宗室人员孙暠等串通一气,阴谋造反。

孙权巡视东治时,孙辅派人给许昌的曹操送了一封信,大意是痛陈孙权年少才浅,江东在他治下早晚会沉沦下去,期盼曹操以朝廷名义出面干涉东吴内政,另选贤能。当然这个贤能非孙辅自己莫属。

庆幸的是,这封大逆不道的信件并未送达许昌,送信人唯恐受到牵连,出卖了孙辅,把信件交给尚在东治的孙权。兹事体大,孙权立即赶回吴郡,找到首席大臣张昭。两人密商之后唤来孙辅当面对质,孙权痛骂孙辅说:"你活得不耐烦了吧,胳膊肘往外拐,勾结外人准备闹事。"

孙辅极力否认,孙权拿出信件给孙辅看。孙辅无话可说,只好认罪。孙权当即宣布将孙辅革职。为了顾及宗室的颜面,孙权并未处决孙辅,只把他赶到东部荒凉之地,幽禁起来。孙辅的亲信则全部杀头,部众重新整编,分给其他将领。

孙权不动声色,以迅雷不及掩耳之势,干净利索地处理了一起谋反事件。尽管年不过十八,但手法老练,令人惊叹。

对宗室成员,尽管犯了谋反之类的大罪,孙权还可免其一死,但是其他士大夫、谋臣将帅,如果言行举动触犯了孙权的心理底线,则必死无疑。可见孙权为了巩固自己的权威,治政的手段不仅老练,而且狠辣,建安九年(公元204年)杀害书生沈友就是一例。

沈友字子正,吴郡人,少有才气,颖异出众。曹魏名臣华歆还是个郎中(皇帝的随从官)时,被派到吴郡观察民风,路遇十一岁的沈友。华歆见他聪明伶俐,甚是可爱,在马车上朝他招手:"沈郎,可以上马车聊聊吗?"

孰料小朋友犹豫了许久,根本就不给华歆一个面子,还说出了一番大道理:君子之间谈经论道,应当在宴会上倾心相谈。可惜如今仁义被践踏,圣贤大道日渐崩坏。华先生身负皇命,试图宣扬先王教导,以端正陋俗,却言行随便,丧尽威仪。这好如抱薪救火,让火势愈燃愈旺。

华歆听后,不胜惭愧,感叹说:"自汉桓帝、汉灵帝以来,才俊辈出,全都不如这么一个幼小的儿童!"

小沈友的才识由此可见一斑。他二十岁时更是学识渊博,才华迥异,很会写文章;也喜欢搞军事研究,曾经为《孙子兵法》注释;又口若悬河,善于辩论,所至之处,都被他驳得体无完肤。故而世人赠送沈友一个雅号"三妙沈郎"。"三妙",指的是沈友"笔之妙,舌之妙,刀之妙"——笔墨之妙、舌辩之妙、武艺之妙,冠绝一时。

孙权听说沈友是个奇才,下了重礼,把他聘到身边。沈友一到,就高谈阔论,从王霸方略一直说到当前形势,语若连珠,滔滔不绝,大唱独角戏,旁人根本就没有插话的机会。孙权不由地肃然起敬,洗耳恭听。沈友随即献上兼并荆州之策,更令孙权连声叫好,悉数采纳。

在众人眼中,沈友简直就是一朵含苞待放的鲜花,一旦绽放必将笑傲花丛。但沈友是朵带刺的玫瑰花,在朝会上表情严肃,不可冒犯;针砭时弊时,直言不讳,是个慷慨激昂的"愤青",结果政敌一大堆,他们纷纷群起攻之,诬蔑沈友要谋反。

孙权也讨厌沈友动不动就口无遮拦。一次朝会上，沈友竟然毫不忌讳地指斥孙权的不是。孙权憋红了脸，喝令左右将沈友拉出去，还爆出一句话："人们都说你要造反！"

沈友是个聪明人，知道大难临头，但他绝不会屈服，宁死也要替自己扳回一局，于是强硬地还了一句："皇帝在许昌，你阴藏无君之心，难道可以说不造反吗？"

孙权怒不可遏。沈友凭着叛逆的个性，虽有盖世之才，但终不会为己所用，于是狠下心来，把他杀了。一朵奇花尚未完全开放就这样凋谢了。沈友与当时孔融、祢衡、杨修等几位名士相同，都死于一张嘴，死于没底线地抨击时政。台湾学者李敖评论孔融的死如是云："是乱世中一个真人的悲剧。"这句话同样适用于沈友，乱世之中显露出叛逆的本性，无论善恶，唯有死路一条。

如果说沈友只是死于孙权一时的气愤，那么吴郡太守盛宪之死，则彻底显露出孙权冷酷无情的本性。这个可怕的本性在孙权晚年处理"太子党争事件"中表现得淋漓尽致。

盛宪，字孝章，会稽人。史书上称，盛宪"器量雅伟"，也算是一位当世之杰，官至吴郡太守，因病辞官回老家休养。孙策打下江东之后，当时的豪杰之士能用则用，不能用则诛。盛宪名动天下，是个非常棘手的人物，孙策用不得也诛不得，只好把他留给孙权。

盛宪与少府（皇家生活大臣）孔融是好友，孔融深为盛宪的命运而担忧，他给曹操写了一封非常诚恳的书信，说：时光流逝，我的故交好友都赴黄泉而去了，仅存一个会稽的盛宪。他在东吴受困，妻儿已死，形影相吊，孤苦伶仃，甚是可怜。如果忧伤可以杀人，恐怕盛宪早已变成一抔黄土。此君堪称人中豪杰，天下名士都要靠他来推销自己。恳请曹丞相书信一封，快马加鞭，招来盛宪，也不枉我们朋友一场。

孔融洋洋洒洒数百言，字字珠玑，曹操看得感动不已，赶紧让汉献帝下诏，拜盛宪为骑都尉，要他尽快来许昌就职。

孙权听说盛宪要北上许昌，投靠曹操，杀心骤起，结果皇帝的任命书尚未到达会稽，盛宪就先人头落地了。

孙权杀了盛宪之后，竟引来一场动乱。

盛宪的两个门生妫览、戴员怕受到牵连,逃入深山躲藏。大约一年后,建安八年(公元203年),孙权任命弟弟偏将军孙翊为丹阳太守,代替病故的舅舅吴景。孙翊听说妫览、戴员有点学问,就请他们出山做官,妫览为大都督负责军事,戴员为郡丞负责民政。这个孙翊年仅二十,有其长兄孙策勇猛之风,但是妫览、戴员不思效忠,反而阴藏祸心,时刻惦记着为盛宪报仇。恰逢孙权西征黄祖,妫览、戴员乘隙勾结孙翊的随从边鸿,在酒宴上谋杀了孙翊。

孙翊的妻子徐氏悬赏重金抓捕躲匿深山的边鸿,妫览、戴员怕事情败露,就杀了边鸿灭口。众人都知道妫览、戴员是幕后黑手,但是谁也不敢出手。

孙权的族兄孙河,为孙氏女子嫁给俞氏后所生。孙策见他老实巴交,言语谨慎,办事敏捷,就让他跟随母姓,列入宗室谱系。孙权讨伐庐江太守李术时,孙河立了大功,被提拔为威寇中郎将,担任庐江太守。孙河听说孙翊被杀,立即赶到宛陵,痛斥妫览、戴员严重渎职,致使奸人逆谋得逞。妫览、戴员大为惊恐,面面相觑,心想:这个孙河只不过是外姓的宗室成员,就如此凶狠,要是孙权来了,那我们岂不是死无葬身之地?于是妫、戴二人恶从胆边生,宣布叛乱,杀害孙河,派人去见扬州刺史刘馥,让他进驻历阳。妫、戴则在宛陵为内应,企图颠覆东吴政权。

妫览竖起叛旗后,干脆坏事做绝,将孙翊的小妾、侍女全部占为己有;又觊觎徐氏美色,要霸王硬上弓。徐氏担心死于非命,假装答允,哄骗说等这个月底守丧日结束,祭祀孙翊之后就嫁给他。妫览不知是计,就应允了。徐氏暗中联络孙翊的旧部心腹孙高、傅婴等二十余人,在祭祀礼结束后诱杀妫览、戴员,报了杀夫之仇。

孙河之子孙韶年仅十七岁,收拢孙河余部,整固京城(今江苏镇江)的防御工事,准备抵抗刘馥的进攻。孙权在椒丘(今江西新建),听说丹阳叛乱,弟弟被杀,赶紧率部奔丧,将妫览、戴员的余党一网打尽,并提拔孙高、傅婴为牙门将(相当于偏将军),而后回到吴郡。孙权夜过京城下时,想试探孙韶的才干,佯装进攻,只见城内警报声长鸣,乱箭飞出。孙权大喜,翌日立即提拔孙韶为承烈校尉,统领孙河的旧部,将曲阿、丹徒赐给孙韶为封邑。

次年(公元204年),孙权任命堂兄孙瑜(孙坚弟弟孙静次子)为丹阳太守。扬州刺史刘馥见孙权有备,不敢来攻,一场不大不小的内乱总算平息了。

从建安八年至十一年(公元203年至206年)的四年间,孙权一直忙于安内。东吴很不平静,惩孙辅、杀沈友、杀盛宪、妫戴之乱,镇压山越人的军事行动也是如火如荼。与山越人的战争在豫章郡内进行,从西到东,战火燃遍了全郡。

宜春东北三百里的建昌(今江西奉新)山越作乱,孙权将西安(今江西武宁)长潘璋南调,改任建昌长,兼武猛校尉,命其率部讨伐建昌的山越乱民,不到一个月就全部剿平。

鄱阳湖以东,韩当、吕范围剿鄱阳的山越人,程普围剿乐安的山越人,凌统、董袭、蒋钦、步骘等合力围剿鄱阳大盗彭虎的数万叛军,均捷报频传。

潘璋南调后,西边的艾县(今江西修水)、西安两地守备空虚,荆州悍将、刘表的侄儿刘磐趁机袭击。孙权赶紧将驻守海昏县的建昌都尉太史慈西调过去对付刘磐,太史慈矫健善射,刘磐畏之如虎,不敢妄动。太史慈调走后,孙权令乐安的程普西移,代太史慈镇守海昏。韩当在鄱阳获胜后,被孙权东调担任乐安长,接替程普震慑当地的山越民。

建安十年(公元205年),上饶又发生山越叛乱。孙权将闽中统将平东校尉贺齐、讨越中郎将蒋钦调过去,贺齐昼夜殊死征战,很快就剿平山越之乱。孙权为了加强对当地山越人的管辖,将上饶的部分地区分出去,新置建平县。

在孙权为剪除异己、平定内乱而殚精竭虑时,曹操也再次出兵河北,经过两三年艰苦卓绝的征战,终于将袁绍的三个儿子袁熙、袁尚、袁谭赶尽杀绝,并将势力范围扩展至辽东。建安九年(公元204年)十月,汉献帝诏令曹操为冀州牧,标志着曹操彻底完成北方的统一大业。

孙权也不甘落后,安内之后开始攘外,致力于一统江南。建安十一年(公元206年),孙权令周瑜、孙瑜讨伐麻、保二屯的山越人。麻、保二屯是江夏以南百余里、赤壁附近长江东岸的两个山村。孙权扫荡这两个村庄的山越人,意在截弯取直,为东吴西讨荆州开辟陆上通道,从陆路包抄江夏的黄祖。两瑜攻势凌厉,很快就将这两个村庄夷为平地,斩杀山越宗族酋长,俘获万余人,回到宫亭(今江西鄱阳湖)。

麻、保之战的胜利,确保了孙权掌控江夏郡以南的大片领地,东吴尽得地利之便。江夏太守黄祖大为震恐,派遣部将邓龙率数千水军顺流而下,杀入柴桑。结果几乎被周瑜包饺子,邓龙被俘,周瑜将其送到吴郡,献给孙权。柴桑之战,显示了长江中游的战场主动权已经落到孙权手中,黄祖只有等待挨打了。

可惜的是,在这一年,建昌都尉太史慈病死,终年四十一。太史慈相貌堂堂,胡须飘胸,臂力过人,精通骑射,箭无虚发。他临终前悲叹说:"丈夫生世,当带七尺之剑,以升天子之阶。今所志未从,奈何而死乎!"——大丈夫活在世上,当为天子之臣,光耀千古。我壮志未酬,怎么会这样死去?

噩耗传到吴郡,孙权悲痛不已。争霸天下,自己又少了一员得力干将。

第三章

火烧赤壁

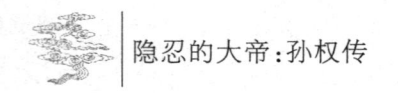

甘宁献策

孙权失一干将,但很快又得一悍将。建安十二年(公元207年),报效无门的"土匪"甘宁抛离黄祖,投靠江东。四年前,孙权第一次进攻黄祖时,黄祖首战大败,几乎被东吴的破贼校尉凌操生擒。幸亏甘宁射杀凌操,替黄祖解围。但黄祖是个不懂感恩的人,认为他是主,甘宁是仆,甘宁拯救黄祖属于分内的事。因而黄祖依然不把甘宁当一回事。

甘宁"以身相许",却报效无门。连黄祖的亲信、江夏都督苏飞也看不下去,他多次向黄祖举荐甘宁。令甘宁伤心绝望的是,黄祖不但不听取苏飞的推荐,反而煞费苦心挖甘宁的墙脚,让人引诱甘宁的僮客逃走,试图让这个"匪首"成为光杆司令。

此地不留爷,自有留爷处。甘宁决定一走了之。苏飞敬重甘宁是一条好汉,请他喝酒,劝说道:"我屡次向黄祖荐举你,黄祖就是不用。光阴似箭,人生几何,良禽择木而栖,望你远走高飞,早日得遇良主!"

甘宁如实相告:"我的确想走,就是不知道该如何脱身。"

苏飞给甘宁支招:"我向黄祖推荐你去做邾(今湖北黄冈西北)县县令,然后趁机走人。这好比阪上走丸,刀过竹解,谁拦得住?"

黄祖听了苏飞的推荐后,果然任命甘宁为邾县县令。甘宁到了邾县,招回逃离的僮客,队伍又很快恢复到数百人。眺望江水滚滚向东流,想起黄祖那张讨厌的脸,甘宁头也不回地顺江而下,直奔东吴。

甘宁入伙,令东吴诸将惊喜万分。周瑜、吕蒙等竭力向孙权举荐,孙权也很兴奋,对他如同对自己的老部下一般,优渥相待。甘宁感激涕零,暗庆自己这回是跟对了主子,在宴会上献出西进荆益的国策。

甘宁西进之策大意是:"曹操托名汉相,其实骨子里是个篡国贼。荆州地处江汉交通枢纽,山川险峻、水运便利,是东吴的西屏。我在荆州待了十

三年,熟悉那边情况。荆州牧刘表胸无大志,儿子刘琦、刘琮都是平庸之辈,不是继承者和开拓者。所以我们要赶在曹操之前先下手夺取荆州。要取荆州,必先取江夏。黄祖老迈昏庸,经济上,财物、粮食匮乏,支撑不了几天;政治上,小人成群,骗左诓右,上下离心,一片乌烟瘴气;军事上,舟船器械,废旧失修,士卒懒散,军纪涣散,不堪一击。破黄祖如探囊取物。夺取荆州后,可一鼓作气,占据三峡险关,西进大门洞开,而后再徐图益州巴、蜀之地。"

孙权大喜,立即采纳甘宁之策。但是淮泗集团的核心人物——长史张昭却对甘宁大泼冷水,说东吴的形势危急,自保唯恐不及,如果真的西取荆州,再图巴蜀,将招致大祸。

甘宁毫不客气地痛批张昭:"主公以萧何之任交托与你,你却杞人忧天,怎么向萧何学习?"

孙权心忧张昭与甘宁爆发争斗,影响团结,扰乱西征大计,当即举起酒杯对甘宁说:"兴霸,今年征讨黄祖,有如此酒,你来决定。你只要勠力前行,实现目标,拿下黄祖,建立殊勋,何必在乎张长史说啥呢?"

于是孙权第二次进攻黄祖,这次进攻黄祖的战果在史书上只有六个字:"虏其人民而还。"有学者认为是恰逢孙权之母吴太夫人病危(陈寿《三国志》记载吴太夫人逝于建安七年,即公元202年),孙权不得不赶回去。惜乎吴太夫人未见到孙权最后一面就走了。她临终前召来张昭,嘱托后事。吴太夫人共孕育了四子,孙策、孙权、孙翊、孙匡,个个都是豪杰之士,还有一个女儿嫁给弘咨。吴太夫人辅佐夫君孙坚,孙坚死后她又呕心沥血,辅佐儿子孙策、孙权,堪称一位"英雄的母亲"。

在甘宁献上西进荆益国策、孙权二次讨伐黄祖的同时,荆州的寄居客刘备为了图存,不惜放下皇叔的尊贵身段,亲临隆中,三顾茅庐,终于请来了盖世奇才诸葛亮。诸葛亮也在草房中给刘备献上具有典范价值的战略规划——《隆中对》。《隆中对》分三步走:先有荆益,联吴抗曹,北伐中原。

而曹操于这年夏天远征乌桓(亦称乌丸),取道卢龙(今河北喜峰口),偷袭乌桓的老巢柳城(今辽宁朝阳西南)。九月,从柳城撤军南归,曹操的谋士郭嘉不幸染病身亡。郭嘉,绰号"小太公",堪称曹操集团的第一谋士。曹操盛赞郭嘉说:"此乃非常之人,不宜以常理拘之。"郭嘉是位不按常规出牌的鬼才,谋略精妙,追随曹操十二年,曹操对他几乎言听计从。下邳擒吕布、预测孙策被杀、官渡败袁绍、远征乌桓,无不在郭嘉的神机妙算之中。曹操能成就一代霸业,离不开郭嘉的谋略。

消灭袁绍势力,统一北方之后,曹操曾经跟郭嘉商谈讨伐江南的攻略。郭嘉认为,曹军兵多将广,天下无敌,就是最怕染病。而南方各种疫病肆虐,不利于北方人作战。郭嘉常常说:"吾往南方,则不生还。"因而郭嘉主张,先取荆州,再徐图之。此后赤壁大战,因疫病而败,亦在郭嘉的预料之中。

翌年(公元208年)正月,曹操从辽东回到邺城,按照郭嘉生前遗策,在邺城开凿一个玄武池,训练水师,准备南伐荆州。

就这样,荆州成了曹操、孙权、刘备三大强权的战略交集点,群虎夺食,孱弱无谋的刘表注定将是一个悲剧人物。

曹操磨刀霍霍,大刀还没有往刘表头上砍下来,孙权就抢先一步,在春季江水猛涨之日对黄祖发动第三次进攻。这次进攻,东吴大军几乎是倾巢而出,孙权命周瑜为前部大都督,偏将军董袭、破贼都尉凌统为先锋。

而谙习敌情、力倡西进荆益的甘宁却没有被安排在首发阵容内。大概是孙权考虑甘宁射死凌统之父凌操,凌统对甘宁恨之入骨,两人见面就要厮杀,更别提和谐共事了。手心手背都是肉,孙权下令凌统不得找甘宁复仇,甘宁也时刻提防凌统,尽量避免碰面。

孙权任命凌统为先锋,其中大有深意,意在将凌统的负面情绪转化为杀敌立功的正能量。

交战之日,凌统率亲信数十名健勇之士,同坐一条船,组成尖兵突击队,远远地跑在东吴水师船队前方数十里处。他率先冲进右江,正遇黄祖部将张硕的船只。凌统一刀将其劈死,虏获船上的全部敌军,回去报告孙权。孙权命凌统引军,水陆并进,直驱汉江入长江处南岸的沔口(今湖北汉口,夏口在沔口对岸)。

为了抵御东吴水师,黄祖做了充分的准备,让两艘狭长的进攻性大型战船——艨艟横截江面,扼守沔口,又用棕榈大绳拴住大石块,抛锚江中,使两艘艨艟成为守卫沔口的两个巨大水上堡垒。艨艟上部署一千名箭手,交叉射箭,箭下如雨,封锁任何试图靠近艨艟的敌人。

突破这道封锁线的重任就交给两位突击战将凌统、董袭。凌统、董袭各率敢死士一百人,每人身披两重铠甲,搭乘大型运输船——大舸船,飞速地撞向黄祖的两艘艨艟。黄祖的士卒嗷嗷大叫,乱射一通,但是没能挡住凌、董二人的强攻。董袭一靠近艨艟,就拔出大刀砍断棕榈大绳,结果两艘艨艟成了江面上的两片浮叶,一下子就被湍急的水流卷走。

顿时,沔口门户豁然洞开。黄祖大惊,赶紧令部将陈就率一支船队杀出,以堵住缺口。平北都尉吕蒙率部奋力一击,陈就大败。吕蒙乘势跳上陈就的座船,挥刀砍下他的头颅。东吴水师士气大振,后续部队如凶猛潮涌,逐波攻上。

黄祖听说陈就已死,战心全无,打开城门,率先开溜,企图逃往北岸的夏口。凌统一跃而上,第一个将旗帜插在沔口城头上。董袭随后跟上,东吴大军蜂拥而入,到处追杀溃散的黄祖部众。一个叫冯则的骑兵追上黄祖,将其擒获。是役,东吴大获全胜,俘虏男女数以万计。

次日,孙权召开庆功大会,赏赐有功的将士。董袭砍断固定艨艟的棕榈大绳,立下第一功。吕蒙阵斩陈就,升横野中郎将,赐钱千万。凌统赐号承烈都尉,让他完成其父凌操的遗愿。

甘宁虽未在此役中有突出战功,但是孙权不忘其力倡西进之功,战后拨给他一队人马,驻守在邻近夏口的当口,伺机夺取夏口。此外,孙权为了照顾甘宁的面子,在惩处战俘上听从他的意见,以示重用之意。战前,孙权特意准备了两个木盒,一个留给黄祖,另一个留给苏飞。庆功酒宴上,甘宁跪下磕头,涕泪交垂,为苏飞求情:"要不是当时苏飞的照料,恐怕我甘宁早已填沟壑、埋地下,哪有今天为东吴效命?"

孙权感其言,问道:"要是放了苏飞,他偷偷跑了怎么办?"甘宁仍然长跪不起,回答说:"苏飞侥幸逃生,受东吴再生之恩,你赶他他都不会走,怎么会偷跑呢?要是苏飞逃走,甘宁愿以项上头颅顶替。"孙权感慨不已,就下令赦免苏飞的死罪。

消灭江夏的黄祖势力,是孙权隐忍策略成功实施的结果。黄祖善守不善攻,在担任江夏太守期间,与江东孙氏势力数度交手。尽管黄祖屡屡落在下风,但是他拥有完备的防御手段,加上背靠刘表这棵大树,所以每次失利黄祖都毫发无损,是江东拓土的最大障碍。孙权临危受命之后,并不急于全力讨伐这个顽固的杀父仇人。黄祖防守的手段无可比拟,孙权要把这个最难啃的骨头留在后面,最好等到黄祖年老力衰时再给他致命一击。于是孙权不急不躁,先吃掉好吃的肉,阻止宗室之乱,巩固自身政权,进而扫荡周边弱小的皖城太守李术等势力。等到曹操消灭了袁氏残余势力,准备大举挥师南讨荆州时,刘表成了一只惊弓之鸟,黄祖老迈昏聩,孤立无援。孙权见时机成熟,倾巢而出,一举将其击破,啃下这块最难啃的骨头。

芟除黄祖,这是孙权争霸天下的一步好棋。一则杀父血仇在十八年之后终于得偿所愿,足以告慰兄长孙策在天之灵;二则西进荆益的战略迈出了实质性的第一步,东吴开疆拓土,实际控制线大阔步西移了三四百里,开始深入荆州;三则剪除黄祖,孤立了荆州刘表,为日后夺占荆州全郡奠定了坚实的基础。

夺取江夏的同一年,孙权又派威武中郎将贺齐镇压丹阳郡内黟县、歙县(两县在今安徽南境)的山越人。贺齐率部逾山履险,披荆斩棘,出其不意,直捣山越巢穴,前后斩首万余级,虏获不可胜数,终于平定黟、歙地区。

为了巩固战果,贺齐上表孙权,将高峰林立、山岩遍布、地形恶劣的歙县另划四地,设始新、新定、犁阳、休阳四县,分割治理。孙权立即采纳,于是以始新、新定等新四县,及黟县、歙县共六县为新都郡,郡治设在始新县,任命贺齐为新都太守,加封偏将军。自此孙吴的行政区划由江东六郡(吴郡、会稽郡、丹阳郡、豫章郡、庐陵郡、庐江郡)增至七郡。

鲁肃寻盟

孙权剿灭黄祖,取得沔口大捷,犹如一颗重磅炸弹,摇撼荆襄大地,波及千余里之外的邺城。此时形势是这样的:

曹操被汉献帝册命为冀州牧后,曹氏集团的政治中心从许昌北移到邺

城,在邺城建立东汉帝国的影子政府。留下亲信丞相长史王必率一队人马,监视圈养在许昌城内的汉献帝。

自称皇叔的卖鞋匠刘备得到卧龙岗高人诸葛亮的指点后,实力大增,拥有万余人马,屯驻新野。

荆州牧刘表则据守襄阳城。黄祖败亡后,刘表惶惶不安,结果闹出病来,两个儿子刘琦、刘琮为争夺继承权暗中较劲。

孙权灭黄祖后,占有沔口,似乎并未顺手牵羊夺取对岸的夏口。夏口是江夏郡的治所驻地,黄祖经营多年,城池异常坚固。东吴水师虽在沔口大胜,但也颇有损伤,而且后勤不继,难以持续作战,又担忧山越人趁机捣乱,所以孙权并未继续进攻夏口,而是任命有同窗情谊的金曹从事胡综为鄂长,让他统领一支军队,驻扎在夏口东边百里处的鄂县,扼住顺流南下的咽喉要地。然后孙权下令将沔口城夷为平地,将其民众迁至江东。

刘表与黄祖是唇亡齿寒的关系。黄祖败亡了,孙权的下一个枪口就对准了荆州的刘表。江夏骤然失保,荆州腹地便直接暴露在东吴的攻击之下。荆州牧刘表忧心似焚,病情急剧恶化。祸不单行,黄祖战亡的噩耗才至,又传来曹操亲率大军南下的坏消息。七月间,北边的小小宛城突然间涌进了数不清的人马,成了曹操的大兵营。据东吴统帅周瑜估计,此番曹操南征荆州的兵力有十五六万之众。新野的刘备万余人马根本就挡不住曹操的进攻,略作抵抗之后仓皇南撤两百里,退缩汉江北岸的樊城,与襄阳城内的七八万荆州大军形成掎角之势。

可刘备与军师诸葛亮信心十足,他们认为:曹军虽众,但脆弱不堪的后勤补给将使曹军成为强弩之末。决胜的关键取决于统帅的意志,只要刘表信念坚定,与刘备齐心合力,荆州以逸待劳,足以打得曹操满地找牙。

但是刘备和诸葛亮万万料不到的是,在这节骨眼上,刘表抛弃荆州,疽发背而死——得了急性蜂窝织炎,撒手而去。刘表留下了一个烂摊子,危若累卵的荆州。而接手这个大烂摊子的是两个不成器的儿子,刘琦、刘琮。

按照家族的传承原则,刘琦为长子,而且刘表也认为刘琦像自己,一度准备立刘琦为继承人。后来,刘表又娶了荆襄第一豪强蔡讽的女儿,生下刘琮。这个蔡讽也算是当世赫赫有名的大人物,人脉关系盘根错杂。蔡讽的姐姐嫁给做过太尉的张温,蔡讽的儿子蔡瑁是刘表的军师,实际上是荆州的代言人。蔡讽的大女婿则是诸葛亮的岳父——黄承彦,二女婿就是刘表。另外,蔡讽的两个侄儿,蔡琰是巴郡太守,蔡瓒是郿相。刘琮为了跟刘琦争夺继承权,就娶了继母蔡夫人的侄女为妻。

帮亲不帮理,胳膊肘往内拐,蔡夫人日日夜夜在刘表枕边赞誉刘琮,毁谤刘琦。蔡瑁也助纣为虐,伙同刘表的外甥张允天天贬低刘琦。刘表是个没主见的懦夫,听信蔡夫人、蔡瑁、张允的话,渐渐疏远刘琦。

刘琦见势不妙,赶紧向足智多谋的诸葛亮请教。诸葛亮也很为难,神仙难断家务事。更何况刘琮还是老岳父黄承彦家的亲戚。为了确保荆州的团结,诸葛亮暗示刘琦仿照春秋晋国的公子重耳,三十六计,走为上计。恰逢江夏太守黄祖战亡,于是刘琦毛遂自荐,出外镇守夏口,代领江夏太守。

刘琦一走,襄阳城内平静了许多,但是刘表病危时刘琦又回来了。刘琮、蔡夫人、蔡瑁、张允四人紧绷神经,唯恐刘琦见了刘表之后,刘表突然改变主意,把荆州牧之位传给他。于是蔡瑁、张允拦住刘琦,说:"你肩负重任,镇守夏口,今天私自前来,不被你老爹打死才怪。"刘琦见不到刘表,哭哭啼啼而去。

八月,刘表病死,临终前将后事交给次子刘琮。刘琮做了荆州牧后,封刘琦为侯,给他侯印。刘琦大怒,把侯印摔个稀巴烂,准备起兵作难。这时候,曹操率大军从宛城南下,杀气腾腾而来。刘琦是个忠孝之人,外敌来犯,不愿内乱,只好悻悻回到夏口。

曹操南下的兵力,据学者们估量,因道路拥塞、交通不便、粮草运输困难,上限只能在七八万。曹操杀到了新野,襄阳城内震动,冒出了一股以韩嵩、蒯越(其弟蒯祺是诸葛亮的姊夫)、傅巽、王粲为首的投降派。他们劝说刘琮:"早早竖起白旗降曹,省得曹操杀来,荆州军民玉石俱焚。"

刚开始刘琮还是有点骨气的,要学习老爹刘表据守荆州,以观天下,为一方之霸主。傅巽问刘琮:"你跟刘备相比,谁厉害?"刘琮答:"当然是刘备厉害。"傅巽又说:"要是刘备打不过曹操,荆州不保。要是刘备打得过曹操,你就不保。"

如此荒唐的假设立刻摧毁了刘琮的抗战斗志,于是刘琮决定投降。

孙权听说曹操南下、刘表死了,马上意识到危机也来临了。如果让曹操轻易取得荆州,那么甘宁"西进荆益"之策就化为泡影。于是孙权未雨绸缪,亲率大军自吴县西上柴桑(今江西九江市),以观荆州刘氏成败。柴桑襟江带湖,背倚庐山,为长江中下游的交通枢纽。孙权派遣鲁肃到荆州去,借吊唁刘表之机,探探刘琦、刘琮兄弟的口风。孙权期望能与刘琦兄弟化干戈为玉帛,缔结同盟,共抗曹操。保住了荆州,就是保住了江东。

鲁肃肩负重责,搭乘帆船疾驰而去,但是曹操的战马比鲁肃的帆船跑得更快。

九月,曹操大军攻陷新野。刘备和诸葛亮不知所终,只有几个荆州的官员摇晃着小白旗,代表刘琮,向曹操乞降。曹操这才知道,刘备和诸葛亮早已逃到樊城去了。新野与樊城的直线距离不过一百里,可谓近在咫尺。曹操立即做出决定,必须以最快的速度赶至襄、樊,接受刘琮的投降,并截断刘备的逃跑路线,将刘备、诸葛亮、关羽、张飞、赵云等部众聚歼于樊城。

在曹操眼中,刘备虽是一代枭雄,但其兵力不过万把人,跟拥兵十数万的袁绍、刘表自然不可同日而语。于是曹操只带上五千精锐骑兵,疾驰南下。在樊城的刘备还蒙在鼓里,根本就不晓得刘琮在对岸的襄阳城内打什么鬼主意。刘备和诸葛亮等人寄希望于刘琮,策划打一场轰轰烈烈的襄、樊保卫战。直到刘琮派遣大儒学家宋忠到樊城去,通知刘备他已经决定降曹。

刘备和诸葛亮如同五雷轰顶,慌了手脚。刘备痛斥宋忠:"你们这些混蛋自作主张,要死要活都不早吱声。如今大祸临头了才报个信,太坑人吧!"

刘备怒火中烧,拔出利刃,架在宋忠的脖子上,狠狠地骂道:"就算砍了你的脑袋,也难以泄我心头之愤!"

诸葛亮等建议,干脆将刘琮和荆州官员挟持到江陵去,逼他们抗曹。

刘备是一个仁义之主,痛哭流涕说:"刘表死前托孤于我,我要是背信弃义,死后有何面目去见刘表?"

于是刘备决定兵分两路,实行大逃亡。刘备、诸葛亮等为陆路,由襄、樊南下江陵;义弟关羽为水路,率荆州数百艘船只,顺着汉江南下,与刘备会师于江陵。

刘备渡过汉江,途经襄阳城时,试图向刘琮喊话。但是刘琮心虚,不敢出城去见刘备。荆州百姓听说残暴的曹操要来了,懦弱的刘琮要降了,仁慈的刘备要走了,无不哭天抢地,争先逃出,追随刘备而去。沿途流亡队伍逐

渐扩大，一步一挪移，走了三百里，到了当阳时，老幼妇孺竟然超过十万人。推小车的、挑担的、相互搀扶的，形成浩浩荡荡的难民潮。单单小推车就有数千辆之多，吱吱扭扭，每天只能行进十来里。

诸葛亮、张飞等对此忧心忡忡，如此拖泥带水的，恐怕得半个月才能到达江陵。一旦曹军追来，势必玉石俱焚，自己会跟那些孱弱不堪的百姓一道淹没在血泊之中。他们建议刘备："不如甩掉那些难民，尽速赶到江陵与关羽水师汇合。"

仁义为本的刘备对诸葛亮、张飞等人的甩包袱主张不以为然，回答说："百姓视我如救星，我却视百姓为猪狗，怎么对得起天地良心？"

庞大而滞重的逃亡队伍极大地拖累了刘备的行军速度。曹操听说刘备跑了，打开地图一看，第一眼就看到了刘备的逃亡目标——江陵城。

东汉末年，荆州辖七个郡，南阳、南郡、江夏、武陵、长沙、零陵、桂阳。刘表把州治设在襄阳城，而江陵是南郡的郡治驻地。江陵地处肥沃的江汉平原腹地，南临长江，北控襄、樊，南通湘水，西扼入川水道，东达长江下游，地理位置相当重要，历来是兵家必争之地。而且，这里也是荆州的粮仓、军械库所在地，一旦刘备夺取江陵城，就拥有了割据一方的物质基础。这是曹操绝对不愿意看到的。

在新野的曹操下令抛开粮草、辎重，全军轻装赶到襄阳城。等到了襄阳城，刘备早已南去。曹操心急如焚，遂亲率五千精锐骑兵，昼夜疾驰，务必抢在刘备之前拿下江陵城！曹军一昼夜行军三百里，几乎达到了骑兵行军速度的极限。刘备的难民队伍每天只能挪移十来里，双方的行进速度是三十比一，结果不到一天，曹操的五千锐骑就在当阳长坂揪住了刘备和他的十万难民。于是爆发了一场惨烈的大战。

长坂之战，刘备军队超过万人，是曹操锐骑的两倍。刘备还有十万诚心归附的百姓，虽然老幼妇孺不少，但是如果能做到军民一心，足以打一场轰轰烈烈的阻击战。可惜曹操追兵一至，刘备的军队就惊惶不已，乱了阵脚，根本就无法组织像样的抵抗。曹操锐骑充分发挥机动性和战斗力，在开阔的原野地带对以步卒为主的刘备军队展开猛烈的围歼战。刘备遭到惨败，抛妻弃子，丢下一岁的儿子刘禅（小名阿斗），率先奔逃，甚为狼狈。所幸的

是刘备帐下悍将赵云抱起刘禅,舍生忘死,冲出一条血路,这才追上仓皇逃跑的刘备、张飞、诸葛亮等人。

此时刘备仅余骑兵数十名,家眷及大批辎重被曹操缴获,刘备惨淡经营了大半辈子的事业几乎毁于一旦。正当刘备惶急不知所终时,孙权的特使鲁肃来了。

鲁肃肩负孙权的使命,前往荆州寻求盟友,以图拒曹操于家门之外。据史书记载,鲁肃"未至而曹公(曹操)已济汉津(今湖北荆门东北汉水过境处)。肃故进前,与备相遇于当阳"。所以鲁肃来荆州最有可能的行进路线是溯着长江而上,在江陵城下舍舟登岸,而后准备北上襄阳,拜会刘表的两个儿子和刘备。但是鲁肃刚上岸,就传来东北的汉津出现曹军的消息。汉津口在当阳长坂坡以东一百四十里处,为沔水(汉江)西岸的重要渡口。曹军此举一是为了追击关羽水军,二是为了切断刘备水路脱逃的路线,从东面将刘备截止在陆地上,策应南下追击的曹操五千锐骑,形成关门打狗之势,聚歼刘备等众于当阳一地。

形势十分危急,鲁肃不得不加快脚步,向北而去,结果在当阳与仓皇逃命的刘备等众不期而遇。

鲁肃秉承孙权的旨意,扮演了孙刘联盟倡导者的角色。在跟刘备、诸葛亮接头之后,鲁肃大献殷勤,与刘备、诸葛亮亲切会谈,表现出一个杰出外交家所应具备的厉练与豁达。鲁肃首先跟刘备、诸葛亮纵论天下大事,而后小心翼翼地试探刘备的去向,问他说:"刘豫州现在要去哪里?"

与孙权结盟,是刘备唯一的出路。但是刘备初败之后兵力锐减,羞于启齿,故而遮遮掩掩,假称要投奔南边的苍梧太守吴巨。吴巨是刘表的部下,跟刘备交情不错。

刘备说要投靠吴巨本来就是虚晃一招,意在诱使鲁肃主动提出结盟的要求。如此一旦孙刘联盟形成后,刘备就可以保持自身地位的独立性,与孙权平起平坐。鲁肃不拘小节,为了东吴的安危,再次展现了孙权的诚意,对刘备、诸葛亮说:"孙讨虏聪明仁惠,敬贤礼士,江表英豪,咸归附之,已据有六郡,兵精粮多,足以立事。今为君计,莫若遣腹心使自结于东,崇连和之好,共济世业。"——孙权聪明仁慈,礼贤下士,江东豪杰从者如云。已据有六郡(会稽、吴郡、丹阳、豫章、庐江、庐陵)之地,军队精良,粮草充足。只要孙刘结盟,可以跟曹操抗衡。而吴巨只是一个庸人,苍梧又地处偏远,物资匮乏,迟早是他人的盘中餐,很不靠谱。

刘备见达到了有尊严地结盟的目的,大喜。继续南下江陵只有被曹操锐骑消灭的份儿,于是刘备掉头向东,避开五千曹操锐骑,斜趋汉津,与从襄、樊抄水路南下的义弟关羽会师。击溃围堵的曹军小分队之后,刘备一众顺着汉江南下,又遇到了江夏太守刘琦统领的万余人,一同到了夏口。

鲁肃又见刘备军少,不过万人。鲁肃说过,"豫州之众不当一校"。东汉军队编制实行二五制,每伍五人、两伍为什、五什为队、两队为屯、五屯为曲、二曲为部、五部为营、二营为军,每军一万人,军设校尉。一万人马给曹操塞牙缝都不够,于是鲁肃建议刘备进驻鄂县樊口,此地远离荆州,距东吴仅一步之遥。刘备又派遣军师诸葛亮,随同鲁肃到东吴柴桑去谒见孙权,正式开启孙刘结盟的谈判。

君臣同心

诸葛亮抵达柴桑之际,东吴上下正因曹操一封短信陷入空前的大恐慌。

曹操是个心理学高手。攻打南阳张绣时,曹操望梅止渴的故事已成为一个心理学的典型案例。煮酒论英雄时,一句"天下英雄,唯使君与操耳"就吓得刘备魂飞魄散,失箸于地。为了降伏东吴,曹操写给孙权的招降书只有三十个字:"近者奉辞伐罪,旄麾南指,刘琮束手。今治水军八十万众,方与将军会猎于吴。"

其意是:我奉君命讨伐罪臣,大旗向南一挥,刘琮就投降了。现在我带上八十万水师,想跟孙将军在东吴围猎。

就这封区区三十个字的书信,到了孙权手里,他就像拿着鸡蛋走滑路——提心吊胆。孙权把曹操的书信给群臣看,三十个字有如三十把寒气

逼人的利刃,让群臣心惊胆战,无不变色。东吴一片哗然,人心惶惶。

在朝会上,文臣武将分裂成泾渭分明的主战派与投降派。主战派以鲁肃为首,投降派以张昭、秦松为首。

投降派认为:"曹操,豺狼虎豹也。但是他披着汉相的外衣,挟天子以令诸侯,动不动就把国家的神主——汉献帝抬出来。跟曹操作对,就是跟朝廷作对。现在抗拒曹操,恐将没有好果子吃。况且孙将军抗曹主要凭借长江天险,但是曹操夺取荆州之后,刘表苦心经营的水师、数千艘艨艟斗舰,全部落入曹操之手。曹操从上游顺流而下,水陆并进,长江天险已被敌我共享。至于敌我力量强弱对比,那就更不必说了。"故而张昭、秦松主张投降曹操,免得江东玉石俱焚。

朝会上弥漫着悲观的投降主义论调。主战的鲁肃孤掌难鸣,不发一语。年富力强的孙权对投降派的言论大为不满,又难以压服众议,心里憋得慌,就借口要去如厕以透透气。

鲁肃洞晓孙权内心的苦闷,一人追随孙权直到厕前的屋檐下。孙权也知道鲁肃的意思,大为感动,紧紧握住他的双手,问道:"你想说些什么?"

鲁肃趁机进言:"刚才张昭、秦松等人所说的都是害你的话,跟那些家伙难以成就大事。江东谁都可以降操,只有将军一人不可降。像我鲁肃这样的人降曹,至少还可以做个曹操的从事,坐着牛车到处游山玩水,日子依然过得逍遥自在。将军降曹,曹操要把你放在哪里呢?"

几句话说得孙权热血沸腾,他感叹说:"张昭等人实在令我很失望,只有鲁肃你谋略深远,戳到我的痛处,你是老天爷赐赠给我的礼物!"

鲁肃趁热打铁,建议孙权召回在柴桑以南鄱阳湖练兵的周瑜。孙权二话没说,马上下令召回周瑜。

鲁肃说完,诸葛亮又来了。诸葛亮说服孙权的经过也是一个典型的心理学案例。俗话说,请将不如激将。诸葛亮只比孙权年长一岁,两人均属少壮派人士。相同的年龄,虽然经历不同,但均饱受乱世的折磨,其心智相近。

诸葛亮细察孙权之貌,"形貌奇伟、骨体不恒","方颐大口、目有精光","紫髯将军,长上短下"。孙权长着一张国字脸,宽大嘴巴,两腮布满紫色胡须,上身长,两腿短。虽然不够帅气,但是形体十分粗犷、彪悍,一看就是行军作战的好料。如此血气方刚的豪杰具备"力拔山兮气盖世"的英雄气概，一旦潜能被激发，必将是一只让人震怖颤抖的雄狮！

故而诸葛亮决定冒着触怒孙权、结盟破败之危，采取激将法，以激活孙权体内的巨大能量。诸葛亮说："当世大乱，孙将军起兵占有江东，刘豫州也汉水之南收拢人马，与曹操争夺天下。如今曹操芟平诸雄，一统北方，残破荆州，威震四海。刘豫州是英雄无用武之地，所以躲到樊口去。请孙将军仔细考量下，如果能跟曹操抗衡，那就早早与曹操决裂。如果不能，干脆放下兵器，北降曹操。可现在孙将军外称服从曹操，内却犹豫不决，当断不断，其后自乱，祸事不远了！"

诸葛亮如此一说，孙权心里很不爽：有这么寻求结盟的吗？你家主子如今可是一只落水狗，能不能爬上岸，就看我这一根救命棍子。于是冷冷地反击了诸葛亮一句话："如你所言，为什么刘备不投降曹操？"

孰料这句话不说则已，一出口就中了诸葛亮的诡计。诸葛亮暗自好笑，说道："田横，只不过是齐国的一个壮士，就知道坚贞不屈，守义不辱。更何况刘豫州乃汉室胄裔，英才盖世，世人景仰，如百川入海，归附者络绎不绝。如果暂时战败，那是天意使然，怎肯投降曹操！"

孙权果真气得就要发疯了，虽然心里早把诸葛亮杀了千百遍，大骂刘备这个只会卖鞋的家伙，但还是懂得待客之道，把气往曹操身上发，他勃然变色，厉声道："我不能让江东大地、十万之众，受制于他人。我意已决！"紧接着，孙权又质疑刘备军队的战斗力，问诸葛亮："我并没有怀疑刘豫州能不能挡住曹操，但是刘豫州刚在当阳遭到重创，还能一战吗？"

诸葛亮见激将法收效，转而给孙权打气，说："刘军虽惨败长坂坡，但是生还的残部和关羽的精锐水师合起来还有一万人，江夏的刘琦也不下一万人，如此可凑足两万人。曹军虽多，但长途奔袭，早已疲惫不堪。听说曹军为了追击刘豫州，骑兵昼夜奔跑三百里，已达到极限。这就是所谓的'强弩之末，势不能穿鲁缟'。《孙子兵法》最忌讳这种远程奔袭的战术，就是最会打仗的上将军也会栽跟头的。再者曹军都是中原人，不习水战。荆州依附曹操，也只是违心被迫而已。"

最后，诸葛亮为孙权描绘了一幅光辉灿烂的愿景："如果孙将军能让一位

悍将统兵数万,与刘军合势,必能大破曹军。曹军一破,曹操必定北逃。曹操一逃,则荆州、东吴势力大盛,三足鼎立局面就形成了。成败之机,就在今天。"

诸葛亮摇着鹅毛扇,说得口沫横飞,孙权也听得津津有味,三分天下这个红苹果也太诱人了吧。当然最高兴的还是诸葛亮,在鲁肃跟他的精心策划之下,孙刘终于结盟了。

现在就等着诸葛亮所说的悍将来到柴桑。这个悍将也是鲁肃建议召回的江东第一名将——中护军兼江夏太守周瑜。

周瑜一到柴桑,立即成了主战派领袖。他在朝会上慷慨陈词,狠批投降派的言论,说:"曹操虽托名汉相,其实就是汉贼。孙将军则不然,神武雄才,再加上继承父兄的基业,占据江东六郡,拥地数千里,兵精粮多,堪称英豪。应当横行天下,为大汉帝国扫除污秽。况且这一回曹操是自动送上门找死,难道我们要对一个死人脱帽致敬吗?"

在周瑜眼中,不可一世的曹操简直就是一只纸老虎。周瑜接着侃侃而谈,给孙权分析了曹操的四个弱点。其一,北方尚未完全平定,许昌城内拥汉派蠢蠢欲动,曹操有内忧。其二,西凉的马超、韩遂虎视眈眈,曹操有外患。其三,曹操放弃最擅长的骑战、步战,采取最不擅长的水战,这是弃长取短,必大败。其四,如今正值寒冬,战马缺乏草料,北方士卒来到江南的水乡泽国,水土不服,必生病。曹操有此四患,逆天行道,焉有不败之理?

最后周瑜信心满满,向孙权请缨作战:"请给我三万精兵,我进驻夏口,破敌的事就包在我身上!"

周瑜说得畅快淋漓,孙权听得也是热血直涌。东吴有此男儿,何患曹操不除!孙权说道:"这个老贼早就想废汉自立了,就是因为忌惮袁绍兄弟、吕布、刘表与我,才不敢妄动。如今他们都死了,只剩下我一人。我跟老贼势不两立,周瑜说可破老贼,正合我意。真是苍天助我!"

话毕,孙权猛地拔出腰间宝刀,只听见"哐"一声巨响,跟前的案桌瞬间少了一角。孙权怒吼:"敢说投降曹操的,这案桌就是他的下场!"

一刀下去,把朝会上的投降派人士全砍哑了。

朝会后的那天夜晚,周瑜又去见孙权,进言说:"众人一看到曹操招降书上的八十万水、步军,就吓破胆了。殊不知,八十万这个数字水分极大。"周瑜给孙权算了一笔曹操的细账:"曹操自起兵二十年来,统领的北方士卒最多十五六万,而且久战力疲,战力低下。夺取荆州后,他收编的刘表部众,也不过七八万,而且军心涣散。曹操以疲惫之军统领离心之兵,虽然数量众多,但并不可怕。只要给我五万精兵,就可以制住曹操,请将军不要担忧!"

　　真正的忠勇志士,就是敢于在危急关头挺身而出,肩挑重任,为君主排忧解难。周瑜无疑就是这样值得信赖的人。孙权感动不已,于是做了一个无比温馨的动作,他双手抚摸周瑜的后背,说道:"公瑾啊,你说得太对了,说到我的心坎上。张昭、秦松非常自私,只顾自家的老婆孩子,让我大失所望啊。只有你、鲁肃二人与我齐心协力,这是老天爷给我最好的礼物。五万人马一时难以凑合,我已经挑选三万精兵,战船、粮草、器械一概俱全。你跟鲁肃、程普先行出发,我在后方继续调派人马,输送粮草,做你最坚强的后盾。你能战则尽快破敌,万一不如意赶紧回到我这儿来。让我亲自跟曹操老贼一决雌雄!"

　　有如此坚决的君主、如此忠勇的属臣,上下拧成一股绳,齐心协力,何愁外患不除?

屯兵乌林

　　当孙权、刘备两军枕戈待旦,磨刀霍霍,准备跟曹操打一场百年以来罕有的大会战时,曹操正站在江陵城头深情地眺望着滚滚东流的江水。

　　曹操自九月攻陷新野,前后不到一个月就夺取荆州大部分地区。他本来准备再打一场惨烈的官渡之战,没想到刘备望风而逃,刘琮望风而降。曹操兵不血刃,像一缕清风,轻飘飘地进了江陵城。城内粮草、器械堆积如山,城下江边数千艘大小战船密而整齐,令曹操大喜过望。

　　为了打造一支能够在江南水乡泽国纵横驰骋的水师,曹操曾经在邺城挖了一个玄武池,还颁布了一条严格的《船战令》,把那些北方的旱鸭子都赶

下水,大行操练。本以为江南的水战不过尔尔,缴获了荆州的水师战船之后,曹操这才大开眼界,真正感受到"大水师"的恢宏魅力。

为了确保打一场必胜之仗,曹操大张旗鼓,对自己的十五六万嫡系部队与收编的七八万荆州军队进行整编。他开动政治宣传机器,"下令荆州吏民,与之更始",除旧布新,让荆州数百万官民全部服从自己的统治。根据《后汉书》的统计,东汉末年荆州七郡共139.9万户,626.6万口。曹操实际控制的只有南阳、南郡二郡,计318万余口。他又命刘表旧将文聘为江夏太守,招纳韩嵩、邓义等荆州名士,并遣使通告益州牧刘璋。刘璋象征性地派出一支四五百人的军队,表示接受曹操的调遣。

由于曹操的嫡系部队——十五六万北军水土不服,需要一段时间适应长江中游的地理环境和气候,再加上紧锣密鼓的军队整合和政治宣传,前前后后耗了一个月。到了建安十三年(公元208年)的十一月,一切准备就绪,曹操踌躇满志,大声一喝:向孙刘联军开战!

此时孙刘联军的情况是这样的,吴军三万由周瑜统领,正在柴桑集结完毕,雄赳赳地溯江而上,准备与驻扎樊口的刘备、刘琦两万人汇合。

但是孙刘联军的整合磕磕绊绊,未能浑然一体。在过去的曹刘交战中,刘备是每战必墨,鲜有胜绩。晋代虞溥《江表传》中云,刘备听说曹操要顺江而下,首当其冲的将是自己,整天紧张,派巡逻官守在江边,翘首以待东吴大军的到来。

周瑜抵达樊口之后,巡逻官跑去报告刘备。刘备患有严重的"恐曹症",问巡逻官:"你怎知来的不是曹操的青、徐军?"

巡逻官回答说:"看战船就知道!"

刘备这才放心,派人慰劳、迎接周瑜。

周瑜却以联军统帅自居,告诉刘备的使者:"我有军务重任在身,不得擅自离岗,若能大破曹军,就不辜负你的期待了。"

周瑜不来,刘备只好委屈地坐着一条小船去见周瑜。两人见面后,刘备第一句话就是问东吴来了多少人。周瑜说有三万,刘备既担忧又失望,曹操有二十三四万大军啊,打仗非儿戏,吴军只是曹军的一个零头,这仗怎么打?

周瑜却胸有成竹,安慰刘备说:"这些人马够了,请刘豫州看我怎么破曹！"

刘备嘴上没说话，心上却暗骂周瑜太狂妄，三万吴军给曹操当箭靶都不够，于是跟难兄难弟关羽、张飞自率两千人马在后，独立成军，不肯接受周瑜的指挥。

当然，《江表传》的记载有抹黑刘备的嫌疑，但是刘备身为一代豪杰，确实不会甘心居人之下，被东吴并吞。孙刘联军貌合神离，在失去共同的大敌之后，联盟破裂甚至反目为仇，是情理之中的。

十二月初，曹操将二十三四万大军分成十个军，每个军两万余人。其中步兵七个军，统帅为于禁、张辽、张郃、朱灵、乐进、路招、冯楷，均为曹操的嫡系部队。水师三个军，统帅为徐晃、任峻以及荆州降将张允，以荆州降兵为主。此外曹操任命蔡瑁为水师先锋，满宠为步兵先锋。水师、步兵战船数千艘，遮天蔽日，开始浮江而下，在长江航行五百余里后抵达巴丘。这时候曹军军营里开始出现传染病，曹操不得不暂停于此休整。

孙权为了牵制长江中游的曹军，支援周瑜的军事行动，开辟了东线战场。孙权亲率吴军一部渡江北上，进攻合肥，同时命令张昭进攻九江的当涂。

对于这次进攻合肥与赤壁之战孰先孰后，史载不一。陈寿《三国志·武帝纪》云："十二月，孙权为备攻合肥。公（曹操）自江陵征备，至巴丘，遣张熹救合肥。权闻熹至，乃走。公至赤壁，与备战，不利。"同书《蒋济传》又云："建安十三年，孙权围合肥。时大军征荆州，遇疾疫。"同书的《吴主传》亦云："权自率众围合肥，使张昭攻九江之当涂。昭兵不利，权攻城逾月不能下。曹公自荆州还，遣张熹将骑赴合肥。未至，权退。"可见陈寿明确无误地记载了合肥之战在赤壁之战前，而且持续了一个月，合肥之战结束时，曹操已在赤壁败得一塌糊涂。

司马光的《资治通鉴》却将赤壁之战置于十月间，继而云："十二月，孙权自将围合肥。"他将合肥之战置于赤壁之战后。

现在的学者们认为，当时农历十月的长江中游气候尚是秋高气爽，不符合史书记载的"盛寒"。唐代之前的史书大都认为赤壁之战发生于建安十三年十二月（公历为公元208年12月25日至公元209年1月23日），在冬至之后，正逢一年中最寒冷的小寒（公历1月5日前后）、大寒（公历1月20日前后），符合史书中"盛寒"的记载，与陈寿《三国志》相符。

联系到之前孙权对周瑜说，仓促之间无法凑足五万人，只挑出三万精兵，原来孙权腹中早有打算留下两万预备队，出击合肥。合肥是江淮之间的交通重镇，八年前曹操、袁绍对峙官渡时，孙策曾乘虚直捣曹操的老巢许昌。这一回孙权进攻合肥，与兄长孙策如出一辙，批亢捣虚，兵锋直指许昌，意在围魏救赵，扰乱曹操的战心。

果然，曹操听说孙权进攻合肥，一阵紧张，不敢分散兵力，没有派出一兵一卒救援。惨败于赤壁，灰头土脸而归之后，曹操这才派将军张喜率一千锐骑驰赴合肥，令他过汝南时，带上当地的驻兵，一道救援。但是张喜的救援队伍也因病疫在途中耽搁了时日。与此同时，孙权指挥大军昼夜不停地猛攻合肥城。合肥城岌岌可危，曹操的扬州别驾蒋济给庐江刺史支招，假称得到张喜的书信，说张喜已率四万步骑抵达雩娄（今河南固始），不日将到合肥城下，请派主簿出城迎接。孙权攻了一个多月，合肥城坚守不下，随军作战的长史张纮熟读兵书，建议孙权"围三阙一"，留下一个缺口，以瓦解合肥守军的斗志。

年轻的孙权显然果断不足，军中诸将又意见不一，所以并没有采纳张纮"围三阙一"的战法。不久张喜的救兵到来，张喜派出一个骑兵分队袭扰孙权。孙权血气方刚，准备亲自率一队精锐的敢死士去迎战。张纮又劝说："兵者凶器，战争凶险，今天仗着自己年富力强，轻视强敌，草率出战，必定栽跟头。一旦失利，三军将士，无不寒心。冲锋陷阵，这是前方将士的职责，你身为主帅，肩负江东重责，理应胸怀王霸之计，怎可像孟贲、夏育那样逞匹夫之勇？"孙权见战机已失，听取了张纮的建议，遂下令撤围而去。这是孙权第一次进攻合肥。进攻九江当涂的张昭也失利，孙权不得不退兵。

孙权在东线的牵制行动虽然有画蛇添足的嫌疑，但是并非劳而无功。当孙权回到江南时，捷报传来，周瑜已在长江北岸的乌林一带大破曹军。东吴取得了孙坚开基近二十年以来最辉煌的战绩！

曹操在巴丘略作休整后，继续顺江而下二百余里，抵达江北乌林矶（今湖北洪湖境内）水域。隔着二里许（约1100米）的宽阔江水，南岸是一系列陡峭的丘陵阶地，乌林矶正对着一座海拔54米高的小石山。几天之后，因北岸乌林火光冲天，映红了这座小石山，它从此被冠以赤壁之名而流传千古。

曹操细细观察长江两岸的地貌特征，江南岸有数座山石嶙峋、突兀而起的小山丘,附近小湖小河繁多,二十三四万人根本就无法驻扎。江北岸的乌林矶绵延起伏,树林茂密,平缓的河漫滩在江岸边伸延了数十里,比较适合屯军。曹操遂下令,在江北乌林矶安营扎寨。于是一夜之间,荒芜不堪、一望无际的芦苇丛中冒出了一个"中型城市"。各色的营房、木寨漫山遍野,彩旗迎风招展,江边水面上则停满了数千艘船只,整齐有序。

管理这么一座"城市"令曹操头风病阵阵发作。首先是军中疾病横行肆虐。当时的长江中游一带,仍处在落后的未开发状态,原始森林黑压压的,令人畏惧,高大的芦苇丛随处可见,甚至有凶猛的野兽成群出没,各种蚊虫狂轰滥炸。如此恶劣的环境,人类根本就无法生存下来。更可怕的是,由于军队数量众多,卫生防疫基本没有,饮水净化无从谈起,江南地方的传染病诸如急性血吸虫病、疟疾等迅速扩散、蔓延,无情地摧残那些毫无免疫力的北方士卒。全军上下高烧、呕吐、腹泻比比皆是,营寨中到处弥漫着呛鼻难闻的药味。士卒们怨声载道,病号子横七竖八,随地而卧,哀号连连,惨不忍睹。大战尚未展开,曹军就出现严重的非战斗减员。

另外,北方士卒不习水战,青、徐骑兵过惯了马背上的日子,一上战船就摇摇晃晃,头晕目眩,呕吐不已,连站立都不稳,更别提拿起武器殊死搏斗了。曹操不得不令七个步军放弃登船,让他们在岸上扎营。又恰值隆冬季节,劲吹西北风,战船很容易被刮到江中心或者南岸去。虽然曹军使用木石结构的碇固定战船,但是风力过猛,捆绑碇的棕榈大绳仍会被刮断,致使战船失控,人船俱空。于是有人给曹操支招,将战船首尾用铁钩、铜钩串联,再用棕榈大绳固定在江岸,总算解决了固定战船的问题。

至于罗贯中《三国演义》中描写的凤雏庞统向曹操献上连环计,劝曹操"以大船小船各皆搭配,或三十为一排,或五十为一排,首尾用铁环连锁,上铺阔板",形成一个个抗风浪能力极强的水上巨无霸,曹军在船上如履平地,可操练演习,甚至跑马溜达云云,那纯属罗贯中的异想天开,在陈寿《三国志》中并无记载。而且东汉末年尚处在青铜器时代末期,冶金业并不是非常发达,要将数千艘战船全部串联起来,耗费的铜、铁量势必超过万吨,相当于今天一个小型铜铁矿的年产量。在尚未开发的长江中游地区竖起土炉,大炼钢铁,似乎是天方夜谭。

戳破罗贯中连环计的神话后,再来看看曹军的扎营情况。曹军除了徐晃、任峻、张允的三个水军约六七万人驻留在江边船上外,七个步军十五六万人扎营于延伸数十里的河漫滩上。在今天乌林矶西北五百米处有个曹操湾,应是当年曹操驻屯处。如此一来,曹军统帅部设在岸边,位于水师战船与岸上步兵营寨之间的结合部,利于观察、调度指挥,而不是设在江边的旗舰上。在乌林背后则是由长江水冲积形成的泛滥平原——云梦泽,云梦泽河道纵横交叉,数百个大小湖泊星罗棋布,淤泥土沙沉积,不利于大兵团运动,尤其是骑兵作战的忌讳之地,在兵书上被称为死地。而曹军步兵的扎营地芦苇丛生,时值寒冬,芦苇草枯黄干燥,属于危险的易燃物。所以曹操的二十余万大军是在死地作战,稍有不慎,就会陷入覆没的深渊。曹操谙熟《孙子兵法》,却高估了自身的力量,低估了孙刘联军统帅的智商,犯下了自陷死地的滔天大错,终于葬送了一统华夏的光辉前程。

鏖战赤壁

曹操煞费苦心,将二十余万大军屯兵于江北乌林一带,孙刘联军也完成了最后的进攻部署。孙刘联军合计五万,其中吴军三万,是第一梯队,担负主攻突击重任。周瑜、程普为左、右都督(正、副统帅),鲁肃为赞军校尉(相当于参谋长),淮泗集团的战将大都参加此役,如黄盖、凌统、甘宁、韩当、吕蒙、周泰、潘璋,此外还有孙氏宗族孙匡(孙权之弟)。江东士族的青年才隽陆逊时年二十五岁,也在此役中初露头角。周瑜率吴军战船浩浩荡荡,溯江而上,停泊在江南岸赤壁山附近,隔着两里宽的江水与北岸的乌林曹军遥遥相对。

刘军两万余人,是第二梯队,负责助攻或从侧背后袭扰曹军。其中关羽率水师近万人驻屯于赤壁东北两百里处的夏口,赵云、张飞各率两千步兵埋伏在夏口西边的鲁山(今湖北武汉市龟山)。刘琦率领的万余荆州兵远离乌林、赤壁战场,北扼平靖、武胜、大胜三关,西守应城、应山,阻击曹操的汝南太守李通南下，确保孙刘联军北侧安全。刘备和军师诸葛亮则坐镇樊口，静候佳音。

孙刘联军虽名联军，却各自为战，由于没有设立联军统帅部，孙刘联军之间不但缺乏协调，更缺乏协同。

战斗首先由曹操发起。曹操派遣水师战船，横穿长江，试图从正面击破对岸的吴军。周瑜见状，挥舞战旗，果断下令出击。吴军倾巢而出，与曹军在江中心相遇，揭开了赤壁大战的序幕。

史书上有关这次揭幕战的记载仅寥寥数语："时操军众已有疾疫，初一交战，操军不利，引次江北。"其战斗详情恐将永远无法清楚，但是结局很明了。曹军由于军中疫病横行，战斗力低下，在舟楫相交、接舷近战肉搏中一败涂地，被迫退回乌林岸边。实际上，别说病怏怏的部队，就是一支体力充沛的水师，也未必是吴军的对手。吴军是当时水战经验最丰富的部队，自孙坚时代就跟荆州的黄祖水师鏖战过，纵横长江十五六载，在战斗素养、水战技术、战船制造等软硬件上，东吴水师都是无可比拟的。那时的水战方式主要是舟船冲撞、接舷近战，或者借助风力抛射铁镖、箭、尖木等杀伤性强的武器。这些需要付出极大的体力消耗，并要有长年累积的水战经验。初来乍到、疫病横行的曹军虽然也编入了有一定战力的荆州水师，但是跟骁勇善战的吴军显然不是在同一个级别上。吴军获胜是必然的。

初战虽捷，吴军统将并无丝毫的欣慰，反而对北岸乌林的曹军战船如山、绵亘数十里感到恐惧。吴军的最大优势就在于利用曹军水土不服、水战技术陌生的弱点，速战速决。一旦假以时日，曹军适应了江南的水土、气候，谙熟了水上搏击战术，就可以优势兵力横扫江东了。

参加过江心揭幕战的老将黄盖（时年五十四）对此忧心忡忡，说："今寇众我寡，难于持久。"——打持久战，东吴绝对耗不起。黄盖经过仔细观察，发现曹军战船虽多，但是为了避免被大风刮走，首尾相接，于是献出火攻计，"可烧而走也"。在黄盖看来，孙刘联军区区五万人马要想歼灭四五倍于己之敌是痴人说梦，更何况孙刘两家还是同床异梦，各有各的打算。但是可以设法烧毁曹军战船，让曹军成了跛脚的旱鸭子，就无法威胁江东的安全，使曹操一统天下成了白日做梦。

周瑜当即赞同黄盖的火攻计，并调拨出数十艘艨艟斗舰，舰上载满了干

枯的芦苇、木柴、荻草,灌注了成桶成桶的油脂——主要成分是芝麻油以及鱼膏等动物脂肪,再覆盖上帷幕,插上帅旗。

为了接近曹军水师战船,黄盖献出诈降计,给曹操写了一封情真意切的投降书,大意是说:"我黄盖是东吴的三朝元老,身为统将,深受孙氏厚恩。我观察天下大势,东吴区区几个郡,根本就难以抵挡百万曹军。江东的文官武将均认为不堪一战,只有周瑜和鲁肃愚顽之极,不识时务,妄图螳臂当车,无疑是自取其灭。交战之日,黄盖作为前部先锋,会审时度势,临阵倒戈为曹操效命。"

狡黠多疑的曹操对黄盖的降书也并非深信不疑。曹操秘密交代黄盖的使者:"就怕黄盖使诈。要是黄盖真心投降,我上报朝廷,当重重授爵封赏,比在江东荣耀百倍。"但是曹操也不畏惧黄盖的诈降,因为当时正值隆冬盛寒天气,劲吹西北风。如果黄盖诈降进攻,曹军水师位于上风处,恐怕黄盖的战船还没有到达北岸的乌林,就被吹回到南岸的赤壁去了。

曹操很快就将被自己的疏忽与傲慢气得捶胸顿足。此时周瑜、黄盖已经把东吴最精良的战船都拉出来,准备让二十余万曹军沦为异乡孤魂。

江东、吴越之地自古以来就是造船业最发达的地区,东吴由此在造船工业上具备了得天独厚的先天优势,遥遥领先于其他地区。东吴的水师船只种类齐全,主力战船是斗舰,两层甲板,每一层外面都有四方形的施版或高约三尺的女墙为防护掩体,可以抵御箭、石的冲击。

除了斗舰外,东吴还可以制造大型的指挥舰——楼船,排水量大,载重量大,可运载身体坐直的士卒三千余人。即便是小型的楼船,除了士卒、器械外,还可以加载骏马八十四。现代的学者研究复原的东吴楼船,认为其船体长度超过三十七米,宽九米,深三米,吃水两米。船上木制建筑物包括战棚、舵楼、瞭望台,总高度七八米。战棚设在甲板上,高两米多、长二十多米的战棚,士卒可以躲在其中,从战棚四周隐蔽的弩窗或四通大开门抛射出矢石,是长江水战的利器。

黄盖诈降用的战船主要是艨艟斗舰,即《江表传》中所云的轻利舰,船形狭窄,上竖风帆,按照空气动力学原理,可利用来自任意方向的侧向风,故而航速极快,经常在水战中充当突破的尖兵。

黄盖还在每艘艨艟斗舰的船尾捆绑一条用以逃命的走舸,一旦艨艟斗舰冲进曹军水师阵中，引燃舰上的膏、油后，吴军士卒可以搭乘走舸安全逃逸。如此周密的考虑注定使曹操难逃劫运。

万事俱备，只欠东风。黄盖的诈降船只从南岸的赤壁出发，要想实施火攻，必须借助强劲的东南风。

罗贯中在《三国演义》中说什么诸葛亮谙熟奇门遁甲天书，能够呼风唤雨，在南屏山七星坛作法，借得三天三夜的东南风，助东吴统帅周瑜建立千古奇勋。罗贯中将诸葛亮说得神乎其神，当然可信度为零。但是这也反映出世人对盛寒隆冬突如其来的东南风大感不解，视之如神助。

后世学者们对此做出了多种解释，有人引用一句天气谚语"东南风雨祖宗，西北风一场空"，说是一种锋面气旋天气。也有人说是受到移动的高压中心的影响，风向出现顺时针转变，即寒冬季节西伯利亚南下的冷高压开始移到海上，赤壁一带会受到高气压后部的东南风暂时控制。

又有一说，赤壁的东南风实际上是云梦泽众多湖泊沿湖地区的湖陆风。所谓的湖陆风是因为陆地冷却和白天加热作用，夜间风从陆地吹向云梦泽即入湖风，昼间风从云梦泽吹向陆地即出湖风。现代的科学观测数据显示，上午九时许，陆风转化为湖风，傍晚五时许，湖风转化为陆风。黄盖的火攻战船从南岸的赤壁山直趋北岸的乌林，正好搭上赤壁山一带吹往乌林方向的陆风，长驱直入乌林西北的云梦泽——星罗棋布的湖泊群。

不管哪一说，总之当时赤壁附近的长江中游地区在大小寒前后都会刮一阵东南风。唐代诗人杜牧赤壁怀古时留下一首脍炙人口的名诗，其中有句云"东风不与周郎便，铜雀春深锁二乔"。可见就是到了唐代，高级知识分子仍旧把周瑜、黄盖能实施火攻计归功于天气上的偶然性因素，带有运气成分。

诸葛孔明如是说："为将而不通天文、不识地利、不知奇门、不晓阴阳、不看阵图、不明兵势，是庸才也。"周瑜、黄盖长期活动在长江中下游地区，不但谙熟水战技术，而且对这一奇特的气候现象了如指掌，故而能够准确预测东南风来临的时间。所以，这一切尽在周瑜、黄盖的指掌之中，绝非守株待兔的侥幸。这也是历史上成功利用天文气候打胜仗的一个典型案例。

学者们研究估测，当时湖陆风的风速每秒可达六米以上，甚至超过十米，也就是风力超过六级，江水波澜兴起。根据史书记载，黄盖发起进攻时，

"风甚猛""东南风急",可见当时风力至少六级,完全具备扬帆、摇橹高速行进的动力。这足以让训练有素、所向无敌的东吴水军打一场轰轰烈烈的水战。

吴军虽然兵力上远逊于曹军,但是尽占天时、地利、人和的优势,兼有工艺精湛的战船,手握不对称军事优势,想不打胜仗都难。曹军虽众,却军心不一,完全是在一个陌生的战场,跟陌生的敌人打一场陌生的战争,焉有不败之理?

黄盖进攻的原点是赤壁附近的丘陵(今湖北蒲圻与湖南临湘交界处的铁咀山附近),如今已被命名为黄盖山。滚滚江水奔腾而下,在此受阻打旋,转而向北直向二里许之外的乌林曹军。也只有像周瑜、黄盖这样的水战大内行才会选择此处为战船出发点,纵然没有东南风襄助,战船在自然漂流的状态之下,也可以顺利抵达北岸的乌林。更何况出发之日,东南风"嗖嗖"刮得急,江水掀起阵阵浪涛,天地齐用力,船形狭窄的艨艟斗舰要横穿长江,那是斜坡滚大球,势不可挡。

大约在入夜前,江面上昏天暗地,黄盖一声令下,数十艘尾系走舸的艨艟斗舰,如同数十支利箭,朝着对岸疾驰而去。若当时湖陆风有六级,黄盖的艨艟斗舰每秒可冲刺七八米,两三分钟即可冲至对岸的乌林,须臾之间抵达江心。黄盖组织一支敢死队,搭乘十艘艨艟舰,高挂船帆,举起火把,齐声叫喊:"东吴黄盖前来投降了!"

黄盖倒戈,意味着东吴军队的崩溃,意味着曹丞相一统天下的大功告成!曹军水师营寨里欢呼雷动,将校、士卒都跑出船舱,站在船首,把脖子伸得比水鸟还要长。谁也不愿意错过这令人振奋的历史一刻。

迎接的曹军却是恐怖的一幕,十艘熊熊燃烧的艨艟斗舰犹如江面上漂浮的十个炙热火球,携带着雷霆万钧般的威力,朝曹军劈头飞来。曹军上下顿时吓得魂不附体,叽里呱啦大叫,万箭齐发,试图挡住黄盖的火船。吴军士卒被射成一个个刺猬球,落水者不可胜数。突击队长黄盖也中箭坠江,当时江水冰冷彻骨,黄盖冻得发抖,在水中拼命地挣扎着。所幸的是,后续的吴军战船把他捞起来,不知是黄盖,把他放在一张厕用的座椅上。黄盖用尽最后一丝气力,轻声地呼唤主将韩当的名字。韩当大惊:"这是黄老将军啊!"于是脱下黄盖身上的湿衣,裹上军装,黄盖这才逃过一死。

负责火攻的吴军突击队几乎全部阵亡,但是迅猛强劲的东南风推动着艨艟斗舰做加速度运动,风驰电掣,疾进十数秒,便听到轰隆隆的阵阵声响,数十艘燃烧的东吴艨艟舰全都撞上曹军的战船。风猛火烈,飞埃绝烂,曹军战船首尾相连,并被用棕榈大绳固定在江岸边,结果徐晃、任峻、张允的三个水军六七万人集体葬身火海,凄切的哀号声犹如地狱中魔鬼冤魂的呼叫声,响荡在长江上空,不绝于耳,令人毛骨悚然。

火墙趁着风势,又推移至江边高大、干枯的芦苇草,引燃了岸上河漫滩的曹军营寨。顷刻之间,烟炎张天,曹军乱成一锅粥,人马烧死、溺死者,不计其数。曹军为了逃命慌不择路,侥幸未被烧死的也惨死于相互踩踏之下。

二十余万曹军被大火烧得哭爹叫娘,几成焦炭,全线崩溃。曹操也是昏头昏脑的,尚未来得及收拢人马,周瑜、程普便各率万余精锐铺天盖地而来,把战鼓敲得震天响,无情地扫荡着那些四处逃散的残兵败卒。

慌乱之中,曹操下令撤退。由于长江沿岸几乎被东吴水师控制,数千艘战船毁于一旦,全部从水路逃回江陵城已经是不可能了。曹操决定分路突围,于禁、张辽、张郃等七个步军那是自己的嫡系部队,起家之本,尚有余存。在众多骑兵的掩护下,曹军沿着乌林至江陵城之间的最短路线,从陆路撤退。徐晃、任峻、张允的三个水军,以收编的荆州降兵为主,业已化为灰烬,所剩无几。曹操下令,战船能突围多少就突围多少,走水路逃回江陵城,如果无法突围,就自毁手中的战船,勿留半片烂木板给周瑜。

孙刘联军也分路追击,刘军从陆路尾追曹军其后,吴军从水路追袭曹军残余的战船。赤壁大战已进入尾声,现在到了抢夺胜利果实的最后时刻了。谁夺得了江陵城和襄、樊,谁就是这场大战的大赢家。

为了成为大赢家,刘备军队倾巢而出,就连负责阻击汝南太守李通的刘琦也南撤了,全力以赴,务必抢在曹操与周瑜之前夺占江陵城。刘备、诸葛亮下令,在夏口西边鲁山埋伏的悍将赵云、张飞率四千步卒直奔乌林而去,尾追曹操其后,负责抢占江陵城。关羽的近万名水师也溯着汉水北上,目标直指襄阳、樊城,意在切断曹军退路,配合东吴大军,将曹军残余聚歼于南郡境内。

很显然,力量偏弱、战功偏小的刘备试图双管齐下,将江陵与襄、樊两个战略重地收归囊中,以博取既得利益的最大化。周瑜也不甘落后,自己辛辛苦苦的付出绝不能让刘备坐享其成,于是他号令水师战船马力全开,以最快的速度赶到江陵城。

曹军和刘军沿途相互纠缠,所经之处又是湖泊密布、道路泥泞的云梦泽。而吴军除了曹军几条不值一提的破船,以及长江中烂若披掌的几个暗礁外,可谓是一帆风顺。故而吴军统帅周瑜信心十足,相信自己将是这场大战的最后赢家。

乌林至江陵城在地图上的直线距离约三百里,但是中间隔着一个人烟稀少、湖沼遍布、尽是淤泥的云梦泽,根本就不适宜大部队行进。曹操不得不沿着长江北岸而逃,与残余的战船水陆相呼应,且战且退。走了两百余里,至巴丘地界,眼见战船就要被周瑜追上了,曹操立即下令水师统将徐晃、任峻烧毁所有的战船,舍舟登陆,与他会合,一同西逃江陵城。战后曹操给孙权写了一封信,拒绝承认被周瑜击败,信中说:"赤壁之役值有疾病,孤烧船自退,横使周瑜虚获此名。"——赤壁之战只是恰好碰到军中流行疾疫,我烧毁战船自动退兵而已,却被周瑜这小子捡了个大便宜,获此虚名。《三国志·吴主传》也提到"曹公烧其余船引退",指的就是曹操逃至巴丘下令烧毁战船的事。

巴丘自毁战船,宣告曹操水师全部覆没。在没有战船的掩护下,曹操根本不可能从水路撤退,到处雾气茫茫,完全迷失方向,只得走华容道(今湖北监利县汴河乡至毛市镇一带),向华容县城(今监利县城北六十里的周老咀)逃跑。但是命运不济的曹军进入华容县界(今监利县汴河乡太坪桥附近)后陷入泥潭沼泽。两侧松树林阴森可怖,又刮起大风,人马寸步难移,背后不远处杀喊声四起。曹操情急之下,想出一个缺德的邪恶主意,让那些瘦弱、受伤的士卒去背负干草、枯木,填出小道,供骑兵行进。结果那些骑兵部队慌不择路,彻底抛弃了人道主义精神,残忍地将那些瘦弱伤兵践踏在马蹄下,用死尸铺就一条血腥的逃生之路,这才走出长达十五里的华容道。

逃出松树林后,曹操竟然莫名其妙地大笑起来。部将们以为曹操战败,精神要崩溃了,纷纷围过来探问。曹操回答说:"刘备,是我的真正死敌。可惜他得计迟钝,要是早点在华容道的森林里放一把大火,我等皆为齑粉了!"话音刚落,背后的松树林黑烟滚滚,火光冲天。赵云和张飞率四千人马从地底下涌出似的,突然间杀到。所幸的是张辽、徐晃率一支骑兵来援,曹操才得以安然无恙地逃进了江陵城。

十数万士卒成了赤壁的孤魂野鬼,曹操愧恨不已,想起第一谋士郭嘉生前说过的话,痛哭流涕说:"要是郭奉孝还健在,我绝不会败得如此之惨!"但是一切为时已晚,曾经扫灭无数强敌的雄师已凋零不堪。重整旗鼓尚需时日,曹操不得不命令征南将军曹仁、横野将军徐晃守江陵城,折冲将军乐进驻守襄阳城,奋威将军满宠驻守江陵与襄阳之间的要冲当阳,自己灰溜溜逃回许昌城去了。

至此,历时将近一个月的赤壁大战落下帷幕,曹操扫荡江南、一统天下的雄心壮志也宣告破灭。东汉末年军阀混战的历史掀开了崭新的一页!

第四章

三足鼎立

喋血江陵

赤壁大战的硝烟尚未散尽,惊心动魄的荆襄争夺战又拉开了序幕。

孙刘联军要争夺荆襄,必先取江陵。当周瑜、程普率两三万吴军溯流而上,兵至江陵城外江时,刘备、张飞、赵云也率大队人马屯兵于江陵城附近。孙刘联军对江陵城形成水陆夹击之势,但在攻打江陵城时却同床异梦。狡黠的刘备看到自身兵力单薄,战斗力较弱,便把主攻重任让给周瑜,自己负责侧击,配合周瑜的行动。

刘备对周瑜说:"江陵城固若金汤,城中粮草无数,守将曹仁又是曹操的悍将。一味强攻江陵城,前景未卜。不如我把张飞的一千人拨给你,你也拨出两千人给我,组成一支混编部队,迂回到夏水(今长夏河,源出江陵县西北,东南流至沔阳县南入长江),截断曹仁的退路,曹仁必败!"

周瑜光明坦荡,不像刘备那样工于心计,身为联军主帅,理应肩挑重任、揽下重活,就拨出两千吴军给刘备。刘备又命义弟关羽继续溯着汉水北上襄阳、樊城,包抄曹仁的后路。关羽北上时遭遇南下驰援江陵的汝南太守李通,这李通甚为神勇,屡屡击败关羽。关羽埋设鹿角(削尖树木组成的障碍物,类似今天的铁丝网)以迟滞李通的进攻,李通亲自下马排除。眼见就要逼近江陵城的外围包围圈,李通却突然得病身亡。这下关羽锐不可当,在汉水上横行自如,兵锋直指襄、樊二城。

荆州地区的曹军紧绷神经,在当阳以西的汉水渡口布下两道封锁线,阻击关羽北上,以确保江陵曹仁的后路安全。第一道在寻口(今湖北钟祥市西南),曹军统将是文聘、乐进;第二道在汉津,曹军统将是徐晃、满宠。两道封锁线南北相距数十里,关羽猛攻数十日,曹军殊死搏斗,双方僵持不下,汉水尸首盈江。关羽水师伤亡惨重,终未能突破曹军的封锁。刘备迂回夏水的行动也无果,从侧翼包抄曹仁的计划落空,要拿下江陵城,只能看周瑜的了。

周瑜率数万吴军与江陵的曹仁夹江对峙。曹仁虽然陷入水陆两面重围,却毫无惧色。折戟沉沙赤壁,曹操集团人心惶惶,仿佛天要塌下来似的。曹军形同暴病之后的枯枝败叶,必须经过一个相当长的休整治疗期,才能够重新凝聚起来,发出新枝、新芽。而这个休整期的长短,就看曹仁能在江陵城撑多久。曹仁扛得越久,曹军的休疗就越充分,战斗力恢复得也就越多。

关键时刻,曹仁扮演救世主的角色,必须像一座山峰,纵然天崩地裂,也不能后退半步,甚至连轻轻摇晃一下都不许。

周瑜率数万之众,如同凶狠的鳄鱼,张开血盆大口,试图将整座江陵城嚼烂、吞下肚。其先头部队数千人上岸之后,像暴风骤雨般呼啸着,直冲至江陵城下。曹仁登高眺望,吼叫道:"必须将这股吴军击溃,以杀杀周瑜的锐气!"于是重金招募敢死之士,募到三百人,由部将牛金统领,出城迎战。

吴军人多,见牛金的敢死士少,蜂拥而上。征南将军长史陈矫等人望见牛金敢死队被淹没在吴军的阵中,发疯似的左冲右突,伤亡者众。曹仁怒发冲冠,命左右牵来战马,准备出城与吴军拼命。陈矫等人紧紧抱住曹仁,劝说:"敌军人多势众,根本就无法取胜。牛金全军覆没也没啥大不了的,万一将军捐躯了那一切都完了!"

曹仁不发一言,披甲上马,只率亲信壮士数十骑冲出城,直逼至距吴军百余步处,被一条壕沟拦住了。城头上的陈矫以为曹仁只会在壕沟边为牛金呐喊助威,孰料曹仁眼皮眨也不眨,跃过壕沟,像一道闪电般劈入吴军阵中,把浑身挂彩的牛金拉了出来。回头一瞧,还有不少敢死士陷入吴军重围,曹仁又像一头疯牛般突入吴军阵中,救出那些敢死士,只失去数人。吴军彻底被曹仁的英雄主义气概所镇服,再也不敢打下去,纷纷退却。

曹仁刚冲出城时,陈矫等人都吓得浑身发抖,等曹仁得胜归来时,陈矫等惊为天人,江陵守军都为有这么一位英勇无畏的统帅而自豪,斗志愈加昂扬,屡屡击退吴军的进攻。

曹仁凭着坚固的城池、充足的粮草、高昂的士气,使得江陵城变成周瑜见过的最坚硬的"核桃"。周瑜屡攻不下,开始毛躁起来。一直主张"西进荆益"的甘宁给周瑜支招,江陵西边两百余里处有一座夷陵城(今湖北宜昌境内),为巴蜀的咽喉,上扼巴夔,下接荆襄,地理位置相当重要,可先攻取夷陵,占领荆襄西部地区,如此不但打开了入川的门户,而且可以从侧翼威胁江陵城。

周瑜就让甘宁率数百人进军夷陵,夷陵地处偏僻,几乎无兵防守。甘宁不费吹灰之力一举拿下夷陵,并就地招募人马,加固城防,使夷陵成为东吴最西边的要塞。夷陵距离孙氏的统治中心吴郡有两千里之遥,这是东吴建政以来最远的一次拓疆。甘宁占据夷陵,曹仁如芒刺在背,派出五六千人马将夷陵城围得水泄不通。此时甘宁连同新招募的人员仅千余人,与五六倍于己之敌血战数日,曹军遗尸累累,终未能靠近夷陵城半步。曹军统将架设高楼,上伏弓箭手,居高临下,朝夷陵城中射箭。矢如雨下,吴军惊惧万分,甘宁却谈笑自若,镇定指挥,连挫曹军,并派人告急于周瑜,请求救兵。

夷陵城旦夕将破,周瑜召开紧急会议。吕蒙建议,留下一半兵力交给凌统,继续围攻江陵城,自己与周瑜率一半兵力溯流驰援夷陵。吕蒙对凌统的指挥能力信心十足,猛拍胸脯向周瑜保证:"蒙保公绩能十日守也。"——万一江陵城的曹军乘虚出城进攻吴军,我担保凌统一定可以坚守十天。

十天的时间异常紧迫,周瑜、吕蒙疾走两百里,不顾长途行军的劳累,一到夷陵城下,立即吹响战斗的号角;又派出三百人,用树木、干柴阻塞曹军的退路。

甘宁与周瑜、吕蒙里应外合,曹军成了夹心饼干,被打得落花流水,五六千人马损失过半。曹军乘夜遁逃时战马遇到树木、干柴挡道,不得过,只好弃马而走。吴军穷追不舍,杀得曹军哭爹叫娘,尸首盈野。夷陵战役,吴军大获全胜,缴获了三百匹战马,用战船运回江陵城下。

夷陵围解之后,周瑜、吕蒙屯兵长江北岸,对江陵城发起总攻。吴军攻势如潮,周瑜亲自披挂上阵,身先士卒,冲入曹军阵中。混战之中,周瑜被曹军流矢射中右胁,血涌如注,不得不返回军营。曹仁听说周瑜受了重伤,卧床不起,准备劫营。周瑜强忍疼痛,起身视察军营,为吴军鼓劲打气,曹仁见占不到便宜,只好退兵。

江陵城攻防战异常激烈,前后持续了一年多。曹操见曹仁孤军难守,遂下令曹仁主动放弃江陵城。这是一场旷日持久的硬碰硬较量,几乎天天有战斗。曹仁在形势极为不利的情况下蹈锋饮血,硬是将周瑜、吕蒙、凌统等东吴悍将拖在江陵城下,为曹操整顿军队、休养生息赢得了一年多的宝贵时间,使得赤壁大战后曹军能及时走出惨败的阴影,迅速恢复战斗力。江陵城保卫战,曹仁虽败犹荣。

建安十四年十二月(公元210年1月),周瑜、程普率吴军进入江陵城,并乘胜北进,占领当阳,至此东吴的军事行动基本结束。曹仁则在乐进、徐晃、满宠的接应下,排除关羽水师的袭扰,由汉水退入襄阳城。曹、孙势力在当阳一线形成对峙。

经过赤壁、江陵二役后,孙权攻取了荆襄七郡中南郡、江夏等郡,新增人口数百万,囊括江南大半江山,实力剧增,跃升为仅次于曹操的二号强权。

为了对付头号大敌曹操,孙权将政权中心从吴县(今江苏苏州姑苏区)西迁至长江下游的重镇京口(今江苏镇江),在北固山前峰建造坚固的城池,"周回六百三十步,开南、西二门,内外皆固以砖壁",号称铁瓮城。孙权大行赐赏,抵御强寇、开疆拓土的第一功勋周瑜拜偏将军之职,授予南郡太守,驻屯江陵。按东汉王朝的武职官员编制,一品为大将军、大司马、大都尉,二品为骠骑将军、车骑将军,三品为左、右、前、后将军,四品为征东、征西、征南、征北将军,五品为安东、安西、安南、安北将军,六品为领军、护军、都护等名号,七品为羽林郎将、虎贲郎将等。周瑜所拜的偏将军与裨将军同级,品秩仅属于从七品,属于低下级军官,仅比校尉高一个等级。

周瑜功勋如此之高,所授品秩却如此之低,难道是功高震主,受到孙权的猜忌而被刻意打压?不然。曹操迁都许昌后,圈养汉献帝,使这个傀儡成为自己操纵政治的摆布工具。曹操"挟天子以令诸侯",地方各级官吏的封赏、赐爵,全都由曹操说了算。想想孙权自己吧,也是憋屈得很。十年前的建安五年(公元200年),孙权刚刚继位,张昭为了稳定江东局势,上疏朝廷,讨好曹操。曹操这才开恩,奏请汉献帝授予孙权讨虏将军,领会稽太守。讨虏将军也不过从六品的杂号将军。此后,曹操视孙权为眼中钉,灭都还来不及,哪里肯加官晋爵,提升孙权的政治威望。所以十年过去了,孙权还是个讨虏将军。在许昌城内甚至曹操集团中,这样的从六品杂号将军可是多如牛毛,满大街都是。

孙权虽割据一方,但仍尊奉许昌的汉献帝为主。每年都要进贡,遇事要

恭敬上疏奏报。授封周瑜为偏将军,就这么一个不入流的从七品杂号官职,也是孙权擅自做主,报上朝廷能否获得汉献帝的恩批,还得看曹操的脸色。周瑜虽屈身于低职,但在江东已是第二把手。孙权还将下隽、汉昌、刘阳、州陵划为周瑜的食邑。此时周瑜的威望如日中天,手握军政大权,振臂一呼,数万大军群起响应,根本就不把"偏将军"这个名号当一回事。

孙权任命周瑜为南郡太守,镇守荆襄重镇江陵城,是未来北伐中原、讨攻曹操的旗手。另外程普为江夏太守,驻屯沙羡;吕范为彭泽太守;吕蒙为寻阳太守。他们跟周瑜一道,都是孙权争夺天下的骁将。

周瑜经过一年多的浴血奋战,攻拔江陵城,在荆襄取得了立足点。孙刘联盟的另一方刘备眼红不已,开始向周瑜讨索地盘。赤壁大战,虽然吴军担负主攻,但是刘备派遣张飞、赵云率四千人在乌林担负追击残敌的助攻任务。江陵之战,刘备也派遣关羽北上阻敌,在汉津一带与曹军血战过。刘备尽了同盟者的义务,没有功劳也有苦劳啊!

论舌辩,周瑜说不过刘备。刘备整天围着周瑜说个不停,周瑜不胜其烦,只好答应划出一片领地以酬刘备之功。但是寸土寸金啊,更何况荆襄的每一块土地都渗透着千千万万江东勇士的鲜血。周瑜打开地图瞧了老半天,最后忍痛割出长江南岸的一隅之地给刘备。

交接时,刘备一看,到处杂草丛生,芦苇比树木还要高,人烟稀少,荒芜不堪。刘备大骂周瑜抠门,但是胳膊比不上大腿粗,自己奔波了大半辈子,能有一块立锥之地就是天大的造化了。但刘备又自恃遗传了汉室的正统基因,不甘屈身于此,就上表朝廷奏请病恹恹的刘琦为荆州牧。没几天刘琦就死了,刘备移花接木,以左将军自居,领荆州牧,名正言顺地成了荆襄七郡的最高长官。这么一来,东吴的南郡太守周瑜、江夏太守程普,还有驻守襄、樊的曹仁、徐晃、乐进等曹军统将都成了刘备的属下。

刘备的政治野心昭然若揭,把荆州牧的办公署衙设在油江与长江的汇流处——油江口(今湖北公安县东北)。油江油江,与油煎谐音。"油江口"之名实在是不雅不吉,后来就改了个富有亲和力的地名——公安。

刘琮降曹之后,零陵、桂阳、长沙、武陵等荆南四郡名义上归属曹操。随着曹操势力的溃败,荆南四郡失去方向感,态度暧昧。再之后,周瑜与曹仁在江陵杀得如火如荼,无暇南顾。鹬蚌相争,渔翁得利。刘备趁机任命诸葛亮为军师中郎将,让他南下经营荆南四郡。诸葛亮软硬兼施,把曹操派往荆南四郡的说客刘巴赶走了。结果诸葛亮一到,武陵太守金旋(一说被刘备劫杀)、长沙太守韩玄、桂阳太守赵范、零陵太守刘度,纷纷竖起白旗,表示归附刘备。诸葛亮就驻守临烝(今湖南衡阳),亲自负责征课赋税,督办粮草,以充军用。

孙、刘、曹在荆襄地区初现三足鼎立的雏形。荆襄七郡、南阳郡以及当阳以北的南郡被曹操占据,当阳以南的南郡、江夏郡被孙权占据,而零陵郡、桂阳郡、武陵郡、长沙郡则成了刘备的势力范围。刘备的事业终于露出了腾飞的迹象。

荆州借案

刘备头上顶着皇叔的大帽子,散发出耀眼的光芒,降曹的荆州旧官吏、旧士卒纷纷倒戈来投,如潮水般涌入南郡以南的刘备辖统区。公安这个穷乡僻壤一夜之间成了长江中游最繁华、喧闹的地方。孙权对刘备刮目相看,开始有点畏惧了,于是把自己的妹妹许配给刘备,"进妹固好",试图以和亲之策将刘备拉到自己身边。

江陵以南的弹丸之地已容不下刘备的天地雄心,而荆南四郡地处偏远南方,物资匮乏,不利于向北发展。刘备决定以答谢东吴和亲为名,亲自到京口去面见大舅子孙权,求借江陵城,作为北击曹操的前进基地。

对刘备的奇思妙想,诸葛亮、关羽、张飞等人觉得不可思议。古往今来只有借钱借粮借兵的,从未听说过借地的。刘备已非池中之物,一旦到了京口,恐将沦为孙权的囊中之物,肉包子打狗——有去无回。

这时刘备向世人展现了一代枭雄的卓越胆识。刘备不畏凶险,向诸葛亮交代妥当之后,毅然只身东行赴险。为了荆州父老,为了未竟的宏图大业,刘备已经把一切都豁出去了。

镇守江陵城的周瑜听说刘备到京口向孙权借地,生怕年轻的孙权涉世经验不足，耳根一软，就上了刘备的大当。于是周瑜给孙权写了一封书信，大意是说："刘备堪称百年罕见的枭雄，手下又有关羽、张飞等豺狼悍将，必不肯长期寄人篱下。刘备过了大半辈子颠沛流离的日子，不如把他软禁在江东，赐予豪宅、美女，让他沉溺于酒色之中，以此来离间刘备与关、张的手足情。我也就可以挟持刘备，攻杀关、张二人，如此大事可定，为江东剪除一大祸患。如果把江陵城借给刘备，那是让刘、关、张三人聚首沙场，如龙得云，岂不腾空而去？"

彭泽太守吕范也秘密奏请孙权，要将刘备扣留在江东。

孙刘联盟的倡导者鲁肃当即反对吕范、周瑜的做法，对孙权说："虽然你神武盖世，但是曹操更是不可一世。东吴虽占有南郡、江夏二郡，但是民心未服。干脆借给刘备，让他去安定人心，使得曹操多一个敌人，江东多一个盟友，这是上上之策！"

周瑜、吕范二人与鲁肃，意见相左，各说各话，孙权不知所从。于是借地的事没了下文，刘备被晾在江东许久，一无所获，只好悻悻地不辞而别。

孙权对这个伤心绝望的妹婿深感愧疚，带上张昭、秦松、鲁肃等十数名大臣，乘坐一艘豪华的飞云楼船前去追赶刘备。此飞云楼船可载三千士卒，是那时候载运量最大的战船。

追到之后，孙权邀请刘备上飞云大船，为他践行。散席之时，张昭、鲁肃等先行退出，独留孙权、刘备依依话别。刘备对周瑜阻拦借地的事耿耿于怀，在孙权面前竭力贬损周瑜，说："周瑜文韬武略，万里挑一。我看他器量广大，目光高远，在江东是英雄无用武之地，恐不久将投奔他人。"

可此时的周瑜却无暇理会刘备的挑拨、中伤，他身受箭伤，咬牙硬撑终于撑不住了，建安十五年（公元210年）春，周瑜从江陵城回到京口疗养。

在疗养期间，汉中地区宗教组织五斗米道的首领张鲁多次南犯益州。益州牧刘璋昏弱无能，屡吃败仗，益州有易主之兆。周瑜雄心骤起，向孙权递交了一份"西进益州、北伐中原"的战争计划。

计划第一步，周瑜与奋威将军孙瑜（孙权堂兄）联手，趁着刘璋外患不断，袭取巴蜀。

第二步，占据巴蜀后吞并汉中的张鲁，并留下孙瑜镇守汉中，联结曹操的死敌——西凉马超,牵制曹操。

第三步,周瑜回到江陵,与孙权一道北伐,先攻克襄阳、樊城,而后直取许昌。

周瑜的庞大战争计划糅合了鲁肃的《榻上策》与甘宁的"西进荆益",与诸葛亮的《隆中对》如出一辙。孙权年轻气盛,锐意进取,当即拍板,批准了周瑜的作战计划,并让周瑜回到江陵城,着手进行西征益州的准备。

无奈天不假人,是年(公元210年)秋,周瑜在回江陵的途中,病卒于巴丘,享年三十六岁。弥留之际,周瑜对东吴的前景忧心忡忡,给孙权写了一封言辞恳切的遗书,并推荐鲁肃为自己的接班人。周瑜说:"曹操在北方,虎视眈眈,边境未安;刘备寄寓荆州,江东是养虎为患。争夺天下,前途未卜。我死不足惜,恨就恨不能大展宏图,无法为江东焕发出耀眼的光芒!"周瑜在遗书中奉献出最后的安邦定国之策:"今天既与曹操为敌,刘备又近在公安,毗邻江东。百姓朝秦暮楚,人心不安,应该有一个良将镇抚。鲁肃肝胆忠烈,处事谨慎,一丝不苟,智谋方略超群,足以替代我!"

东吴的盖世奇才,就这么怀着一统中原的雄心壮志撒手而去,令无数江东豪杰嗟叹不已。噩耗传至京口,孙权大为悲恸,痛哭流涕说:"周瑜有王佐之才,现在不幸夭亡,我以后要靠谁呢?"

周瑜的早逝,是江东之不幸,却是刘备集团之幸。否则以周瑜之雄心,必西取川蜀,北吞汉中,进而攻伐襄阳、樊城,直取许昌。势必与诸葛亮《隆中对》的构想发生剧烈冲突,那么刘备能否在夹缝之中脱颖而出就不得而知了。

周瑜死后,孙权遵照他的遗愿,提拔鲁肃为奋武校尉,以代替周瑜,统领东吴三军。周瑜的部属四千余人,下隽、汉昌、刘阳、州陵等四个食采之县,都转到鲁肃名下。另任命江夏太守程普为南郡太守,镇守江陵城。

鲁肃上台,无疑是刘备集团的最大福音。鲁肃一贯倡导"联刘抗曹"的结盟政策,竭力主张将江陵城等南郡借给刘备,资之以抗曹。

孙权也认为曹操占据北方,天下英雄尽入曹操彀中,是江东的最大威胁。成功者凡万事皆讲求大局,得大局者得天下。权衡利弊之后,孙权当即批准鲁肃的借地方案,将南郡变成曹、孙之间的缓冲地带,让刘备充当抗击曹操的马前卒。

于是孙、刘之间为了共同的敌人,开始一桩大交易,史称"刘备借荆州"。其荆州就是指当阳以南的南郡,包括郡治江陵城及夷陵、秭归、枝江、竟陵、华容、夷道、佷山等县。

虽然孙、刘之间有关借地的谈判细节史载不详,但是刘备并非空手套白狼,无条件借来江陵城诸地,他也付出了一定的成本。

首先是刘备把在江夏郡的飞地——夏口移交给孙权。夏口本来由刘琦驻守,刘备在当阳溃败后退守夏口,从此夏口就一直在刘备手中。赤壁大战时,周瑜率东吴水师过夏口,进而与曹操决战乌林。但是夏口是同盟者刘备的地盘,孙权一直未敢染指。刘备向周瑜讨得公安一隅后,致力于向荆南四郡发展,对夏口地理位置的重要性认识不足,反而认为分兵驻守夏口是背上多余的负担。为了尽速达成借地的协议,刘备顺水推舟,就把"鸡肋"夏口让给孙权。

其次,荆南四郡是刘备的势力范围,刘备曾经任命诸葛亮为军师中郎将,驻守临烝,在荆南四郡征收赋税,这表明刘备对荆南四郡实施了有效的管辖。刘备能如愿控制荆南四郡,是因为当时周瑜与曹仁血拼江陵,无暇南顾。

长沙郡北部的下隽、罗县、汉昌一带虽然行政上归属长沙郡管辖,却在赤壁大战后被周瑜占领,孙权把下隽、汉昌等地赏赐给周瑜作为食邑,周瑜死后又转给鲁肃。由于东吴占领下隽、汉昌等县已成既定事实,刘备无权也无力进行声索。孙权就在下隽、汉昌、罗县等地重新设置一个汉昌郡,任命鲁肃为汉昌太守,屯驻陆口(今湖北省嘉鱼县陆溪镇),遏阻刘备势力向湘水东岸渗透。程普退出江陵城后,头上南郡太守的帽子也随风而去,退至江夏,复掌江夏太守,以为江东屏障。

经过借地之后,荆襄七郡由曹、孙、刘三家瓜分。曹操占领南阳郡、南郡北部、江夏郡一小部,与刘备相持于当阳、汉津一线。刘备占据南郡南部,武陵郡、零陵郡、桂阳郡,以及长沙郡南部。孙权则据有江夏郡大部、汉昌郡(长沙郡北部)。曹、孙、刘三家在荆襄地区犬牙交错,三足鼎立的局面初步形成。

孙权在借地的同时也占了夏口的大便宜,而且孙、刘两家缔结政治婚姻,所以并未对刘备借地提出苛刻的条件,也没有约定刘备归还借地的期限。但时过境迁,随着孙刘力量的强弱对比发生变化,借给刘备的南郡地盘在归属权上日益混乱,成了一大笔难以追讨的呆账,为孙刘联盟的破裂埋下定时炸弹,终于导致兵戎相见。这是慷慨大方的孙权始料未及的。

借出荆州南郡之地给刘备后,孙权以为孙刘联盟坚如磐石,牢不可破,可以高枕无忧了,于是重新拾起周瑜"西进益州、北伐中原"的雄心壮志,并任命孙瑜为统帅。刘备这个妹婿也该到思恩图报的时候了吧。

孙权遣使通知刘备:"五斗米贼张鲁窃据巴中、汉中,为曹操耳目,窥视益州。刘璋昏暗懦弱,无法自保。一旦曹操取得川蜀,荆州就危险了。如今要先发制人,攻取刘璋,拿下张鲁,如此则首尾相连,统一南方大地。即使十个曹操来了,咱俩又有何惧?"

孰料腹黑的刘备早已把川蜀当作自己的盘中餐,绝不许孙权分得一杯羹。但是刚刚得了夫人又借来荆州,总不能过河拆桥,喝水忘了挖井人。有人告诉刘备:"这可是天上掉下来的馅饼!攻下川蜀后,孙权不可能越过荆州占据川蜀,川蜀早晚落入你的囊中。"因而主张跟孙权联手,攻夺益州。

荆州主簿(文书)殷观却持不同意见,认为孙刘联手进攻益州,刘备只能扮演马前卒的角色,即使打下益州,也不一定分得地盘。万一打不下益州,孙权来个假途伐虢,那大势去矣。殷观给刘备支招:"你只要空口许诺,却不出一兵一卒。孙权定然不敢越过我们独自攻打川蜀,如此就进退自如,坐收渔利。"

刘备大喜,回复孙权说:"益州民力富强,兼有地势险要,刘璋虽然是一个懦夫,但是足以自保。张鲁奸诈之徒,未必会尽忠于曹操。如今长途奔袭川蜀,出师万里,后勤补给绝对难以跟上。要想攻必取、战必胜,即使是大军事家孙武、吴起也做不到。纵观天下大势,三分天下,曹操已占了二分,岂肯坐以待老,消极应付?不久恐将饮马长江边,你我同盟当齐心勠力抗曹,不可无故相互攻伐,给曹操可乘之机。"

刘备的态度,孙权实在是气愤不过——妹子白嫁了,荆州也白借了,遂下令孙瑜率领水师进驻夏口,大张旗鼓,准备西征。刘备见孙权动真格了,开始紧张起来。如果大开绿灯放吴军过去,假途灭虢的历史还真要重演。于是刘备厉兵秣马,调兵遣将,令关羽屯兵江陵,张飞屯兵秭归,诸葛亮据守南郡要隘,刘备自住孱陵(即公安),在长江中游形成梯次防御态势,层层阻拦。

刘备摆出一副"我是流氓我怕谁"的蛮横态度,孙权唯恐孙瑜强行经过荆州,将引发双方火并,为了顾全抗曹大局,孙权不得不再次祭出隐忍的法宝,把孙瑜调回江东,谋划了十数年的"西进荆益"战略设想自此化为泡影。这次隐忍退让,孙权似乎有因小失大的嫌疑,将讨伐益州的主动权拱手让给了腹黑的刘备。但是有失必有得,如果没有刘备的襄助,单凭江东的水师实力,"西进荆益",恐怕只是一厢情愿的梦想而已。放弃无法拥有的,让刘备成为东吴的屏障,拒曹操于千里之外,对孙权来说反而是一种解脱。

迁治建业

  前进的道路被刘备挡住,"西进荆益"的国策也随之破产,孙权不得不把注意力转移到东吴的内部问题。首先是豫章郡的鄱阳湖地区的贼寇彭虎有数万之众,起兵闹事多年,如不铲除,势必将危及东吴西疆的安宁。孙权派遣两个悍将董袭、凌统,经过十数日的艰苦战斗,终于剿平了彭虎贼寇。为了加强对该地区的统治,孙权将鄱阳湖地区从豫章郡分割出来,重新设置了一个鄱阳郡,郡治设在鄱阳县,任命步骘为太守。

  步骘与琅邪诸葛瑾、彭城严畯南投孙氏,因他们才学出众,并称吴中之杰。步骘尤其博学百家学说,生性深沉,能忍辱负重,颇受孙权的倚重。孙权为讨虏将军、领会稽太守时,授步骘主记之职,负责管理文书档案。一年后步骘外任海盐县令,不久担任车骑将军东曹掾兼徐州治中从事,是孙权治理内政的得力干将。

  步骘确实也很有干劲,到了鄱阳县之后,勤勤恳恳,不到半年就把崭新的鄱阳郡治理得井井有条。

  平定彭虎贼寇之后,孙权又把目光投向更遥远的南方——交州。建安八年(公元203年),交州刺史士燮献表内附,与孙权亲睦和善,东吴的南疆一派太平景象。但是前荆州刺史刘表派遣吴巨担任苍梧太守,在江东与交州之间打进一个楔子。孙权如鲠在喉,与士燮的一举一动都受到吴巨的严密监控。

  卧榻之旁岂容他人鼾睡?吴巨与刘备颇有交情,早晚都是东吴南疆的定时炸弹。排除这颗定时炸弹的重任就交给持重多谋的治政能手步骘。步骘担任鄱阳太守半年有余,孙权又授其交州刺史、立武中郎将,让他率领能打善射的官吏、士卒一千余人,南下赴任。

翌年(公元204年),孙权加授步骘持节、征南中郎将,代表孙权在交州行使生杀予夺大权。步骘莅任之后,士燮率三个弟弟毕恭毕敬,表示诚心臣服孙权的统治,接受步骘的领导。

苍梧太守吴巨虽然已成丧家之犬,但是不甘心受制于孙权,阳奉阴违,把步骘的政令当作耳边风。步骘隐忍不发,和言抚慰,假称要跟吴巨倾心相谈。吴巨志大才疏,不知是计,结果步骘设下鸿门宴,将吴巨剁成碎肉。

诛杀吴巨,交州全境震服,士燮兄弟四人自此更加死忠于孙权。孙权加封士燮为左将军,兵不血刃,将交州八郡划入东吴的版图。

并吞交州之后,长江以南的半壁江山,几乎归属孙权所有。东吴的西疆,有鲁肃镇守汉昌郡,刘备一时不敢轻举妄动;东吴的南疆,有步骘镇守交州,士燮兄弟心悦诚服,安然无恙。而北边的曹操受阻于长江天险,又有赤壁惨败的教训,畏惧东吴水军如虎,又受到荆州刘备的牵制,暂时无力也无心再掀大风浪。东吴的形势一片大好,孙权统治的舆图之广,足以跟曹操平分秋色。

但是孙权并未为此就沾沾自喜,高估了自己的力量。孙权是位务实的君主,很清楚东吴水军尚可一战,但骑步军与剽悍善战的曹军相比,根本就难以望其项背。即使联手寄居荆州的刘备,也不足以与曹操抗衡。孙权很有自知之明,"权之不能越江,犹魏贼之不能渡汉"——东吴无力越过长江北击中原,就如曹操无力渡过长江南击江东,遂定下"限江自保"的防御策略。"限江自保"其本质是以己之长,击彼之短,凭借长江天险,以东吴之舟楫抵御曹操的步骑鞍马。

为了做到"限江自保",孙权须有一个核心,联结四周及沿江的据点,形成坚固的防御体系。孙权目前所居的京口铁瓮城开始修筑于孙策时代,由孙氏宗室的孙何、孙韶所筑。孙权迁此之后继续加固加大,使之成为"周回六百三十步"(约1100米)的大城。但是京口位置偏东,不利北拒曹操、西连刘备。建安十六年(公元211年),张纮等重臣建议将政治中心迁移到京口以西百余里处的秣陵(今江苏南京)。

古代选择建都筑城的地址,有一条规则:"非于大山之下,必于广川之上,高毋近阜而水用足,下毋近水而沟防省。"也就是说山川水土是筑城选址的第一考虑因素,要把城邑建在依山傍水之处,不但水源充足,而且便利防御。秣陵无疑是长江中下游地区最符合这条建都筑城原则的城池。

秣陵城四周群山环抱、湖水延绵,堪称虎踞龙盘之势。东傍钟山,西依石头山,北接覆舟山、鸡笼山和玄武湖,南有秦淮河蜿蜒流经,西、北有长江奔腾而过,按南宋理学家张敦颐的话说:"钟阜龙盘,石头虎踞,真帝王之宅!"

这个"帝王之宅"与中原的城郭大邑相比,历史并不很悠久。秣陵城在春秋时期原属蛮荒的边鄙之地,那时候恐怕秣陵城还是个荒凉偏僻的小乡村。周灵王十三年(公元前559年),楚康王伐吴,楚将子囊率军驻扎在棠邑(今江苏南京六合区),这个棠邑就在江北,与日后的秣陵城隔江相望。十八年后(公元前541年),吴王夷昧在长江以南、距离棠邑二三百里处濑水的小沙洲上筑起了一座坚固的堡垒——濑渚。棠邑和濑渚是吴楚两个大国的边防重地,两座城邑之间的百余里狭窄之地常年战火纷飞,厮杀不断。周敬王二十五年(公元前495年),吴王夫差为了战胜楚国,在秦淮河岸的朝天宫后山设立一个兵工厂,冶炼钢铁,铸造兵器,称为冶城。冶城就是秣陵城区的最早建筑物。

到了战国初年,钱塘江流域的越国异军突起,一举灭掉吴国,并挥师西上与齐、楚等传统强权争霸。周元王四年(公元前472年),野心勃勃的越王勾践企图蛇吞象,灭掉楚国,统一南方,令灭吴的大功臣范蠡在秦淮河南岸,依山形修筑了一座周长近千米的军事堡垒——越城。越城是秣陵城的最早雏形。越城的修筑,标志着楚越争霸时代的来临,秣陵城作为兵家必争之地也开始登上历史舞台。

蛇欲吞象,反被大象踩烂。周显王三十六年(公元前333年),实力不济的越国反而成了楚国的口中餐,楚"尽取吴故地,东至于浙江",在占领区设置金陵邑,控制富庶的吴、越之地。金陵邑的治城建立在海拔六十五米的石头山上,其周长七里一百步(约3200米),规模是越城的三倍大,控扼长江天险,地势非常险要。金陵城就是秣陵城的前身。

秦始皇二十四年(公元前223年),秦并吞楚国后,改金陵邑为秣陵县。据称,秦始皇第五次出巡经过金陵城时,有谙习地理的术士告诉秦始皇,金陵城周遭山川环抱,气势磅礴,有帝都之气,其潜质远远盖过咸阳城。一旦反叛者占据金陵城,大秦帝国恐将朝夕不保。

秦始皇大恐,立即下令破坏金陵城的风水,引秦淮河灌入金陵城,以泄金陵城的帝王之气。如此折腾了之后,秦始皇还是寝食难安,整天把"金陵"二字挂在嘴边,最后又把"金陵"改为"秣陵"。秣,喂马的草料,凡占据此城的只配给秦帝国的皇帝喂马,当下贱人。然而这一侮辱性的改名并没有给秦帝国带来安宁,秦始皇回咸阳途中病死河北沙丘。

汉帝国在秦帝国的废墟上挺拔而立,列代皇帝对风闻有帝王之气的秣陵城嗤之以鼻,那里饱受战乱,一片荒芜,杂草不生,人们早已将之抛诸脑后。秣陵的不雅名号一直延续了三四百年,也渐渐地被世人所忘却。

三国时期第一个发现秣陵战略价值的就是东吴的重臣张纮。张纮对孙权说:"秣陵,楚武王所置,名为金陵。地势冈阜连石头,访问故老,云昔秦始皇东巡会稽经此县,望气者云金陵地形有王者都邑之气,故掘断连冈,改名秣陵。今处所具存,地有其气,天之所命,宜为都邑。"秣陵的风水虽然被秦始皇破坏,但是王气尚存,此乃老天赐予江东最好的礼物,天与不取,反受其咎。老天爷赐赠的礼物你不拿,这是违背天意,到头来反受其害。

孙权既惊又喜,立即采取了张纮的迁治建议,并让他回吴郡接来家眷。但是张纮行至半途时,就患病溘然而逝,临终前给孙权留下一封遗书,就像一位饱经沧桑的慈父,向年轻的儿子循循善诱,一再谆谆告诫孙权"从善如登,从恶如崩"——学好很难,比攀登高山还难;学坏很容易,比山崩地裂还要容易。孙权看到张纮的遗书后哀恸不已,泪流满面。

这位两朝元老没能见到孙权进入秣陵城的热烈场面,但是他首倡迁治,却为江东立下了不世奇功。历史将永远记住张纮的丰功伟绩!

翌年(公元212年),张纮死后不久,经过数个月的繁忙劳作,东吴完成迁治秣陵的工作。孙权在原有的基础上,继续扩建、加固秣陵城,在城头上设置烽火楼,使之成为长江下游的要冲。"秣陵"二字实在不雅、不吉,孙权就改了一个大气磅礴的名字"建业",寓意建功立业。

水军是孙权手中的一张王牌,建业城南有百余里的秦淮河,可停泊巨大战舰。孙权因地制宜,建立水军基地,在秦淮河两岸用木、石等修筑了一道长十余里的栅栏,称之为栅塘,停泊战船。一旦曹军跨江来袭,水军战船随时待命出击,让曹军葬身鱼腹。这也是孙权执意迁治建业的重要原因之一。

而统治江东的首脑机关——讨虏将军府,就设立在联结石头城、栅塘的交通便利之处,东吴建国之后,这儿将成为皇宫——建业宫。

然而,光靠一个坚不可摧的建业城,还不足以做到"限江自保",在长江两岸,孙权拥有众多的军事重镇,它们与建业城构成一个密集的防御网,共同保卫大江东。这些防御重镇包括长江中游的陆口、夏口、武昌、柴桑、九江,长江北岸的皖城、濡须口、历阳、牛渚,长江下游的广陵、曲阿、京口,等等。孙权站在石头城上,眺望奔腾东流的长江,信心满满,豪迈冲天,无论曹军如何凶猛,长江将成为曹军难以逾越的天险,而建业城屹立不倒,也将是曹操心中永远无法消弭的痛点。

但是孙权心中也有一个痛,那就是借给刘备的荆州,包括长江中游重镇江陵、夷陵、秭归等地。只要荆州不收回,江东的防御网将永远残破一角,一旦外敌撕裂这一角,就可以长驱而入,直捣江东的心脏——建业城。

借给刘备的荆州必须拿回来!

西取川蜀

嫁出去的女儿,泼出去的水。更何况荆州地处全国的地理中心,是四战之地,但凡英雄豪杰无不对此虎视眈眈,垂涎三尺。孙权投鼠忌器,一旦用武力强行收复,势必瓦解孙刘联盟。鹬蚌相争,渔翁得利。隔岸观火的曹操就会趁火打劫,一举收拾两败俱伤的刘备和孙权。如何收回荆州,令东吴上下头疼不已。

正当孙权为荆州的事寝食难安时,有消息传来称,刘备率军入川,夺取益州。孙权且惊且喜,惊的是刘备夺取益州,坐大之后势必威胁到东吴的安危;喜的是刘备初入川蜀,尚未站稳脚跟,可借机行事,收回荆州。

荆州借案的详情史无明载,但是孙刘之间一定存在某种契约或承诺。即便孙刘没有画押订立字据,至少也以人格担保,达成口头上的共识。至于"孙刘共识"的内容如何,从史书记载可以窥测大端。

第一,刘备承认对荆州仅有使用权而无所有权。刘备入川,占据益州后,孙权遣使到成都向刘备索取荆州,刘备说了一句话:"须得凉州,当以荆州相与。"——我攻取凉州之后才会归还荆州。可见,刘备直认不讳借用荆州的事,荆州迟早要归还的。

第二,双方缔结针对第三者(包括但不限于曹操)的军事同盟。一方受到第三方势力的攻击,另一方须全力以赴,出动军事力量予以援助。

第三,双方合谋攻取益州,夺取益州后利益均分,刘备须归还荆州。

自孙策以来,夺取益州一直就是东吴争霸天下的基本方略。川籍的高级将领甘宁首倡"西进荆益"之策,其后建安十五年(公元210年)春,周瑜在京口疗养期间吸收甘宁之策,规划出一个更为庞大的战略部署,即"西进益州、北伐中原"。踔厉奋发的孙权壮志冲天,立即批准了周瑜的战争计划,并付诸实施,让周瑜回到江陵城,着手组建一支西征军。无奈天不假年,周瑜尚未出师就陨落巴丘。但是孙权锐意进取,西进雄心并未随着周瑜的逝去而丧失。周瑜死后,孙权继续任命堂兄奋威将军孙瑜为西征军统帅,准备借道刘备占据的荆州,西取益州。

刘备和诸葛亮早在《隆中对》中就把益州当作自己的囊中物,只是碍于刘璋是同姓宗亲,伪善的刘备不敢明目张胆地下手抢夺。但是刘备自己不取,也绝不容许旁人染指,哪怕是瞄一眼也不行。所以孙权要借道吞并益州,刘备不顾同盟者的情谊,立即把脸拉得比驴都长,不惜兵戎相见。孙权为了顾及抗曹大局,不得不将"独食川蜀"的计划束之高阁,寻求以东吴军为主导,联手刘备合伙袭取川蜀,以换回荆州。

对此,刘备和诸葛亮早已庙算,表面上承诺出兵助吴伐益州,暗中却厉兵秣马,准备瞒天过海,独立行动。攻取益州,刘备、诸葛亮谋划了三四年,可谓处心积虑,万事俱备只欠东风——一个入川的理由和借口。

很快,老天爷就让刘备如愿以偿了。

建安十六年(公元211年),惨败于赤壁之后的曹操把目光转向辽阔的大西北,剿平西凉韩遂、马超后,曹操又令司隶校尉钟繇进攻汉中的"独立王国"——张鲁的宗教政权。

益州牧刘璋虽然昏弱,但是对汉中的战略地位还是了如指掌的。汉中是益州的屏障,唇亡齿寒,汉中一失,曹操的铁骑必将无情地蹂躏川蜀大地。一想起曹操在山东的暴行,以及荆州刘表、刘琮的下场,刘璋就不寒而栗。

为了使益州免遭山东的劫运,自己不会成为第二个刘表或刘琮,刘璋决心誓死抗曹。但是以益州之弱去抵御曹操之强,无异于螳臂挡车,以卵击石。刘璋惶恐不安,昼夜心惊胆战。

这时候怀有异心的益州别驾从事张松给刘璋出了个馊主意,请荆州的刘备入川,帮助刘璋守土。张松身材五短,相貌丑陋,内心也阴沉得很。刘琮投降曹操后,刘璋曾经派遣张松去荆州见曹操。不料受到曹操的羞辱,张松不胜其忿,回到益州时恰逢曹操在赤壁被周瑜烧得半截皮毛不存,于是在刘璋面前百般诋毁曹操。

张松又自命不凡,认定刘璋是烂泥糊不上墙,跟着他迟早会沦为张鲁或曹操的阶下囚。在张松心中,那位大耳朵的刘皇叔才是真正的命世之主,也只有刘备才能担负起守卫川蜀的重责。

张松趁着刘璋被曹操吓得魂不守舍,对他说:"刘备是你的宗室,与曹操有深仇大恨。而且刘备很会打仗,只要能来益州,什么张鲁、曹操都不在话下。"

刘璋万万想不到张松这是在给自己下套,就让张松的心腹法正远赴荆州,邀请刘备入川。法正对刘备并无好感,很不情愿地踏上荆州之旅。孰料到了荆州,刘备十分殷勤,每天好酒好肉相待,令法正大为感动。回到益州后,法正大骂张松,说这么一位雄才大略之主为啥不早点介绍。于是两人合谋拥戴刘备为主。

在张松的软磨硬泡下,刘璋不顾部下的劝阻,派遣法正、孟达率四千人恭迎刘备入川。

为了瞒住孙权、防备曹操,刘备在入川前做了周密的部署,令义弟荡寇将军关羽为襄阳太守,镇守江陵城,与襄、樊的曹军大将乐进形成对峙;令义弟征虏将军张飞为宜都太守,屯驻秭归等地,守住长江三峡要隘;令军师中郎将诸葛亮驻守临烝,董督长沙、桂阳、零陵三郡,负责筹粮。刘备自与军师庞统,率黄忠、魏延等一万五千人入川。

刘备入川之后与刘璋热乎乎地称兄道弟。刘璋资助粮草,让刘备北上葭萌关,征讨汉中张鲁。但是刘备在葭萌关待了一整年,什么仗也没打,只是"厚树恩德,以收众心"。刘备图益州之心昭然若揭。

刘备入川数月之后,孙权才获知自己被这个狡猾的妹婿耍了。为了履行同盟者的义务,同时也准备在益州事务中插一脚,孙权派遣战功赫赫的督军校尉吕岱、督郎将尹异等,率吴兵两千人,企图引诱张鲁到西边汉兴郡的寨城(今四川剑阁)。而后刘备从葭萌关出师,就能切断张鲁的后路,将其剿灭在广元附近。吕岱的两千吴兵从江东启程,要远赴万里之外的寨城,必须溯长江水道西行,途经关羽镇守的江陵城、张飞镇守的秭归城,而后在巴郡附近入垫江北上,这或许是汉末、三国期间唯一一支深入益州腹地的东吴军队。张鲁也不是只懂得大碗喝酒大块吃肉的蛮汉,他对这支远道而来的东吴奇兵不闻不问,任其自由来往:我就是不去寨城,免得被刘备包饺子。孙权见诱敌未果,只好把吕岱召回来,插足益州的事也宣告失败。

孙权由此对刘备入川更加忧心似焚:刘备得手,势力剧增,又将给东吴新添一强敌;刘备失手,势必退回荆州,那么讨回荆州便遥遥无期了。于是孙权让精通术数的预言家吴范预测刘备入川的前景。此君凡有所测,百发百中。建安十二年(公元207年),孙权准备西讨黄祖。吴范预测说:"今年出兵必不能胜,不如明年出兵。明年是戊子年,荆州牧刘表也将死去。"孙权不听,果然不能胜黄祖。第二年,孙权再次西讨黄祖,果然将其生擒,不久之后刘表也死去。孙权由是对吴范奉若神明。

根据《吴书》的记载,建安十七年(公元212年),吴范观看天象,预言说:"两年之后的甲午年(公元214年),刘备当攻取益州。"不久,吕岱从益州回到江东,向孙权汇报:"刘备部众离心,死亡过半,必不能克益州。"孙权大惊,诘问吴范,吴范答:"我所说的是天道,而吕岱所见的只是表面的人道而已。"

此时刘备的情形确实如吕岱所见。刘璋对刘备拥兵自重、收买人心疑虑重重,拒绝供应更多的粮草。刘备的军队陷入困境,士气低落,逃亡者与日增多,不得不昼夜躲在军营中,与庞统商议下一步的行动。庞统为刘备设计了上中下三条计策:上策抄小道袭击成都;中策诱杀驻守白水关(今四川广元市青川县)的杨怀、高沛,而后南取成都;下策先回到白帝城,汇合荆州的诸葛亮,再进攻益州。

刘备思虑再三,最后决定采取不温不火的中策。但是杨怀、高沛号称益州名将,也不是省油的灯。没有理直气壮的借口,杨怀、高沛是不会乖乖走出白水关的。

刘备苦苦等候了数个月,终于天赐良机,老冤家曹操助他一臂之力!可以说,刘备能夺取益州,也不乏运气成分。

是年冬十月,曹操再次起兵南征。东吴大将吕蒙建议,在濡须水与长江的交汇处建立水师码头——濡须坞(今安徽省无为县城北),此地东有濡须山、西有七宝山,两山夹峙,如同一道铁门,紧紧锁住巢湖水的出口。但是此举遭到诸将的怀疑,众人认为:"军队一上岸就跟曹军交锋,一下水就登上战船,建立码头根就是画蛇添足!"吕蒙反驳说:"兵无常胜,万一我军上岸后遭到敌军步骑的突然袭击,我军仓皇之间来不及撤退,能安然回到战船上吗?"孙权当即批准吕蒙建造濡须坞,以备不测之虞;同时遣使驰赴葭萌关,要求刘备也履行同盟者的义务,出兵襄助,共拒曹操。

首战濡须

翌年(公元213年)正月,曹操进军濡须坞,号称步骑四十万,实则不足二十万。孙权则有七万大军,此番会战的规模当不亚于名垂千古的赤壁大战。

但是曹军开局不利,曹操令张辽、臧霸为先锋,两人没前进几里,就遇上了瓢泼大雨。巢湖水暴涨,一片汪洋。东吴的战船趁机从濡须坞开出,朝着曹军汹涌而来。曹军上下一片恐慌,火烧赤壁的惨剧历历在目,军心开始动摇。就连身经百战、浑身是胆的张辽也感到有点害怕,准备打退堂鼓。倒是

名不见经传的臧霸勇气十足,临难不避。臧霸对张辽说:"曹公英明果断,怎么会放任我们不管呢?"果然第二天曹操就下令向吴军发起进攻。

曹军的进攻目标是设在江北历阳、横江一带的吴军江西大营。曹军人多势众,不到一天就攻破江西大营,生擒东吴守将都督公孙阳。

江西大营既破,曹军从侧翼威胁到濡须坞。孙权见势不妙,亲自率七万吴军进发濡须坞,准备与曹操再决雌雄。但是在决战前,吴军出了个意外。偏将军董袭督领五艘楼船率先进驻濡须口,楼船是东吴制造的排水量最大的战舰,每舰可载三千余人,是江河水战的大杀器。夜里突然刮起大风,这个风与赤壁之战时的东南风类似,都属于猛烈的湖陆风。楼船摇摇晃晃,有倾覆之危。部下都劝董袭转移到小船上,董袭大怒,骂说:"我身负重任,在此守候贼军,准备杀敌建功立业,怎可轻易离去!如有再说,杀无赦!"结果风越刮越烈,五艘楼船破裂沉没,任性执拗的董袭溺死。

曹军也不好受,进入巢湖的小船被吹得七零八落。曹操就下令大造油船——当是轻型小快船,在水面上疾行似飞,如船底抹油。曹军趁夜用油船运载近万名士卒,抢滩占领巢湖中的一个大沙洲,准备在沙洲上扎营,建立进攻基地。

曹军一旦得逞,就控制了整个巢湖,对湖口的濡须坞造成极大威胁。孙权下令东吴战船四面围攻沙洲,万箭齐发,欲聚歼曹军于沙洲上。是役,吴军战果颇丰,斩获三千余人,曹军溺亡也有数千人。孙权痛快淋漓地拔除了沙洲上的曹军据点,夺回巢湖的控制权。

孙权又令甘宁为前部督,率领三千人夜袭曹军。甘宁挑选百余名敢死健儿,在黑夜的掩护下,迅速接近曹军大营,悄悄拔除营寨前的鹿角,越过沟垒,突然冲进曹军大营,如砍瓜切菜,阵斩曹军数十级。曹军乱成一锅粥,鼓噪声震天,等众人点起火把时,甘宁和他的敢死队员们早已安然逃回吴军大营。

吴军欢呼雷动,齐声高喊万岁。甘宁去见孙权,孙权大喜:"此战恐将令老贼心惊肉跳,让他见识一下甘将军的胆略!"当即宣布,赏赐甘宁一千匹绢布、一百把大刀。孙权无比豪迈地说:"曹阿瞒有一个张辽,孤也有一个甘兴霸,足以跟张辽相媲美!"后来罗贯中在《三国演义》中对甘宁的壮举做了有声有色的描绘,成了一个脍炙人口的故事——"甘宁百骑劫曹营",这一故事使甘宁威勇播四方,英名垂青史。

几战失利，曹操成了惊弓之鸟，重演赤壁大战前夕的冷对峙。任凭孙权怎么谩骂、挑战，曹操就是躲在军营中坚守不出。孙权乘坐高大的楼船逼近曹军大营，窥测曹操的动静。曹操摆出弓弩手，只要孙权的楼船一靠近，就胡乱射箭。于是上演了传奇的一幕：孙权的楼船一侧插满了箭，渐渐失衡，眼见就要倾倒了，孙权下令掉转船头，让另一侧对着曹军大营。结果另一侧也插满了箭，楼船又恢复了平衡，孙权这才安然回营。这一幕经过明代罗贯中的妙笔生花和移花接木，演变成令人惊叹的诸葛亮"草船借箭"。

曹军浪费箭矢无数，却没伤到孙权半根毫毛。曹操吃一堑长一智，下令即使孙权的船只靠近，也不许射箭。于是孙权换乘一艘轻快的小船，从濡须口出发，大摇大摆地驶近曹军营寨。曹军甚至可以清楚看到船只上吴军士卒露出黑黝黝、粗壮的臂膀。曹军将士都以为孙权来进攻了，纷纷向曹操请示，要用箭雨回击孙权的胆大妄为。曹操仍然淡定自若，告诉将士："这一定是孙权想参观一下我军的阵容！"下令全军戒严，弓弩手不得擅自射箭，任凭孙权自由航行。

孙权率领船队在巢湖上来回穿梭，明目张胆地行进了五六里，这才敲锣击鼓，高声奏乐，热热闹闹地打道回府，仿佛在庆祝打了大胜仗，气得曹军将士都要呕血。曹操见孙权的船队排列整齐，士卒训练有素，进退皆有章法，不由羡慕不已，长声叹气说："生子当如孙仲谋，刘景升儿子若豚犬耳！"——生儿子就要像孙权那样英气勃发，至于刘表的儿子连猪狗也不如！

双方沉闷地对峙了一个多月，什么仗都没打。孙权就给曹操写了一封书信，上曰："春水方生，公宜速去。"——春天的雨季就要来了，你还是赶紧走吧。另外一张纸条写着这么八个字："足下不死，孤不得安。"——你不死，我就不得安心。

这是历史上最精短、最有力的战书之一！曹操深知水战技不如人，于是拿着孙权的书信朝着将士扬了扬，只说了五个字："孙权不欺孤！"——孙权没有欺骗我——随即下令撤军。孙权与曹操之间的第一次直接碰撞——濡须之战就这么结束了。

此役，双方互有胜负，孙权没有大胜，曹操也没有大败，但是第一次较量就让曹操这只驰骋沙场数十年的老狐狸吓破了胆。战前，曹操唯恐长江沿岸的郡县被孙权侵掠，强行下达了迁徙令，勒令当地百姓都迁到遥远的北方去。长江沿岸一片骚然，老百姓流离失所，哭声震天。战后，庐江、九江、蕲春、广陵四地有十万余户不愿意北移，纷纷渡江迁居东吴。结果江淮数百里之间几乎成了无人区，合肥以南只有一座皖城还算是比较繁华。

濡须之战，孙权声威大振，东吴士气高涨，而且江东还平添了十万余户。如果从这些来看，孙权的收获不可不谓大！

但是最大的赢家还是刘备。战前孙权向尚在葭萌关磨蹭的刘备求援时，刘备正与军师庞统密谋如何图取益州。因刘璋渐渐断绝粮草，刘备无心也无力驰援孙权。但是刘备又料定，孙权凭借长江天险及锐利的水师，曹操根本就奈何不得。刘备遂指示镇守江陵城的义弟关羽，做出象征性的支援。关羽率军北进至青泥，此地与襄、樊相距不过三十里，摆出一副要攻城的吓人阵势，以牵制曹军守将乐进。

但是关羽这一隔靴搔痒的行动却成了刘备诱杀白水关守将杨怀、高沛，进而袭取成都夺占益州的极佳借口。刘备派人告诉刘璋："曹操伐吴，江东危急。孙权与我本是唇齿相依，如今我的义弟关羽又在青泥跟曹军大将乐进僵持不下，若我不回去救援关羽，乐进必获全胜，转而进攻益州边县，其祸害更甚于张鲁。张鲁只懂得自保，根本就不足虑！"

于是刘备向刘璋借兵一万，以及大量的粮草、物资。刘璋只肯拨出四千兵马和一半的粮草补给。刘备借机煽动部众对刘璋的仇恨，说："我们豁出命来为刘璋御敌守土，转战千里，搞得筋疲力尽。刘璋坐拥天府之国，仓库内物资堆积如山，却吝啬到连一个铜钱也不肯赏赐给我们有功的弟兄！难道还要弟兄们为他送命吗？"

刘备这么一说，部众"哗啦啦"地就要革刘璋的命。在这节骨眼上又出了个意外，在成都准备为内应的张松误以为刘备真的要回荆州了，赶紧写信给刘备和法正，说眼见就要大功告成了，你们这么一走，岂不前功尽弃？孰料阴差阳错，信件落入张松的哥哥广汉太守张肃手中。张肃大惊，连忙向刘璋举报张松的阴谋。于是东窗事发，刘璋杀掉张松，并下令严防刘备。

悬崖激流，不是我死就是你亡。刘备彻底撕下伪善的面纱，发出怒吼："向成都进军，夺取益州！"

从葭萌关到白水关,再到绵竹,刘备一路凯歌高奏。但是到了雒城,刘备遇到了难以拔除的铁钉子。雒城守将是刘璋的儿子刘循,刘循率众誓死抵抗。刘备屯兵于坚城之下,苦战一年,雒城岿然不动,连有"凤雏"美誉的庞统也搭上了一条性命。于是刘备决定开辟第二战场,檄令荆州的诸葛亮、张飞、赵云率军溯江入川,侧击成都。诸葛亮等相继攻克白帝城、江州、江阳,兵锋直指成都。

孙权一看来劲了,益州战事陷入胶着状态,这又是介入的大好良机。孙权令弟弟(具体不详)、甘宁和刘璋降将李异率一支吴军,准备做诸葛亮的后援,见机行事,从益州饕餮大餐中分得一杯羹。

可惜孙权的庙算还是迟了一步。建安十九年(公元214年)夏,刘备攻破雒城,进围成都数十日,刘璋投降。经过三四年的浴血奋战,刘备集团终于攻取了益州全境。

面对这个狡黠的暴发户,孙权愤恨兼嫉妒。当他听说刘备让二弟关羽镇守荆州,丝毫没有归还的心意时,大骂刘备:"猾虏乃敢挟诈!"——这个狡猾的家伙竟敢对我使诈!

孙权决定向关羽讨回荆州,但在索讨之前,孙权还有一件很重要的事要做,那就是攻拔江淮之间的军事重镇——合肥城。合肥城是孙权北伐许昌的必经之道,而且是曹操的重要粮仓和南进的基地。只要攻拔合肥城,就可以反客为主,威胁曹操的大本营许昌城,从而解除了曹操南下的危险。更重要的是,刘备夺取益州之后,以其暴发户的心态和狡黠的本性,安肯乖乖交还荆州?孙权未雨绸缪,早已做好非和平方式夺回荆州的心理准备。一旦孙刘交兵,曹操势必趁火打劫,从中渔利,甚至不排除孤注一掷,倾其国力,直取东吴的心脏——建业城。而攻取合肥城,让曹操有所顾忌,是阻止其蠢蠢欲动的最佳途径。

湘水之盟

曹操从濡须坞前线北撤之后,留下张辽、乐进、李典率七千士卒驻守合肥城,又令庐江太守朱光在皖城展开屯田,发展农业。皖城,是合肥以南曹操势力控制的唯一据点,孤悬江北,极易拔除。所以欲取合肥,须先拿下皖城。

东吴大将吕蒙告诉孙权:"皖城一带土地肥沃,曹操任用朱光在那里垦荒耕田,必能丰收。如此一来曹操粮食充足,势力日增,对江东是个巨大威胁,应早点拔除。"

孙权当即拍板:"行!"

建安十九年(公元 214 年)五月,孙权亲征皖城,随征的有鲁肃、吕蒙、甘宁等江东重要将帅。吴军浩浩荡荡,很快就兵临皖城下。战前召开军事会议,诸将都建议先堆积土山、制造器械,然后再攻城。

但吕蒙强烈反对,主张速战速决,理由有三点:其一,皖城孤立无援,当速战速决。堆土山、造器械,势必贻误战机,曹操援兵一到,大势去矣。其二,如今进入雨季,水位上涨。如果拖延时日,万一水势退去,东吴战船就搁浅了,连家都不能回。其三,吕蒙细细观察皖城的城墙,并非十分坚固,可一举攻下,而后乘水势高涨,全胜而归。

吕蒙不愧为久经沙场的老将,必将挑起江东的大梁。孙权立即对吕蒙委以重任,让他指挥攻城。吕蒙命令善于攀爬的甘宁为升城督,率领一支突击队,负责打开一个突破口。清晨时分,只见甘宁冲锋在前,手中拿着一条铁链,吸附在城墙上,倏倏几下,跃上城头。身后的队员也不甘示弱,纷纷往城墙上爬。

吕蒙大喜,亲自把战鼓擂得"咚咚"响。吴军昂首挺胸,无不舍生忘死,及锋而试。结果不到一个时辰,守军连早饭都来不及吃,皖城就被攻破了。庐江太守朱光、参军董和以下男女数万口被吴军虏获。张辽率援兵从合肥南下驰援,没走多久,就传来皖城陷落的消息,张辽只好悻悻而回。

皖城大捷之后,孙权趁着军威,准备向刘备讨回荆州。孙权派遣诸葛亮的哥哥诸葛瑾入川,到成都去见刘备。

借债容易要债难。刘备一听是来索取荆州的,立即黑着脸,信誓旦旦地说:"我正准备攻取凉州,只要凉州到手,立即将荆州奉还。"诸葛瑾是个厚道人,只好灰溜溜回去向孙权汇报。

孙权震怒,大骂说:"这是刘备在赖账,编个谎言,拖延时日。"干脆一不做二不休,派官吏去接收零陵、桂阳、长沙等荆南三郡。其意在用这三郡来换取借给刘备的江陵、夷陵、秭归、枝江等地。荆州地区的长官关羽对这种割一肉换一肉的讨债方式感到十分好笑,二话没说,立即用粗暴的手段把孙权擅自在荆南三郡设置的官吏都赶走了。

孙权终于被惹毛了,老虎不发威当我是病猫,他决心动用武力收回荆州。建安二十年(公元215年),孙权令吕蒙督率鲜于丹、徐忠、孙规等两万兵马,攻取长沙、桂阳、零陵三郡。鲁肃统领一万兵马驻守巴丘,准备阻击关羽南下。孙权则亲自坐镇陆口,指挥调度。嫁给刘备的孙权妹妹也在这个时候被接回江东,一桩勉强的政治婚姻就这么结束了。孙夫人回江东后落了个郁郁寡欢,此是后话。

吕蒙的行动十分迅速,大兵压境,长沙、桂阳二郡立刻竖起白旗,号称"楚之良才"、被诸葛亮誉为"庞统第二"的长沙太守廖立灰头土脸地奔逃成都,只有零陵太守郝普不肯投降。

吴军兵力三万人,与关羽的荆州兵不相上下。但吴军都是英勇善战的悍兵悍将,所以要是真的打起来,关羽恐将不是对手。刘备不顾尚未在益州站稳脚跟,就急匆匆地率领五万大军驰援荆州,连同三万荆州兵,在兵力上占据绝对优势。刘备信心十足,横下心来,决定跟孙权大战一场。刘备亲自坐镇公安,令关羽率三万荆州兵南下益阳,与吕蒙决一死战。

刘备兵多势众,屯守巴丘的鲁肃不过万把人,随时就会被刘备和关羽包饺子。孙权急了,赶紧檄令吕蒙放弃零陵,北还巴丘,援助鲁肃。

吕蒙拿下长沙后,挥师南取零陵,途经酃(音"灵")县时遇到邓玄之。此人是零陵太守郝普的好友。吕蒙正准备利用邓玄之引诱郝普出降,不料收到孙权的军令,要他火速北返。将在外,君命有所不受。吕蒙不甘心就这么放弃零陵郡,于是把孙权的军令藏起来,连夜召集部下,面授机宜,准备明早攻城。

翌日清晨,吕蒙让邓玄之转告郝普说:"你的主子刘备在汉中被夏侯渊团团围住,关羽在南郡,也即将遭到至尊(江东对孙权的尊称)的进攻。刘备现在是首尾倒悬,泥菩萨过河,自身难保,哪有精力去顾及零陵郡的事?我东吴大军兵强马壮,人心思战,至尊又不断调兵遣将,尔等命在旦夕,还不快投降!"

郝普听了之后惶恐不安,于是出城向吕蒙投降。吕蒙早已吩咐四个部将各在城门旁埋伏一百士卒,只待郝普一出城,就冲进去夺得城门,兵不血刃拿下零陵城。吕蒙笑呵呵地拉着郝普的手,掏出孙权的军令给他看。郝普这才知道刘备在公安、关羽在益阳,愤恨难当。但是木已成舟,零陵郡已是孙权的了。吕蒙留下孙权的族兄孙河镇守零陵,自己率军急速北上,与孙皎、潘璋一道,会合鲁肃,进至益阳,与关羽相持不下。

一时局势紧绷,战事一触即发。身为孙刘联盟的缔造者,鲁肃实在不愿做出令亲者痛、仇者快的事,让曹操渔翁得利,就放低姿态,要求跟关羽面谈。

吕蒙等诸将都劝鲁肃说,关羽傲睨一切,与他见面恐有不测。鲁肃说:"今日之事,双方宜开诚布公,坐下好好谈谈。刘备有负于东吴,是非尚未有定论,关羽理亏,又怎敢谋害我的性命?"于是鲁肃泰然去见关羽。

双方各在百步之外驻扎兵马,关羽仅带近卫周仓等数人与鲁肃会谈,这就是《三国演义》中大肆铺陈的"关云长单刀赴会"。但是罗贯中胡扯乱弹,说什么鲁肃欲杀关羽,在陆口寨外的临江亭摆设鸿门宴,请君入瓮云云。关羽义薄云天,慨然赴会,在酒会上关羽痛斥鲁肃,最后挟持鲁肃为人质,安然逃脱,把关羽捧成一个智勇双全的神人。实则鲁肃为了维护孙刘联盟,和谈诚意十足,并没有对暴怒无常的关羽心存忌意。

益阳之会,堪称古代外交史上的一个经典。酒席间,鲁肃把忘恩负义的刘备批得体无完肤,让关羽有舌难辩。刚开始,关羽还理直气壮,翻出赤壁之战的旧账,为己方辩护:"乌林之战,左将军(刘备)与士卒同甘共苦,连睡觉也不敢脱下盔甲,齐心勠力,大破曹贼。怎可抹杀了左将军的功劳,难道连一块立锥之地都不给,足下现在就要收回去?"

鲁肃当即痛骂关羽:"当初我在长坂坡碰到你家刘豫州时,你们还不到一万人,到了走投无路的地步了。刘豫州甚至准备远投苍梧太守吴巨。是

我家至尊怜悯刘豫州栖息无所的惨况,勉强收容;又将荆州借给刘豫州,让你们有遮风避雨之处。但是刘豫州忘恩负义,得了益州不还荆州。现在我只想以荆南三郡来换取荆州,连这样的最低要求你们都不许。东吴已经退无可退了!鲁肃听说过一句话,人一旦起了贪念,就会背信弃义,必招来祸害!"几句话说得关羽涨红了脸,捋了捋胸前飘洒的胡须,竟然哑口无言。

这时候座中有一人高声叫呼:"土地都归于有德之人,哪有恒常不变的道理?"那人就是关羽的属下(罗贯中说是周仓),试图为关羽解套,但反而帮了倒忙。史书记载,鲁肃听到此话,一改温和本色,怒不可遏,"厉声呵之,辞色甚切"。

鲁肃狂风暴雨般的斥责,加剧了本已火药味十足的会谈气氛。气得关羽操起刀刃,急匆匆地骂那名属下:"这是国家大事,你懂什么!"他使了个眼色,让那人滚蛋。此番单刀赴会,关羽输到裤子都没了,彻底被甩到道德的低谷。

面谈没有取得任何共识,双方各持己见,犹如走在钢丝绳上的两个对手,谁退让一步谁就坠落深渊。

既然谈不拢,那就打呗!

在公安的刘备和在陆口的孙权,都紧绷神经,日夜调兵遣将。刀已出鞘,箭已上弦。眼见一场惨烈的大战就要爆发,在这千钧一发之际,发生了戏剧性的逆转,刘备突然向陆口派去使者,要求讲和。

原来孙刘二人在湘水两侧紧张对峙时,汉中风云突变。是年秋七月,曹操扫荡张鲁,平定汉中。张鲁逃往巴西(今四川阆中)。曹操的谋士司马懿劝曹操趁热打铁,攻入益州。但是曹操后方不稳,拥汉派势力频频密谋图反,曹操不得不留下夏侯渊、郭淮、张郃等镇守汉中,并令张郃追袭张鲁。

张郃率部深入巴西,兵到宕渠(今四川渠县东北),已经杀进了四川盆地。这后院起火,令刘备措手不及。刘备无奈之下,只好休兵讲和。

孙权见实力不如刘备,鲁肃又竭力倡导和谈,为了做到"限江自保",联刘抗曹,孙权再次祭出隐忍的法宝,忍住收复荆州的冲动,委派诸葛瑾回报刘备,双方重新划分荆州地界,订立盟约,史称"湘水之盟"。

"湘水之盟"规定,孙刘以湘水为界,平分荆州。湘水以西的南郡、武陵、零陵三郡归属刘备,湘水以东的江夏、桂阳、长沙三郡归属孙权。从这一年起,长沙郡十三县就划入东吴的行政区。后来在长沙走马楼的古井中挖掘出数量超过十四万枚的东吴竹简,为世人展现了东汉末年至三国时期长沙地区的居民生活图景,表明孙权接管长沙郡后,设置完备、系统的行政管理机构,把长沙郡建设成东吴的赋税重地和兵员的主要来源地。

这次盟约,刘备为了益州大局,以土地换取和平,做了让步,割出本属于自己的桂阳、长沙两郡给孙权。孙权也暂时放弃了对荆州借地的索取,双方又恢复了平静。但"湘水之盟"只是表面上的和平,并未彻底解决荆州的争端,荆州问题仍是一颗大当量的深水炸弹,一旦爆发势必将一切炸得支离破碎。

"湘水之盟"后,刘备撤还江州,派黄权去迎接张鲁,但张鲁早已投奔了曹操。刘备又派义弟张飞北进宕渠,在瓦口关大破张郃,张郃收集残部撤回汉中,遏住了曹操染指益州的势头之后,刘备也回到了成都。

第五章

吴蜀交恶

兵败合肥

孙权从陆口前线回到建业,当他获知曹操西征汉中,东线一片空虚时,认为这正是攻打合肥的天赐良机。建安二十年(公元215年)八月,孙权第二次进攻合肥。吴军十万,几乎是倾巢而出。参加此役的吴军将领有吕蒙、甘宁、凌统、贺齐、蒋钦、徐盛、陈武等,个个都是出生入死的悍将。

合肥城的守军是张辽、乐进、李典统领的七千人马。曹操西征张鲁前,让护军薛悌给张辽等带去一封锦囊密令,上面写着"贼至乃发"四个字——敌军到了才能够打开。等孙权的十万大军黑压压一大片,兵临合肥城下时,张辽赶紧打开曹操的密令,里头写着:"若孙权至者,张、李将军出战,乐将军守,护军勿得与战。"——孙权兵至,张辽和李典出城迎战,乐进守城,薛悌不得参战。

显然曹操对手下将军们的长短洞若观火,张辽、李典勇冠三军,属于进攻型的将领,所以曹操让他出城作战;乐进生性稳重,属于防守型的将领,所以曹操让他守城;而薛悌只是一介书生,手无缚鸡之力,是打仗的外行,所以曹操不让他参战。

诸将却不明就里,守军才七千,吴军却有十万,相差悬殊,守都守不住,出城挑战简直就是自寻短见。张辽却很清楚曹操的用心,说:"主公远征在数百里之外,等他前来救援,恐怕合肥城早已被孙权夷为平地了。所以曹公的意思是,孙权初来乍到,阵脚不稳,就应该给他一顿痛击,挫其锐气,以振我军士气,如此合肥城就安如泰山了。"

乐进等仍有怯心,张辽振臂一呼,怒吼道:"成败在此一战,你们还怀疑什么呢?"李典素来与张辽不和,但他深明大义,对张辽说:"这是国家大事,你认为该咋办就咋办,怎可因私怨误了公事?"

李典这么一说,守军上下众志成城。当夜张辽重金招募八百敢死之士,椎牛飨士。翌日天刚亮,张辽身披铠甲,手握长戟,身先士卒,冲进吴军阵

中,似狼入羊群,肆意砍斫。吴军大乱,被杀将军二人、士卒数十人。张辽宛如神兵从天而降,边杀边喊:"吾乃雁门张文远也!"吴军见之,无不胆寒。

张辽锐不可当,迅速杀入吴军营垒,直逼孙权的指挥部。孙权过惯了枪林箭雨的戎马生涯,即便是刀枪劈头砍下,孙权也绝不眨眼。但是这一回,孙权再也无法淡定了。

孙权见张辽杀过来,惊恐万分,不知所往,在众人的簇拥下狼狈爬上一座高坟,拿着长戟准备与张辽拼个你死我活。

陈寿《三国志》说,张辽厉声呵斥孙权,让他下来单挑。孙权胆魄皆飞,连气也不敢喘。这里陈寿有贬低孙权的嫌疑。孙权毕竟久经沙场,经验丰富,很快就镇定下来,远远望见张辽仅数百人马,于是拼命地摇着帅旗,指挥吴军前来围攻。结果狩猎者反成了猎物,吴军把张辽的敢死队团团围住。张辽左冲右突,就像一只蛮横的公牛疯狂地践踏干草,终于杀出一条血路。张辽带领几十名敢死队员冲出重围,其余的部卒号啕大哭,高声叫道:"张将军把我等都抛弃了!"张辽又转身杀入重围,将剩下的部卒都解救出来,吴军谁也不敢上前阻拦,凡挡者必死。其战况之惨烈绝不亚于《三国演义》中可歌可泣的"赵子龙单骑救主"。

激烈的战斗从天明一直持续到中午,张辽虽仅有区区的八百人,却杀得数万吴军丢盔弃甲,狼狈四散,创造了战史上的一大奇迹。孙权见营垒被张辽破坏得七零八落,只好鸣金收兵,整修工事,再也无心攻城。

合肥守军人心振奋,无不对张辽的神勇和胆略敬佩得五体投地。

孙权围攻了合肥城十余日,但是初战失利,吴军士气低落,军中又疾疫流行,孙权不得不下令撤兵。没想到部署失当,被张辽反攻,吴军大溃,孙权差点儿沦为阶下囚。

撤退时孙权与凌统、甘宁等诸将亲自断后,吴军主力先发,自合肥城以东的逍遥津依次渡河。孙权与吕蒙、甘宁、蒋钦等将及精锐的近卫队——车下虎士千余人,滞留在逍遥津北岸。城头上的张辽见状,果断发起反攻。按照曹操的密旨,张辽与李典率数千之众出城追袭,将孙权等包围于逍遥津北岸。

曹军四面掩杀,将孙权等冲得七零八落,各自为战。甘宁拉弓射敌,毙倒无数,并怒喝鼓吹手为何不奏乐以振士气。张辽率数百士卒步步逼近孙权,情势极其危急。孙权箭术高超,骑在马背上,引弓与曹军对射,曹军冲杀一个就被放倒一个。张辽不识是孙权,又忌惮他的箭法,就弃而不顾,孙权这才侥幸逃生。

混战之中,张辽捕获一个吴兵,问他:"刚才那位紫髯将军,上身长下身短,箭术高明,他是东吴哪路猛将?"吴兵回答:"他就是孙权本人!"

张辽大叫失声,率众复追,遇到乐进。乐进问:"孙权被我军包围,抓到了吗?"张辽气得就要吐血,骂道:"你怎么不早说,我差点儿就捉到这条大鱼!"两人在逍遥津上的木桥旁追上孙权,正要围拢过去厮杀,突然凌统率三百亲兵杀入重围,誓死血战,击退曹军,把孙权解救出来。

孙权乘坐一匹骏马仓皇疾走,将曹军远远甩在身后。到了木桥上,孙权叫苦连天,桥南已经断裂一丈有余,骏马无法通过。后面的曹军杀喊声连天,吕蒙舍命奋战,浑身挂彩。

眼见孙权在桥上徘徊难走,曹军大喊:"莫跑了孙权!"孙权连甩缰绳,骏马就是不敢跳过去。在这九鼎一丝之际,身边的宦官谷利让孙权紧抱马鞍,缓松缰绳。谷利抡起皮鞭,拼命地抽打马屁股,骏马嘶鸣数声,终于腾空跃起,跳到逍遥津南岸。张辽和乐进看得目瞪口呆,嗟叹许久。

孙权过了肥水,远方旌旗耀眼,吴将贺齐率三千人马前来救主。孙权大喜,在贺齐的保护之下,安然逃上战船。另一吴将徐盛在合肥城下被曹军击伤,连手中的长矛也丢了。曹军拼命追杀,贺齐挥兵迎击,也救了徐盛一命。

凌统在桥北陷入曹军重围,东冲西突,几不能脱身。三百亲兵伤亡殆尽,凌统身受重伤,所杀曹军也有数十人。血拼了几个时辰,凌统估计孙权已经安全了,就撤往桥南。但是桥断不得过,凌统纵身跳下水,泅渡过去,也安全回到孙权的座船。

见到孙权,凌统失声痛哭,三百名亲兵无一生还。孙权亲自用衣袖擦拭凌统的泪水,安慰说:"死者不可复生,有你在,还怕没人?"凌统浑身挂彩,血迹斑斑,奄奄一息。孙权亲自为他更衣,涂上江东名医卓氏的急救药——卓氏白膏,终于把凌统从鬼门关拉回阳间。

是役,吴军连连失利,先败于合肥城下,后败于逍遥津口,伤亡惨重。这是孙权一生中最大的军事失败。孙权的爱将偏将军陈武英勇战死,令他哀

痛不已,亲临葬礼,并残忍地让陈武的爱妾殉葬。后人对此多有批评,说孙权沿袭陋习,残暴不仁,埋下了东吴灭亡的祸因。

合肥惨败,侥幸逃脱之后,孙权莫名其妙地产生劫难余生的喜悦,竟然在座船上摆下酒宴,以表庆贺。参战的诸将对溃败心有余悸,满座呜咽,哪里吃得下。贺齐走下酒席,涕泗横流地说:"合肥大战,我军几近覆没。仿佛天崩地裂一般,我等无不震怖,希望至尊牢记今天的教训,终身为诫!"孙权大为惭愧,亲自为贺齐擦泪,说:"我定会铭记在心,把逍遥津惨败的教训写在衣带上!"

作为胜利者的一方,张辽以十当百,不但击溃十数倍于己的吴军,而且差点儿生擒孙权,令张辽闻名天下。罗贯中在《三国演义》中也对张辽的辉煌大书特书,留下"张辽威震逍遥津"的名篇,还说什么"江南小儿皆怕,闻张辽大名,不敢夜啼"。

曹操对张辽超乎寻常的勇猛赞叹不绝,特拜征东将军。张辽能以少胜多,立下千古奇勋,一胜在曹操精于庙算,对攻防的尺度把握到了炉火纯青的地步;二胜在曹军将士齐一,精诚团结,发挥"一加一大于二"的效应;三胜在孙权轻敌,误判曹操西征汉中,轻率进兵,撤退时又部署不周,身为至尊的孙权竟然置身于危境之中,亲自断后,从头到尾都犯了冒险主义错误,加上军中染病,士气低落,结果反被张辽所乘,一败涂地。

合肥大战之后,江东元气大伤,孙权不得不休兵整顿。而曹操也忙于西征汉中,巩固自身的政治地位,曹、孙双方暂时安宁了一年多。合肥战后三个月,张鲁向曹操投降,曹操从汉中回到邺城。翌年(216年)五月,曹操晋爵为魏王;十月,再次发布征军令;十一月,曹操率大军至谯;而后视察合肥城,慰劳张辽、李典、乐进等守将。

曹操巡视张辽战斗过的地方,对张辽的英勇赞叹良久,当即给他增兵。建安二十二年(217年)正月,他又南下居巢,准备再次进攻濡须坞。

二月,曹操进驻距离濡须只有一步之遥的郝溪。孙权早已任命吕蒙为濡须督,加固防御工事,在濡须坞上埋置万张强弩,试图用密集的箭雨阵挡住曹军的进攻。参战的吴军将领有丹阳太守孙瑜、护军校尉孙皎、折冲将军甘宁、宜春长周泰等。

吕蒙以防御为主,进攻为辅。曹操前锋尚未驻屯,吕蒙就派遣善于夜战、近战的甘宁为前部督,率精锐部队趁夜袭击曹军。二更时分,甘宁率众衔枚疾进,突然间跃入曹军营垒。曹军大乱,被杀无数。宜春长周泰趁机续攻,曹军被迫退却数里。

三月,曹操下令撤军。第二次濡须之战就这样草草落幕。吕蒙退敌有功,被孙权授予左护军、虎威将军名号,成为江东威望最高的统帅。

第二次濡须之战雷声大雨点小,虽然以曹操的主动撤退而告终,但是魏强吴弱的局面非常明显。战场的主动权一直被曹操控制,曹操拥有驰骋天下无敌手的骑兵,指哪打哪。而在江淮平原地带,东吴优势项目——水师根本就无用武之地。孙权开始想念刘备借而不还的荆州,此处江河纵横,水渠密布。只要夺回荆州,东吴水师就可以在江汉之间进退自如。于是孙权改变目标,遣使都尉徐详赴邺城向曹操请降。

此时曹操正加紧篡政,自濡须北还之后,擅自设立"天子旌旗,出入称警跸",把自己的身份抬升到与大汉天子等高的尊崇位置。而孙权请降,正中其下怀。曹操立即遣使回报孙权,假惺惺地重修旧好,续叙亲家(曹操的侄女许配给孙权之弟孙匡,孙权堂兄孙贲之女则许配给曹操第三子曹彰)。

一场针对荆州的密谋悄悄地产生了。

襄、樊合战

建安二十二年(217年),曹、孙两军在合肥、濡须酣战之际,东吴的大政治家、孙刘联盟的倡导者鲁肃积劳成疾而去,年方四十六。鲁肃之死,给原本就阴霾笼罩的荆州借案更增添几分变数。

《吴书》是这么评价鲁肃的:"严于律己,勤俭治国。治军严整,法令严明。酷好读书,虽军务繁忙,也手不释卷。口才出众,有高瞻远瞩的眼光。人称周瑜之后,江东才智数鲁肃第一。"

鲁肃的最大贡献还是倡导建立孙刘联盟,为取得赤壁大战的胜利做出巨大的贡献,促成三足鼎立局面的形成,极大地影响了历史的进程。鲁肃逝去的噩耗传到川蜀,诸葛亮为他发哀,以缅怀这位大外交家和战略家。

鲁肃死后,战功赫赫的大将吕蒙取代鲁肃,成了东吴的第三代军事统帅。吕蒙屯兵毗邻荆州的陆口,孙权将鲁肃的所有权益移交给吕蒙继承,其中包括万余名部众,汉昌太守的官职,以及下隽、刘阳、汉昌、州陵等四个食采之县。

鲁肃生前致力于构建孙刘联盟,以抵御曹操的威胁,所以对关羽的傲慢无礼一忍再忍。但现在是强硬派的吕蒙当家,他不赞同鲁肃的忍让与退缩,暗地里告诉孙权:"如果让征虏将军孙皎镇守江陵城,让潘璋据守白帝城,蒋钦率万余水师机动部队巡游长江上下游,我亲自攻打襄阳,为江东屏障。如能这样,江东又何惧怕曹操?又何依赖一个桀骜不驯的关羽?更何况刘备、关羽君臣狡诈多端,反复无常,不足为信。关羽之所以不敢东进,是因为至尊英明,吕蒙等尚在。今天不趁着吕蒙等还有点力气,攻取荆州,日后吕蒙等化为骨灰了,怎么去夺回荆州?"

孙权深以为然,但他的目标绝非仅仅一个荆州。孙权的眼光看得更远,他志在夺取整个天下。孙权有自己的进攻方略,他问吕蒙能否先夺取徐州,再攻打荆州。徐州是中原的门户,南北交汇,四通八达,地理位置实在太重要了。夺得徐州,不但可以绕过孙刘联盟,而且使中原的门户洞开,是两全之策,一直是孙权梦寐以求的事。

吕蒙却告诉孙权:"曹操的权力中心远在河北邺城,忙于巩固后方,无暇东顾。徐州守军不足为虑,战而必克。但徐州地势平坦,是曹操步骑兵的用武之地。拿下徐州,不日曹操必来攻取。江东即便投入七八万人马,死守徐州,恐怕也有被曹军包围的危险。不如攻伐关羽,夺取荆州,将整条长江据为私有,江东的局面就豁然开朗了。"

孙权连声叫好,遂将收复荆州的重任委于吕蒙。吕蒙取代鲁肃,初镇陆口,为了麻痹关羽,假意委曲求全,对他更加奉承。孙权和吕蒙都是能忍、会忍、善忍的一代英豪。他们在静待时机,一个驱逐刘备势力、夺回荆州的大好时机。

耐心等待总会有惊喜。

很快,孙权、吕蒙苦心播撒收复荆州的种子,到了开花结果的时候。

建安二十二年(公元217年)冬,刘备在谋主法正的劝说下,开始全力北伐汉中。张飞、马超、吴兰、雷铜为先锋,率军自葭萌关直取下辨,拉开曹、刘汉中争夺战的序幕。翌年(公元218年)正月,雄心勃勃的刘备亲率大军出葭萌关,法正为军师,诸葛亮坐镇成都,负责筹粮。四月,刘备屯兵阳平关,与曹操的征西将军夏侯渊、荡寇将军张郃、都护将军徐晃形成对峙。七月,曹操离开邺城,亲征汉中。

建安二十四年(公元219年)春,曹操兵出斜谷,进入汉中,但是屡战屡败,士气一落千丈,军心涣散,逃亡者比比皆是。五月,曹操不得不做出痛苦的决定,撤回长安,把汉中留给刘备。

经过一年又五个月艰苦卓绝的搏斗,刘备终于夺占汉中。继而他又扩大战果,派遣义子刘封、孟达、李平等杀入湖北境内,攻占房陵(今湖北房县)、上庸(今湖北竹山县西南),与荆州的关羽遥相呼应。

这一年的初秋七月,刘备在汉中南郑城筑坛,捧还二十三年前汉献帝赐给自己的假左将军、宜城亭侯的印章、绶带,自称汉中王,高呼"汉贼不两立、王业不偏安"的口号,宣布彻底与曹操决裂、誓死抗曹争夺天下的决心。

刘备称王之后大行赐赏,封刘禅为王太子、许靖为太傅、法正为尚书令。诸葛亮则失宠,仍居军师将军、署左将军府事的官职。刘备还赐封二弟关羽为前将军、假节钺,董督荆州事;三弟张飞为右将军,马超为左将军,黄忠为后将军。

在刘备集团中,授假节钺的,只关羽一人。假节钺代表君主,行使军政大权,位高权重,战时可独断专行,斩杀两千石以下的不法官吏。

按照当年《隆中对》的规划,刘备北伐兵分两路,"一上将将荆州之军以向宛、洛,将军(刘备)身率益州之众出于秦川"。镇守荆州、赐封假节钺的关羽,无疑是"将荆州之军以向宛、洛"的上将唯一人选。

赐封前将军、假节钺后数日,独当一面、有征伐专权的关羽,在没有接到刘备指示的情况下,按捺不住内心建功立业的渴望,宣布出师北伐襄、樊。

关羽臆测,刘备自称汉中王后,下一步必然率大军出汉中,击长安,北伐中原。而自己这个前将军、假节钺,理应直取宛城、洛阳,与汉中王刘备遥相呼应,东西夹击,会师于黄河岸边,诛杀国贼曹操,以成就霸业,兴复汉室。

关羽令南郡太守糜芳守江陵城,将军士仁守公安,自率三四万荆州兵进攻樊城。

樊城的曹军守将是征南将军曹仁。曹操闻讯,立即命令左将军于禁率七军三万余人南下驰援曹仁。八月,襄、樊地区进入雨季,暴雨十数日,汉水泛滥成灾,一片汪洋大海,水位高达五六丈,驻守樊北的于禁三万人马全部被洪水淹没。

野战是曹军的专长,而水战则是关羽的强项。可见关羽选择的战机非常好。关羽搭乘战船,将襄、樊曹军分割包围,只留下部分兵力监视樊城,自率主力部队围歼樊北的于禁七军。于禁登上高地,望着滔天洪水,荆州水师战船如云,欲战不得,只好带领三万部众,向关羽投降。西凉降将庞德死战不降,被关羽擒斩。

关羽继而围攻樊城,城中人心惶惶,弥漫着浓厚的悲观气氛。曹仁与满宠沉白马,与守军誓盟,勠力同心,人在城在,人亡城亡。

关羽率水师日夜猛攻,樊城城墙被洪水冲垮,岌岌可危。关羽另派他将包围襄阳城。曹操所授的荆州太守胡修、南乡太守傅方看到城外洪水滔天,尽是插满关羽旌旗的荆州战船,精神崩溃,逃出襄阳城投降关羽。

但是樊城守军在曹仁、满宠的激励下,顽强抵抗。关羽屡攻不下,兵力大损,于是又檄令驻守上庸、房陵的刘封、孟达,让他们出兵东助围攻樊城。房陵、上庸距离樊城不过两三百里,刘封、孟达可在数日之内抵达樊城,并可打通汉水通道,将荆州与汉中连成一片。但是在这关键时刻,孟达起了异心,刘封也对自身地位被刘备嫡子刘禅取代而耿耿于怀,不愿看到关羽速胜。二人都以上庸三郡民心不稳、山贼四起为由,拒发援兵,结果错失了攻占樊城的大好良机。

关羽水淹七军,围困襄、樊,威震华夏。中原的反曹拥汉势力闻风而动,揭竿而起。去年(公元218年)十月,南阳人民在宛城守将侯音、卫开的带领下发起暴动,反抗曹操的苛捐杂税,并且与关羽取得联络,准备里应外合,共谋大事。虽然他们被曹仁血腥镇压,但是显示出中原民心已乱,只要一个火星就可以燎原。其后,陆浑(今河南嵩县东北)又爆发孙狼起义。义军处死为虎作伥的陆浑县主簿,南附关羽。关羽授印给兵,让孙狼回陆浑展开游击战。关羽北伐襄、樊旗开得胜,令反曹义军备受鼓舞。许昌以南一带暴动此起彼伏,都是高举关羽的旗号,让曹操心惊肉跳。

曹操甚至打起迁都的主意,以避关羽锋芒。但是在议事时,两大谋士丞相军司马司马懿、西曹属蒋济反对曹操迁都,并献出联合孙权夹击关羽的计谋。司马懿和蒋济说:"于禁七军覆没,并非战败,只是被洪水所淹,对整个国家的损失仅仅九牛一毛而已。刘备、孙权虽然结盟,但是同床异梦,钩心斗角。关羽得志,是孙权最不愿意看到的。不如遣使游说孙权,让他在关羽背后猛捅一刀,并允诺割江南封他为王。只要孙权一出兵,襄、樊之围立解。"

司马懿和蒋济围魏救赵的计谋十分高明,曹操当即接受。

"一个国家没有永恒的朋友,仅有永恒的利益。"两次发动鸦片战争的大英帝国首相巴麦尊(Lord Palmerston)的这句话,放之四海而皆准。就这样,在曹操的诱惑和利益的驱动之下,孙权决心抛弃刘备这个比敌人还要可怕的盟友。

早在关羽出兵北伐襄、樊,留下糜芳、士仁守卫后方时,密切关注荆州动态的吕蒙就在陆口上疏孙权:"关羽击襄、樊,却在江陵城后方布置重兵,其意在防备我搞偷袭。我常常生病,现在请以治病为由,把我召回建业。关羽知道后,必会将留守江陵的重兵调到襄、樊前线。我军可乘虚而入,一举擒杀关羽,收复荆州。"

于是孙权公开发布军令,让吕蒙回建业休养。关羽不知是计,做了一生中最大一个错误决定,把留守江陵、公安的兵力都北调去打樊城。这个错误决定,差点儿断送了整个刘备集团的命运。

擒杀关羽

荆州的门户豁然洞开,东吴的军队随时可以自由进出。

知彼知己,百战不殆。关羽的冷傲世人皆知。陈寿用四个字评价关羽,"刚而自矜"。刘备封马超为左将军,关羽瞧不起这位被曹操打惨的西凉败将,写信给诸葛亮,说要入川跟马超比试武功。诸葛亮不敢得罪关二爷,回了一封很得体的信,说:"马超文武双全,雄烈过人,堪称当世之杰。他的武功足以跟张飞齐驱并驾,但要是跟你这个美髯公相比,还差那么一大截。"诸葛亮很会说话,关羽听了浑身舒服,比武之事才不了了之。刘备封黄忠为后将军,关羽根本就无视黄忠在定军山秒杀夏侯渊的奇迹,愤恨地说:"我耻于跟这个老丘八同列!"

骄傲自大的人早晚会栽跟头。孙权现在要做的是,如何让关羽的傲气逐渐膨胀起来,最后爆炸,自我毁灭。所以孙权一点也不着急,现在只差最后一步,等了许多年,也不在乎再等几天。

孙权忌惮关羽,为了顾全孙刘联盟大局,又不得不结好关羽,曾经遣使为儿子向关羽之女求亲。结果他热脸贴冷屁股,被关羽蛮横地拒绝,求亲使也被骂得狗血喷头。孙权因此也是怀恨在心。

关羽围攻樊城,孙权也假惺惺地遣派一个主簿,告知关羽,要出兵相助,但是暗中让吴军逗留不进。这简直是把不可一世的关二爷当猴耍!关羽怒不可遏,加上他已经水淹七军,生擒曹操的五子良将之一的于禁,骄气日盛,痛斥孙权说:"貉子敢尔,如使樊城拔,吾不能灭汝邪!"——这只丑恶的貉子怎敢戏弄我?如果我攻克了樊城,定叫你灰飞烟灭!

不管关羽说的是气话还是真话,总之,在关羽眼中,偌大的江东不过是一个可以随意踢玩的皮球。但是孙权不怒反喜,关羽心中的阴暗面越大,他就死得越快。孙权又写信给关羽,向他谢罪,并伪称将亲自率军支援关羽北伐。至此,孙权牵住了关羽的牛鼻子,将其玩弄于股掌之间了。

孙权又与吕蒙唱双簧戏,将其召回建业,密商取荆州之策。吕蒙途经芜湖,遇到了江东豪族子弟陆逊。此君军事才干超群,谋略过人,甚至不亚于周瑜。孙权知陆逊之才,便将侄女(孙策的女儿)许配给他。

吕蒙诈病之谋骗过骄傲暴戾的关羽,却瞒不过心细多智的陆逊。

陆逊故意问吕蒙:"关羽就睡在卧榻之旁,你这么一走,就不担心关羽醒过来闹事?"吕蒙不愿意向陆逊泄露密计,回答道:"你说得都很对,但是我实在病得不轻。"

陆逊献策说:"关羽傲慢自大,欺凌他人。现在侥幸打了胜仗,尾巴更是翘到天上去了,听到你生病,更不会把江东放在眼中。我们正可出其不意攻其不备,你见了至尊,要好好地商议下。"

吕蒙这才大吃一惊,始知陆逊之才,但他仍然不动声色,说:"关羽勇猛似虎,无敌天下。如今占据荆州,大行恩信,又水淹七军,胆气益壮,难以讨伐。"

吕蒙到了建业,孙权问他:"你一来,前线群龙无首,谁可以代你领军?"吕蒙立即举荐陆逊:"此人谋略高远,终可大任。更有利的是,陆逊昧昧无闻,在关羽眼中简直就是不值一钱。骄而纵之,必能成功!"

这个陆逊就是孙策的乘龙快婿,也算是孙氏家族的一个成员。孙权大喜,二话没说,把陆逊召到建业,任命他为偏将军、右部督,代吕蒙统兵。

陆逊到了陆口做的第一件事,就是给关羽写了一封信,信中对关羽大肆吹捧,盛赞关羽"以律行师,小举大克,一何巍巍"云云。说什么关羽轻轻动了一个小指头,就打了大胜仗,功盖千古,令他佩服得五体投地,作为同盟者也沾了点光芒。又说什么水淹七军,生擒于禁,其战绩之辉煌,让晋文公的城濮之战、韩信的破赵之战黯然失色。最后他给关羽一个友情提示,关爷连战数月,捷报频传,但大胜之后须防轻敌,曹贼必不肯罢休,千万要提防他的反扑!陆逊一介书生,打仗是外行,期盼关爷大获全胜,以为我等之楷模。

其言辞非常肉麻,但是这样的高帽子戴在头上实在令人飘飘欲仙。关羽看了,心里高兴,问旁人:"这个陆伯言是何等人士?"旁人都摇摇头,没听说过此人。

关羽长叹一声:"东吴无人!吕蒙生病了,孙权就让一个光会说话的读书人来领兵。"他对东吴更加鄙夷不屑。

于是,陆逊密报孙权:"关羽可击!"

这时候,关羽将于禁的三万曹军战俘用船只送到江陵城去,城中粮草本来就不够,关羽就假托军中缺粮,擅自打开东吴的长沙米仓,挪用湘关米。事实上,这是陆逊给关羽下的一个套。作为同盟者,孙权允许关羽在粮草紧张时可以享用东吴的粮米。关羽也不把孙权当人看,就是抢了你的大米又如何?

但是孙权就以此为借口,于建安二十四年(公元219年)闰十月,正式下达进攻荆州的军令。孙权选择开战的时机非常合适,此时关羽屯兵于樊城西北五里的偃月城,准备阻击从南阳南下的曹操悍将徐晃。三四万荆州兵连续鏖战数月,已经筋疲力尽,夹在偃月城与樊城之间,形势不容乐观。

孙权在进攻前给洛阳的曹操上书称臣,恭劝曹操顺应天命,并表示愿意接受夹击关羽的计划,现已出兵,请曹操配合进攻,并严守机密。孰料狡诈的曹操拿到孙权的书信后,不但下令曹军停止进攻关羽,而且快马加鞭,把书信传给曹仁,让曹仁用弓箭射给关羽。

关羽傻了眼,但他不相信陆逊这个书生敢出兵荆州,也难以放弃即将到手的胜利果实。毕竟战斗几个月,牺牲了那么多人,一旦放弃樊城,岂不是前功尽弃,如何安慰那些死难的荆州勇士?

这时襄、樊地区的洪水退了大半,曹操遂从洛阳南进两百余里,至郏县东南的摩陂,此地离襄、樊还有五百里。曹操令殷署、朱盖率领十二个营,共计两三万人,南下增援徐晃,使得襄、樊地区的曹军在兵力上占据绝对优势。关羽的荆州兵久战力疲,加上吴军进攻荆州的消息漫天飞,军心涣散。曹操看到时机已到,果断下令徐晃进攻关羽。

徐晃得到生力军的援助之后斗志暴涨,一鼓作气,攻破关羽的四座营垒(四冢)。荆州兵被徐晃杀得落花流水,关羽不得不撤到沔水(汉江)水面的战船上。

就在这时候,吴军兵分两路,同时袭击荆州。吕蒙为一路,负责攻取公安、江陵城。陆逊为另一路,逆江而上,直取三峡,以切断刘备从益州驰援荆州的水道。

吕蒙率部至寻阳,为了迷惑荆州守军,命令精兵锐卒都躲藏在民用船的船舱里,在甲板上摇橹、扬帆的一律穿着平民百姓的衣服,扮演成商旅的模样。大军昼夜兼行,拔除关羽设在江边的瞭望哨,将哨兵尽数擒拿。所以关羽成了一个盲人,对东吴的行动一无所知。

吕蒙神不知鬼不觉地渡江,先攻打公安、江陵。公安守将士仁、江陵守将糜芳两人平常备受关羽的折磨,对他诸多怨言。关羽出师在外,两人负责筹粮,当运输队长,不派兵助战。关羽大怒,扬言说:"等我回来就找你们算账!"两人震恐,常怀异心。

吕蒙兵临公安城下,此地处长江南岸,原是刘备的发迹地,士仁紧闭城门,乱箭据守。吕蒙让骑都尉虞翻到城门下劝降,士仁不肯相见。虞翻就书信一封,射入城中,信中充满威胁与诱惑,说:"聪明人防患于未然,未雨绸缪,见微知著,方能知存亡之理,辨吉凶之道。我军过江,你的侦察全部无用,烽火不点,这并非天命,而是荆州有内应。将军对此一无所知,只懂得固守城池不投降。结果只会落到毁了宗庙、灭了香火、被世人讥笑的地步。"

士仁读罢书信,大哭一场,下令打开城门出降。虞翻对吕蒙说:"兵不厌诈,士仁有可能是诈降,可带士仁到江陵城诱敌。"

迫降公安之后,下一个目标是关羽的大本营——江陵城。守将糜芳的妹妹是刘备的夫人,后来在长坂坡被曹操掳去,下落不明。而糜芳的哥哥糜竺坚定不移地资助刘备,出人出钱,无私帮助刘备创业。刘备入川后,封糜竺为安汉将军(单看这个封号就知道糜竺的功劳有多大),把他排在军师诸葛亮之后,算是刘备集团中举足轻重的大人物。

尽管后台这么硬,但是关羽待糜芳如同下人。有一次江陵城中失火,军械器物焚烧无数。关羽大发雷霆,要将糜芳斩首。糜芳整日惶恐不安,孙权知道后,暗中将他收买。所以当吕蒙带着士仁出现在江陵城下时,糜芳一箭都没放,反而杀牛备酒,恭迎吕蒙入城。

吕蒙高兴得手舞足蹈,下令在江陵城外的沙滩上大奏鼓乐,以表庆祝。虞翻又提醒吕蒙:"江陵城中有投降之意只有糜芳一人,其余的难保没有异心。赶紧进城,先把各大城门的钥匙拿到手再说。"吕蒙幡然醒悟,派兵迅速控制全城。果然城中有荆州兵准备伏击吴军,幸亏虞翻的先见之明,才没有造成损失。

吕蒙不费吹灰之力,迅速拿下江陵、公安二城,关羽和荆州兵的家眷都落入吴军之手。吕蒙和言抚慰,严禁部卒袭扰百姓。吕蒙的一个部下是他的老乡,擅自拿了百姓家的一个斗笠,用来遮盖官铠,以免尘土沾染。官铠属于公物,这种爱惜公物的行为应该受到褒奖。但是吕蒙认为,这个部下犯了军令,更不能因为是老乡就饶了他。最后吕蒙含泪将这个部下正法,以整肃军纪。于是吴军上下惊恐战栗,秋毫无犯。

吕蒙又早晚派亲信慰问那些孤老之人,生病的给药治,饥饿的给食物,受寒的给衣服,亲和力十足,让老百姓感恩戴德,人心大安。关羽的府库中财宝无数,吕蒙分文不取,把它们都封存起来,等待孙权的到来。至于投降关羽的于禁三万曹军战俘,吕蒙下令统统释放,让他们自由选择出路。于禁则被送给孙权,"烂船也有三斤铁",或许在今后跟曹操交涉时可以派上用场。

另一路,陆逊也是势如破竹,凯歌高奏。十一月,陆逊相继攻克夷陵、秭归、枝江、夷道,被孙权任命为宜都太守、抚边将军,封华亭侯。刘备所授的宜都太守樊友闻风而逃,各地的长官以及三峡地区的少数民族酋长纷纷来降。陆逊授予金、银、铜印,让他们诚心接受孙权的领导。

接着,陆逊派遣将军李异、谢旌率三千吴军,进攻蜀将詹晏、陈凤。李异、谢旌有万夫不当之勇,李异率步军、谢旌率水军,水陆齐进,翻山越岭,切断蜀军退路,毙杀詹晏,活捉陈凤。

陆逊又越过海拔一千五百余米的荆山,北攻房陵、南乡,切断汉水走廊,堵死关羽退往上庸的道路。秭归的土豪大姓文布、邓凯纠集当地夷兵数千人,首尾相连,占据秭归,袭击吴军。陆逊命谢旌率部讨伐,文布、邓凯不敌,溃入益州。陆逊让人把他们骗回来,文布率众归降。陆逊前后斩杀、招降蜀军达数万之众,攻取宜都郡,获秭归、枝江、夷道等县,然后回防夷陵,扼守长江三峡,以阻击益州的援军。陆逊向西一路狂飙,将东吴的地界从巴丘西移至白帝城附近,拓地千余里,功不可没。孙权大喜,授陆逊为右护军、镇西将军,进封娄侯。

经过一个多月的浴血奋战,吕蒙、陆逊从南、西两个方向对关羽形成关门打狗之势。消灭关羽势力,彻底收复荆州,指日可待。

关羽听到江陵、公安沦陷,荆州四面八方都插满了吴军的战旗,赶紧从樊城前线回撤。曹操下令全线停止进攻,任凭关羽而去,意在让关羽死于孙权之手,吴蜀交恶,他就可以坐收渔利。

关羽在路上多次遣使责问吕蒙败盟挑事。吕蒙并不理会,反而厚待关羽使者,让他们在江陵城中走一圈。结果荆州兵的家眷纷纷向关羽使者打探军中情况,甚至有家书问候。关羽使者回去后,荆州兵也围着他们询问家人的安危,得知都安然无恙后,军心开始动摇,士气迅速降落到冰点。关羽众叛亲离,数万大军一夜之间散了大半。这时候又传来孙权亲临江陵城的消息,关羽知大势已去,败走江陵西北百余里处的麦城(今湖北省当阳市两河镇境内),派人到江陵城去,对孙权说要准备投降。

孙权问善于望气的术士吴范:"关羽真的要投降吗?"吴范回答说:"关羽有逃跑之气,他在诈降。"于是孙权令潘璋、朱然率兵,埋伏在关羽西逃的道路两旁。关羽果然弃麦城而走,身边士卒尽作鸟兽散,仅有十余骑。豪气冲天的一代战神终于走到了穷途末路。

十二月，关羽朝着西北的上庸方向逃窜了两百余里，至临沮（或说彰乡）时，潘璋的部将马忠突然杀出。关羽猝不及防，跟养子关平、都督赵累等都被吴军俘虏。

按照《三国志》中《关羽传》的说法，吴军擒获关羽后，"斩羽及子平于临沮"，将关羽父子就地斩首。但是《三国志》其他人物传记中并无明确指出关羽是被杀于临沮的，如孙权、吕蒙、潘璋诸传都只是轻描淡写一句话，"父子俱获，荆州遂定"。而《吴范传》的记载，清楚地表明了马忠擒获关羽后，因其职务卑微，不敢擅自做主，将其缚送到江陵城由孙权面裁。

对于这么一个重量级的战俘该怎么处理，孙权心中没谱。杀了他恐将招来刘备的报复，于是孙权准备让关羽活下来，作为人质，要挟刘备一起抗击曹操。左右亲信劝说："关羽，豺狼也。豺狼不可养，必有后患。当初曹操试图用黄金、美女圈养关羽，反成祸害，差点儿被关羽逼得迁都而去。"

孙权想起关羽对自己的种种蔑视甚至侮辱，以及这几年东吴所受的委屈，恶上心头，遂下令将关羽、关平父子斩杀。

千古名将关羽就这么化为一缕轻风而逝。关羽之死，死于自身的傲慢与无知，死于孙权、吕蒙、陆逊的谋断，死于曹操的腹黑，也死于刘备的轻敌。襄、樊大战，从关羽出师北伐樊城，至败走麦城，前后历时半年。这半年中，刘备高居成都庙堂之上，竟然不做任何军事准备，坐视关羽败亡，荆州沦陷。以至于有人臆测，刘备是想借孙权、曹操之手，杀了这个桀骜难驯的二弟。这当然是荒谬的想法，但是刘备集团对荆州战事的无动于衷确实令人匪夷所思。

忍辱称藩

荆州之役，堪称一次奇袭战的教科书式案例，成为孙刘两方力量消长的转折点。战后孙权实力暴增，再次夺回老二的位置。刘备则缩保益州，沦为偏安一隅的边陲小邦，屈居老三。这样的强弱对比一直持续到三国时代结束。

夺取荆州,东吴的第三代军事统帅吕蒙功不可没,孙权在公安举行庆功酒会,任命吕蒙为南郡太守,封孱陵侯,赏赐铜钱一亿,黄金五百斤,并赠给步骑鼓吹乐队,选派虎威将军的下属官吏,归吕蒙掌管。

在酒会上,吕蒙以疾病为由,拒绝了孙权的金、钱、鼓吹乐队等赐赏,只接受南郡太守和孱陵侯的官爵。可惜赐赏令还没下来,吕蒙就病入膏肓。孙权心痛不已,把吕蒙接到公安行宫的内殿,亲自日夜护理,并悬赏良医,能治愈吕蒙的疾病,赏赐千金。吕蒙终因久病沉疴,不治身亡,死在公安内殿,享年四十二岁。孙权哭得死去活来,人也消沉了许多。

仗打胜了,荆州也收复了。但现在也该冷静下来,沙盘推演此役带来的严重后果。孙刘联盟算是彻底完蛋了,其实早已名存实亡,像分居多年、感情冷漠的夫妻,就差一张离婚证了。孙刘大战不可避免,现在要做的是,先发制人,抢在刘备发动狂风暴雨般的复仇之前,将其遏止。

孙权首先让被刘备流放到公安的前益州牧刘璋重新做益州刺史,以昭示天下,揭露刘备占领益州的非法性和罪恶。当然暗弱无断的刘璋只是孙权任意摆布的傀儡而已,两三年后刘璋死去,孙权继续扶植刘璋的儿子刘阐为益州刺史,把他甩在交州、益州交界处的偏远之地。

孙刘联盟已然崩溃,东吴形势岌岌可危,联曹击刘已经成为孙权唯一的出路。把曹操拉下水,是对付刘备最好的办法。孙权斩杀关羽后,将其头颅送给曹操,试图造成尊奉曹操之令攻杀关羽的假象。但是老辣的曹操对孙权将祸水引到自己身上付诸一笑,以诸侯之礼厚葬关羽,将球踢还给孙权。

曹操对孙权全面倒向自己持泰然态度,既然无法消灭孙权,那就好好善待,为己所用。投我以木瓜,报之以琼琚。曹操要让孙权知道,投靠自己永远有好日子过,是最正确的人生选择。

曹操立即赐封孙权为骠骑将军,假节领荆州牧,封南昌侯。骠骑将军为二品或从一品,仅次于大将军。当年霍去病横扫匈奴,就是被汉武帝赐封为骠骑将军。假节,与刘备赐封关羽的假节钺类似,都是代表最高统治者行使职权。只不过假节行使的是地方行政大权,假节钺行使的是统军大权。

孙权第一次跻身于朝廷承认的封疆大臣之列,政治地位空前,远胜刘备自封的汉中王。孙权见联曹击刘的策略初步奏效,面对残酷的事实,不得不收敛锋芒,积蓄力量对抗刘备。于是做出了一生中最艰难、最屈辱的隐忍决定,连走三步,以示臣服曹魏。第一步,遣使校尉梁寓向朝廷进贡,以摸清曹操的底细;第二步,令将军王惇向曹魏高价购买了大批战马,实际上变相贿赂曹操;第三步,将五年前在皖城虏获的庐江太守朱光、参军董和遣送回曹魏,以示好曹操。蹲下是为了跳跃得更高,隐忍绝不代表孙权就此彻底屈服,而是一种化解危机的谋略与胆识,是积蓄后发制人的力量。

如此折腾了一个月,为对付刘备,孙权以高昂的代价,总算建立了一个脆弱的吴魏联盟。建安二十五年(公元220年)正月二十三日,曹操在洛阳死去。曹丕继承丞相和魏王的官爵。为了巩固摇摇晃晃的吴魏联盟,孙权再次向世人展示无与伦比的坚忍力与大局观,又极力阿谀比自己小五岁的曹丕。忍人所不能忍,行人所不能行。孙权此举堪比春秋时期越王勾践为吴王夫差执马鞭、尝粪诊病。

曹丕上台之后加快篡汉称帝的步伐,为了树立威望,渲染自己的文治武功,不顾群臣的反对,于六月宣布南征东吴。孙权大吃一惊,但他很快就猜透曹丕的心思,于是遣使进贡,以表对曹魏的忠心。

六月初六日,淮南的魏军率先挑衅,一股七百名的骑兵偷袭横江,魏将马和又带领四百名士卒进到居巢。吴军守将周泰、全琮下令反击,双方死伤相当。

但是曹丕第一次南征,不过为称帝造势而已,只是轻轻松松地南下游玩。曹丕七月抵达谯,在那儿大摆酒宴,犒赏六军以及谯郡的老百姓,南征就此戛然而止。

很显然,孙权的贡品令曹丕心满意足。究竟孙权贿献了哪些东西,史无明载,但其价值必然不菲。曹丕也急着赶回去篡位称帝。北归之后,太史丞许芝给曹丕呈上一封内容深奥晦涩的谶纬,以昭示曹魏取代汉帝国是天命所归,人心所向。懦弱的汉献帝知趣地在十月十三日下诏,将皇帝位禅让给曹丕。

曹丕假意推辞,群臣强力上谏,如此故作忸怩之态,拉拉扯扯了半个月,十月二十八日,曹丕登坛称帝,改元黄初,定国号大魏。享国四百零五年的汉王朝至此告终。

占据益州的刘备正秣马厉兵,积蓄力量,准备讨伐东吴,替关羽报仇。听到曹丕篡汉称帝之后,刘备也于翌年(公元221年)四月初六日,在成都武担山之南筑坛称帝,改元章武,建立蜀汉。刘备以诸葛亮为丞相,许靖为司徒,宣布承继汉帝国的正统,以诛灭曹、孙为使命,一统天下,兴复汉室。

连势力最弱的刘备都当上皇帝了,孙权也开始蠢蠢欲动,召来术士吴范和其他的占星专家,为自己称帝制造舆论。但是占星家们告诉孙权,江东在天上星宿中所占的位次暂时较少,难以服众。

于是孙权吸取袁术不自量力、称帝之后迅速败亡的教训,学习越王勾践的卧薪尝胆精神,采取"高筑墙、广积粮、缓称帝"的策略,将他的超强隐忍力发挥到淋漓尽致。他遣使向曹魏称臣,并释放于禁、领军浩舟、军司马东里衮等囚犯回曹魏,以博取曹丕的好感与同情,同时养精蓄锐,以应对刘备发动的进攻。

吕蒙攻占江陵城后,被囚于城中的曹军降俘于禁等成了东吴的座上宾。孙权待之如大功臣,食与同座,出与同行。东吴群臣对此大为不满,认为一个败军之将,有何资格获此隆遇。

有一次,孙权陪着于禁乘马溜达,两人并排而行。骑都尉虞翻大怒,朝着于禁吼叫:"你只不过是一介囚徒而已,怎敢与至尊齐头并进?"骂完抡起鞭子,准备暴打于禁。孙权厉声将虞翻喝退。

又有一次,孙权在楼船举行宴会,鼓乐大作,于禁却潸然落泪。虞翻又怒骂于禁:"你这样无病呻吟,可怜兮兮的,是不是要向我家主公求情放回家?"孙权大为尴尬。

到了释放于禁的那一天,东吴群臣大加劝阻。虞翻再次站出,反对放走于禁。虞翻说:"于禁把三万部属都推进火坑,战败被俘,理应自杀以赎罪。但是于禁贪生怕死,苟且存活,按照曹魏的军令,于禁回去必不得重用,无异于一个废人。放走于禁,对江东虽丝毫无损,权当放跑一个盗贼,但不如将他斩首,以告诫三军,做臣子的要忠贞不贰!"

孙权的目光没有虞翻这么短浅狭隘,为了能安然度过即将来临的吴蜀战争风暴,凡是能够取悦曹魏的,事无巨细,他都必须去做。春秋时期越王勾践卧薪尝胆,甚至屈身给吴王夫差喂马,过着连奴仆也不如的日子,但最终攻灭吴国,称霸中原,成就一番大事业。放走区区的一个于禁又算啥?

释放于禁之后,孙权招募兵马,组建强大的军事力量,保卫江东;并把行宫从公安迁至鄂,把鄂改名为武昌,作为东吴的政治中心。同时,他还从江夏、鄱阳等郡中划出武昌、下雉、寻阳、阳新、柴桑、沙羡六个县,新设一个武昌郡。打铁还需自身硬,要战胜刘备,绝不能把希望寄托在脆弱的吴魏联盟和首鼠两端的曹丕身上。

孙权忍辱向曹丕称臣,从外交、内政、军事上做好一切准备之后,惨烈的孙刘大战也如期而至了。

六月,刘备的义弟车骑将军张飞被部将张达、范强杀死,头颅被送至武昌。刘备当年桃园三结义,如今两个义弟相继死去,东吴都脱不了干系。刘备彻底丧失理性,下诏令讨伐孙权。七月,刘备的东征军正式从成都开拔,决定吴蜀两方命运的夷陵大战渐渐拉开了序幕。

对于征伐东吴,蜀汉君臣意见不一,上下失和,刘备注定难逃失败的劫运。诸葛亮态度暧昧,因为他的哥哥诸葛瑾参加荆州之役有功,吕蒙死后,孙权任命诸葛瑾为南郡太守,封宣城侯,驻守公安。诸葛亮当然不愿意吴蜀发生冲突,导致兄弟相残。但诸葛亮并不认为刘备攻伐东吴就没有胜算,至少可以拔取数个城邑。故而诸葛亮对刘备东征,不发一言,实际上起了默许,甚至怂恿的作用。五虎上将之一的赵云则力阻刘备伐吴,痛陈国贼是曹操,曹操虽已毙命,其子曹丕更为可恶,篡汉夺位,应该先讨曹魏,再伐孙权,而不能本末倒置。刘备对宿将赵云的阻挠大发雷霆,让他驻守江州,不许随军出征。从事祭酒秦宓是益州旧官僚,他代表了益州籍官员的态度。秦宓以天时不利伐吴为由,死谏刘备。刘备龙颜震怒,把秦宓打入大牢。

可见无论是益州籍官吏还是荆州旧部官吏,至少有半数以上反对刘备伐吴。而五虎上将中,关羽被孙权擒斩,张飞被叛卒砍头,黄忠死于建安二十五年(公元220年),马超重病,赵云忤逆刘备被甩到江州,悍将魏延驻汉中防备曹军无法抽身,所以都缺席这次攸关蜀汉前途的大会战。可堪一战的只有吴班、冯习、黄权之类的二三流战将,谋士也仅马良、刘巴等平庸无奇的文臣。他们虽然对刘备绝对忠诚,但是与谋略高深、久经沙场的东吴将帅陆逊、潘璋、韩当、徐盛等都不在同一个重量级别上。

孙权在给曹丕的奏疏中说,投入伐吴的蜀军兵力仅有四万(加上五溪蛮沙摩柯等杂牌军,可能超过五万),战马两三千匹。至于《三国演义》中吹嘘刘备拥有川将数百员、五溪蛮等合计七十五万人，纯属臆造的数字，不足为据。吴军不下五万，甚至略超蜀军。而且吴军战斗素养非同小可，有以少胜多、以弱敌强的优良传统。赤壁大战周瑜三万大破曹操二十余万，濡须之战孙权以七万逼走号称步骑四十万的曹军。吴军尤其谙习水战，天下无敌，连足智多谋的曹操都十分忌惮。刘备试图以四万蜀军、两三千匹战马来横扫江东，无异于缘木求鱼，痴人说梦。

外交上刘备也很不利，孙权忍辱负重，与曹魏结盟。曹魏视刘备为第一号敌人，所以蜀军还要防备曹魏的偷袭，精力分散，无法集中兵力对付吴军。所以刘备伐吴，实际上是以弱击强。

更可怕的是，孙权是三国时期最具备民主意识的君主，每遇大事，总要召集文武大臣聚议，群策群力，择取最优方案而行之。反观刘备夺取汉中、称帝之后，骄傲自满，冷落军师诸葛亮，排斥赵云、秦宓等忠臣，专断独行，难免重蹈义弟关羽的覆辙。

《孙子兵法》云："主孰有道？将孰有能？天地孰得？法令孰行？兵众孰强？士卒孰练？赏罚孰明？吾以此知胜负矣。"孙子所说的决定胜负七个指标中，有四个指标（主、将、天地、兵众）刘备逊于孙权，三个指标（法令、士卒、赏罚）双方持平，以此观之，吴蜀尚未开战，胜败已然见分晓。

授封吴王

在胜负条件相差悬殊的情况下，刘备却满怀信心，率领伐吴大军浩浩荡荡地出了益州，直奔江东而去。由于赵云、马超、魏延等主力战将都缺席，随行的都是替补的二队统将。左领军吴班、右领军冯习担任主攻手，张南担任前卫先锋，傅彤、赵融、廖淳等各为别督。文臣主要有尚书令刘巴、侍中马良、太常赖恭、从事祭酒程畿、光禄勋黄柱、少府王谋、大鸿胪何宗、太宗大夫宗玮等。

孙权早已未雨绸缪，做好充分的应战准备，任命镇西将军、右护军陆逊为大都督,沿着数千里长江,布下三个防区,就等着刘备来进攻了。

第一道,三峡防区。振威将军潘璋守秭归,将军李异、郎将刘阿驻防秭归附近的巫山、巴山、兴山等地,组成三峡兵团,迎接蜀军的挑战。三峡兵团主要负责迟滞刘备最猛烈的进攻,消耗蜀军的战斗力。

第二道,夷陵防区。陆逊将统帅部设在江北的夷陵,建武将军徐盛驻当阳,另一将军宋谦驻枝江,确保统帅部背后的安全。江南的夷道(今湖北枝城)由孙权的族侄、安东中郎将孙桓驻守。孙桓是个美男子,博闻强识,聪明伶俐,与统帅陆逊隔江夹峙,犹如一道铜铸闸门,紧扼蜀军东下的要冲。夷陵兵团是抵抗蜀军的主力部队,江东的安危就搭在陆逊和孙桓肩上。

第三道,荆州防区。昭武将军朱然、偏将军韩当驻守长江北岸的江陵城,绥德将军诸葛瑾驻守长江南岸的公安。东吴第一代军事统帅周瑜的次子、兴业都尉周胤领精兵一千,协助诸葛瑾守公安。一旦蜀军攻破三峡防线和夷陵防线,荆州防线将成为拱卫东吴政治中心武昌城的最后屏障。

平虏将军、濡须督周泰改授奋威将军、汉中太守,移防汉水中游的房陵、荆山一带,防止汉中魏延、马超的蜀军来犯。

孙权与建忠中郎将骆统率吴军预备队,坐镇武昌城督战;同时扩建、加固武昌城防,发布教令,激励东吴上下一心,共抗外敌。

建威将军吕范被任命为丹阳太守,驻守建业城。裨将军朱桓接替周泰担任濡须督,驻守濡须口,监视曹魏的一举一动。悍将安东将军贺齐率水师驻防横江至历阳之间,警惕曹魏可能的捣乱行动。他们组成江东留守兵团,保卫江东的大本营——建业城。

另外,平戎将军步骘率交州地方部队万余人,北上益阳;武陵郡都尉鲜于丹守武陵。

尽管做了周密的部署,但孙权还是不愿意放弃和平的努力。毕竟孙、刘双方曾经并肩作战,为了共同的目标流血牺牲过。

上苍给吴蜀双方做了绝妙的安排,诸葛兄弟一个在吴,一个在蜀,"蜀得其龙,吴得其虎"。在关系紧绷的时刻,诸葛"龙虎兄弟"成了唯一的沟通管道。在暴风雨即将来临的前夕,孙权试图给冰冻的吴蜀关系带来一丝和煦的阳光。他授意诸葛瑾给刘备写一封求和信,信中恭敬地尊称刘备为陛下,

向他提出几个值得深思的问题:"陛下以关羽之亲何如先帝？荆州大小孰与海内？俱应仇疾,谁当先后？"——陛下认为关羽跟汉献帝相比,谁更亲近？荆州与天下相比,哪个更大？孙权与曹操相比,哪个仇更深？

但是孙权的良苦用心无法将刘备从悬崖边拉回来,刘备已经被仇恨冲昏了脑袋,要不是看在诸葛亮的脸上,恐怕诸葛瑾早已是一具死尸。

吴蜀反目为仇,无疑是曹魏最乐意看到的。曹丕就像一个冷漠的旁观者,幸灾乐祸地盯着孙、刘两人瞪红双眼,准备拼个你死我活。曹丕还让群臣预测一下,吴、蜀到底会不会真刀实枪地干仗。

众臣都认为,蜀汉是弹丸小国,名将只有关羽一人,关羽死了,蜀汉都吓破了胆,哪里还敢出兵？侍中刘晔却认为:"蜀汉偏弱,刘备定会耀武扬威,以振奋蜀汉民心、军心。更何况关羽与刘备,名义上是君臣关系,实则情同父子。刘备必定出兵报仇。"

刘备果然出兵了。孙权则遣使向曹丕称臣。曹魏满朝文武欢呼声一片,刘晔却看破孙权的用意,对曹丕说:"孙权称臣,只有两个目的,其一防止曹魏浑水摸鱼,乘隙出兵；其二狐假虎威,借曹魏来吓唬刘备"。

刘晔认为,三足鼎立,曹魏十分占了八分,吴蜀各占一分。画地自保,有难相救,是吴蜀唯一的生存之道。如今吴蜀自相残杀,这是苍天赐予曹魏一统天下的千载难逢良机。曹魏应当趁机发兵,渡江直捣孙权的老巢。曹魏在内,蜀汉在外,不出十日,东吴必亡。东吴一亡,蜀汉也岌岌可危,早晚被曹魏所并。

应当说,作为与司马懿齐名的大谋略家,刘晔的目光深邃犀利,能洞穿时局,一针见血。但是曹丕缺乏老爹曹操的战略眼光,对孙权俯首称臣沾沾自喜,反问刘晔:"我为何不接受孙权的纳降称臣,然后偷袭益州,联合孙权灭掉刘备？"

刘晔对曹丕的奇思妙想哭笑不得:"蜀汉远东吴近,我们一打蜀汉,刘备就缩回去了。刘备怒而伐吴,要是知道我们也去攻吴,刘备高兴还来不及,怎么会改变主意去救援东吴呢？"

曹丕又招来被孙权释放的两位战俘浩周、东里衮,向他们询问孙权的情况。浩周受到孙权的厚待,吃人嘴短,以全家性命担保孙权必定真心实意臣服大魏。东里衮却大唱反调。曹丕听信能说会道的浩周,于是固执己见,决定册封孙权为王。

这岂不是让东吴如虎添翼吗?刘晔又站出来劝阻,说:"我们不得已接受孙权的称臣,给个将军的官号,封个十万户侯,就已经便宜孙权了。现在又封个王,离皇帝只有一步之遥了。孙权迫于形势诈降,我们不但没有给予当头棒喝,反而助纣为虐,抬升孙权的地位,让江东君臣团结,上下一心。此乃给孙权这只猛虎插上翅膀。击退蜀军之后,他就会把矛头对准曹魏。这是典型的养虺成蛇!"

刘晔费尽口舌,谆谆告诫,曹丕就是左耳进右耳出。

建安二十六年(公元221年)八月十九日,曹丕甩开大战略家刘晔,乾纲独断,正式下诏,册封孙权为吴王,并遣使太常邢贞、浩舟将册封诏令送到武昌城。诏令除了册封孙权为吴王、加九锡外,还有一个亮点,孙权以大将军使持节督交州,领荆州牧事。孙权的爵位由曹操生前授封的骠骑将军上升为大将军,权位高于丞相。由假节变为持节,从之前的临时工转变为正式编制,从而取得曹丕的直接授权,董督交州、荆州。曹丕正式承认交州并入东吴的版图,扩大了孙权的封疆范围。

孙权不但拿到了名分,也拿到了实惠。但东吴的群臣却认为这是个耻辱。最早喊出曹操"托名汉相,实为国贼"激进口号的是孙权,如今却出尔反尔,来了个一百八十度大转弯,推翻过去的一切。

有人主张,孙权干脆撕毁曹丕的策命书,自称上将军、九州伯,以示东吴独立于曹魏之外,不受其管辖,绝不自我矮化。孙权反驳说:"九州伯,我从未听说过。何况刘邦也被项羽册封为汉王,这哪有自我矮化?"

孙权也乾纲独断,拒纳众言,亲自到都亭去迎接邢贞。邢贞自以为是曹魏朝廷的钦差大臣,下来地方,理应受隆礼恭迎,于是大摇大摆,进了城门不下车,结果成了过街老鼠。江东宿老张昭怒喝说:"没有不敬的礼节,也没有不实施的法令。你一个小小的曹魏太常,胆敢如此狂妄自大,难道真的以为江东弱到连一把三寸铁刃都没有吗?"

邢贞这才有点害怕,赶紧下车。

中郎将徐盛还未赴当阳前线,尚在武昌城内,看到此情此景,悲愤不已,对身边的官员说:"我徐盛不能为江东效命,北伐曹魏、西吞巴蜀,致使主公落到与邢贞结盟的地步,深感耻辱啊!"

邢贞所至之处,没有人欢迎他。江东人人横眉冷对,令他不寒而栗。邢贞告诉随从:"江东有如此豪壮的人物,恐怕不会久居人下!"

邢贞回去复命时,孙权让能言善辩、见多识广的中大夫赵咨随同出使曹魏。曹丕自以为得计,可以任意摆布孙权,于是对孙权冷讽热嘲,问赵咨:"吴王读过书吗?"赵咨理直气壮地答说:"吴王拥有万艘战船,甲士百万。即使军务繁忙,也要博览群书,吸取治国之道。不像寻常的书生,只懂得摘章引句,夸夸其谈而已。"

曹丕又问:"东吴可以讨伐吗?"赵咨答:"大国固然能够出动大军讨伐,小国也有固守退敌之策。"曹丕又问:"东吴认为曹魏难以对付吗?"赵咨答:"江东拥兵百万,长江、汉水作为护城池,怎么会怕曹魏?"

曹丕见赵咨应对敏捷,答问如流,不由钦佩不已,问:"你家主子孙权是何等人?"赵咨答说:"聪、明、仁、智、雄、略之君。"曹丕不服气。赵咨说:"聘用鲁肃于平凡之时,是为聪;拔取吕蒙于士卒之中,是为明;俘获于禁而不加害,是为仁;兵不血刃收复荆州,是为智;据有三州虎视天下,是为雄;屈身于你,是为略。"

赵咨说得头头是道,听得曹丕大为折服,忍不住问:"东吴像你这样的才智之士有多少?"赵咨说:"绝等聪明的有八九十人,至于我这样的车载斗量,不可胜数。"

赵咨回武昌之后,孙权对他的不辱使命赞叹不已,当即提拔为骑都尉。赵咨劝谏孙权:"曹魏早晚会撕毁盟约,江东承接四百年的大汉王朝,宜更改年号,顺应天道民心。"

曹丕虽然册封孙权为吴王,但是料定孙权非池中之物,早晚会化成一条真龙,腾空而去。十二月,他以赐封孙权长子孙登万户侯为由,诏令孙权把孙登送到洛阳,让孙登变作缚龙索,紧紧捆住孙权。

孙权一眼就看破这个低智商骗术,就上书称孙登年仅十二,赐封万户侯还不够格;又派遣西曹掾沈珩出使曹魏,向曹丕进贡方物,以答谢其美意。

这个沈珩也是个不凡之人,他精通史书,尤其谙习《春秋三传》。沈珩到

了洛阳后,也像赵咨那样高谈阔论,把曹丕耍得团团转。沈珩回去后密报孙权:"曹丕的侍中刘晔屡屡设下奸计来坑害江东,我们应休养生息,劝课农桑,以富国强兵。修缮战船,安抚兵民,积极备战。不拘一格,提拔人才,以争夺天下。"孙权大喜,封沈珩为永安乡侯,提拔他作少府。

为了杜绝曹丕打孙登的坏主意,孙权宣布册立孙登为吴王世子。曹丕见一计不成又生一计,向东吴大肆索取雀头香、大贝、明珠、象牙、犀角、玳瑁、孔雀、翡翠、斗鸭、长鸣鸡等赏玩宝物,以刁难孙权。

东吴群臣怨声载道:这个曹丕简直就是永远填不满的无底洞,那些东西都是奇珍异宝,不属于贡物之列,怎么可以给他?孙权强忍心中的愤恨,抚慰群臣说:"如今刘备进犯,江东正要遭受战火洗劫。曹丕索取的只不过是一些瓦石,能够用瓦石来换取孙登的人头,何乐而不为呢?"于是曹丕想要啥孙权就给啥,无条件满足曹丕的欲望。

孙权如此煞费苦心地隐忍屈服,这才得到了最需要的东西——曹魏的中立和支持,以彻底孤立刘备。现在该奋力一跃,集中力量,对付来势汹汹的刘备大军。以善忍而著称的刘备被愤怒冲昏了头,就像一只疯狂的狮子,猛地扑向将隐忍内功炼到炉火纯青境界的孙权,注定难逃失败的劫运。

夷陵奇功

刘备率众自江州顺江而下,进至白帝城,在那儿设立统帅部。他令将军吴班、冯习进攻驻守巫山、秭归一带的吴将李异、刘阿等部。蜀军初战,士气高昂,攻势凌厉。李异、刘阿略作抵抗,就败退东走。

蜀军迅速突破吴军的三峡防区,攻占巫山、秭归等地。刘备又准备将统帅部移至秭归,派人用重金贿赂武陵五溪蛮的酋长沙摩柯,诱使他们投蜀叛吴。

建安二十七年(公元222年)正月,刘备又准备自秭归长驱直入。偏将军黄权唯恐刘备行进太远太快,劝谏刘备:"吴军精于水战,我军水师又顺流而

下,一旦遇挫,恐仓促之间难以逆流而回。请让我为先锋,替陛下杀出一条大道。陛下就在后面缓缓而进。"

刘备不许,反而以为黄权在惑乱军心,阻其东进,大怒,令黄权为镇北将军,负责在长江北岸防备曹魏。黄权为东征军中最优秀的将领之一,不但英勇善战而且忠诚不贰。刘备却甩而不用,把他摆在次要的位置,无疑是自断一臂。

排除了进攻的杂音干扰之后,刘备下令蜀军继续往前冲,很快就冲至吴军第二个防区——夷陵防区附近,并扎下大营。陆逊为了摸清蜀军的战斗力,命令部将宋谦对蜀军展开反击。宋谦一鼓作气,攻破五个蜀军营垒,斩杀守将,一度造成蜀军的混乱。刘备只好退回秭归。刘备做东吴的上门女婿时,在京口待了大半年,对吴军水师的精悍记忆犹新,遂令将军吴班、陈式率水军屯守夷陵,夹长江东西岸,以控制长江水道,防备吴军突然袭击。

宋谦的反击表明,蜀军战斗力并没有想象中的可怕,但是气势正旺,战胜蜀军为时尚早,还需磨一磨。

二月,刘备稍作休整之后,又继续前进,绕过江北夷陵的陆逊统帅部,翻山越岭,迂回到长江南岸的猇亭和夷道,在两地之间三十余里的开阔路段安营扎寨。

陆逊手中掌控着五万兵马,而刘备自益州出来,只带了四万,为了防备曹魏,又分出数千给镇北将军黄权,如此一来刘备麾下仅三万有余。于是刘备派兵打通俍山(今湖北长阳县西)至武陵的道路,遣使侍中马良南下招抚武陵五溪蛮,让他们起兵闹事,支援蜀军。镇北将军黄权则统领长江北岸的蜀军,与吴军相持于夷陵道的夷山等地(今湖北宜昌西陵山一带)。

由于兵力不济,刘备没有必胜的把握。从三月起,蜀军抢占各个有利的据点,从巫峡、建平一直到猇亭、夷道,沿着长江两岸,扎下大营五十余座,绵延七百余里。汉代六尺(每尺约23.4厘米)为一步,三百步为一里,七百里约合290千米。从猇亭到白帝城,顺着曲曲折折的长江水道,做个粗略的计算,约有230千米。古人的地图描绘与测量并不十分准确,七百里可以说得过去。

如此漫长的长蛇阵在历史上实属罕见,每隔四五千米就设一座营屯,每一座营屯平均一千人。长江两岸悬崖绝壁,江流湍急,树木杂草丛生,再加上兵力过度分散,极易被吴军斩断,逐一击破,或火攻或水攻,难逃劫运。所以刘备的七百里连营是必败的布阵模式,就连蹩脚的君主曹丕也惊呼说:"岂有连营七百里而拒敌乎？'苞原隰险阻而为军者，为敌所禽'，此兵忌也。"——把军队安置在草木丛生、高地低洼、险峻之处，在古代这是违背军事常识的，历来为兵家所忌讳。

兵贵胜，不贵久。蜀军千里远道而来，后勤补给非常脆弱。陆逊就是要打持久战，把蜀军拖到筋疲力尽，然后给予重拳一击，便可大获全胜。

但是刘备求速战速决，只要突破吴军的夷陵防区，就可进入荆州地界。夺回荆州，替关羽报仇，一直就是刘备即位以来梦萦魂绕的头等大事。

刘备将主营设在猇亭，此地恰好处在夷陵与夷道的中间位置，南北各相距五十里。刘备另外派遣张南为先锋，将孙权的族侄孙桓包围于夷道，引诱陆逊南下援救，要与之决战于猇亭。

孙桓被围，紧急派人向陆逊求援。陆逊却若无其事，拒绝派出一兵一卒。部将大为不满："孙桓可是东吴的王室子弟，你为何不救？"陆逊回答说："孙桓深得军心，夷道城墙固若金汤，粮草堆积如山，根本就不用担心。待我施展妙计，让夷道之围不救自解。"

刘备见诱敌不成，又施一计，派遣吴班率数千兵马在开阔地带设立一个大营，整天让士卒在吴军营屯前骂骂咧咧的，把孙权和陆逊的十八代祖宗都骂了。

吴军诸将大怒，向陆逊请战。陆逊依旧镇定自若，仿佛自己这个大都督是战争的局外人，说："刘备倾巢而出，顺江东下，锐气正盛。而且制高点尽数被蜀军占领，我军仰攻，势必伤亡惨重。即使侥幸攻下，也难以全胜。万一战事不利，我军就惨了，有覆没之危。现在我只要激励士卒，静待其变。如果此间地形是宽阔的原野，那我军就有被蜀军包围的危险，但是这一带地势复杂险峻，蜀军顺着蜿蜒崎岖的山岭布阵扎营，兵力无法展开，自困于树丛乱石之中。我们要等蜀军筋疲力尽的时刻，一举歼灭。"

陆逊的帐下诸将要么是孙策旧部的淮西将领，屡立战功，瞧不惯陆逊这个江东士族的年轻人；要么是王室勋贵，位高尊崇，受不了陆逊的指手画脚。他们纷纷摆起老资格，根本就不把陆逊放在眼中，多次请战均被驳回，于是心生嗔恨，公然违背陆逊的军令。一向宽仁的陆逊再也忍不住了，抽出宝剑，"吧"一声搁在案桌上，训斥诸将说："刘备，天下闻名，就连曹操也忌惮三分。现在刘备犯境，我军面对的是一大强敌。强敌当头，诸位重任在肩，理

应勠力同心,共灭此敌,以报效至尊恩德,保卫大江东。怎可相互攻讦,不把江东的安危放在眼里?我陆逊虽是一介书生,但受命于吴王。吴王对我这个读书人委以重任,让尔等听从我,让我手握这把宝剑,是因为我能够忍辱负重。尔等各守其职,不得再啰嗦,须知军令不可违,宝剑是不长眼睛的!"诸将盯着案桌闪着寒光的利剑,心里虽然把陆逊诅咒了千万遍,但是再也不敢胡作非为了。

刘备见陆逊不买他的账,任凭蜀军骂得口干舌燥就是不出战,只好率八千伏兵,从山谷间撤出来。陆逊指着无精打采的蜀军伏兵,又对诸将训话:"瞧见了吗?之所以不让尔等出击吴班,就是料定刘备在耍什么诡计。"

陆逊以不变应万变,不管刘备起多大风浪,我就稳坐钓鱼台,岿然不动。但是他又担心持久下去,帐下的那些老油条又要坐不住了。于是陆逊上疏孙权,说:"夷陵,为江东的咽喉要隘。虽然容易攻取,但是也容易失守。一旦夷陵失守,将危及整个荆州战局。今日与刘备争夺夷陵,只许胜不许败。刘备违逆天意,不看好老巢,自动上门送死。我虽不材,但凭借至尊的雄威,以顺讨逆,刘备之败指日可待。我仔细研究下刘备的战史,胜少败多,夷陵之战,刘备必败。刚开始时我有点担忧,刘备会水陆并进,现在刘备舍舟登岸,处处扎营,而且观察了许久,料定不会有什么改变。唯愿至尊高枕无忧,不要担心这次会战!"

陆逊以静制动,将其坚忍的个性发挥得淋漓尽致。双方进行一场前所未有的意志力大比赛,无论蜀军怎么挑衅,陆逊就是坐在军营中谈笑自如,就像激流中的巨石块,纹丝不动。刘备始终拿他没有法子。

如此在夷陵与猇亭之间对峙了大半年,到了六月,天气异常炎热,太阳无情地炙烤着绵延七百里的蜀军大营。史书记载,"黄气见自秭归十余里中,广数十丈"。由于数月不降雨水,大地犹如蒸笼,到处热气腾腾,秭归十余里外竟然出现一团宽数十丈的黄气。蜀军酷热难耐,纷纷躲进树林里避暑。

闰六月,陆逊见战机已至,决定大反攻。帐下诸将又开始唱对台戏了,说:"要进攻,当初就该进攻了。如今你让刘备深入境内已有五六百里,两军僵持了七八个月,所有的险要之地尽被蜀军占领,现在进攻恐是为时已晚,有百害无一利。"

陆逊说:"刘备号称枭雄,狡猾异常。久历战事,经验丰富。蜀军刚开始集结时,战斗力旺盛,刘备也是思虑专一,故而难以取胜。耗了七八个月,刘备不但没占到任何便宜,而且也把自己折腾得身心交瘁,黔驴技穷。歼灭此敌,就在今天。"

于是陆逊先对蜀军的一个营屯发动试探性的进攻,结果"哗啦啦"地败阵下来。帐下诸将都埋怨:"白白牺牲了弟兄们的生命!"陆逊却自信满满:"我找到了破敌之策!"

陆逊的破敌之策有两个,水攻与火攻。三国战史上水攻与火攻的实例屡见不鲜,火烧赤壁是典型的火攻案例,关羽水淹七军是典型的水攻案例。水攻,须满足两个条件,占据上游有利位置,敌军安营扎寨于低洼之处。陆逊地处刘备的上游,但是刘备屯兵于高地之上,所以水攻之策无法实施。火攻,按照《孙子兵法·火攻篇》中云,火攻需要两个条件:"烟火必素具","发火有时,起火有日",即必须有引燃之物、气候条件。如周瑜火烧赤壁,黄盖诈降,十数艘艨艟斗舰载满干枯的芦苇、木柴、荻草,灌注油脂,此即孙子所说的"烟火必素具"。而赤壁地域在小寒、大寒前后都会刮起猛烈的东南方向湖陆风,此即所说的"发火有时,起火有日"。陆逊实施的火攻条件远比周瑜有利,一则蜀军为了避暑,都躲入茂密的树林里,长江两岸高大而枯燥的芦苇草是绝佳的引燃物;二则时值炎夏酷暑,骄阳如烤,不要说你去放一把火,就是干柴暴晒也会自燃,根本就无须风力来助威。

时来天地皆同力,这个时机是陆逊精心选择来的,大半年前就已经庙算到了。陆逊决心做第二个周瑜,让夷陵、猇亭成为刘备的葬身之地,遂下令:"士卒每人各持一捆枯茅草,对蜀军实施火攻。一旦成功,吴军全面展开反击。"

刘备的主营分散在夷陵与猇亭的五十里之间,经过七八个月的折磨后早已有魂无体。而吴军以逸待劳,士气憋了七八个月,一旦爆发出来,就像陡坡滚巨石,势不可挡。陆逊号令一下,振威将军潘璋就率部冲出大营,直取刘备中军帐。蜀军遭到火攻,混乱不堪,四处号叫奔散。干枯的草木发出"噼里啪啦"的响声,令人毛骨悚然。到处一片火海,烈焰冲天,把蜀军烤成焦炭。吴军大肆砍斫,阵斩蜀军护军冯习,杀伤蜀军甚众。五溪蛮酋长沙摩柯死于混战之中。

驻守江陵的昭武将军朱然也率五千兵马,向猇亭的蜀军大营发动猛烈进攻,突破蜀军的前卫之后,迂回到蜀军背后。偏将军韩当攻势凌厉,飙至涿乡(今湖北枝城西北)。绥南将军诸葛瑾、兴业都尉周胤也率部从公安北击。吴军数路并进,相互配合,对夷陵、猇亭之间的刘备主营形成合围之势。

刘备见后路失守,惊慌失措,当即沿江溃向西北,奔五六十里后,退保长江南岸的马鞍山。刘备下令蜀军士卒围绕马鞍山层层布防,试图凭险与吴军决一死战。陆逊督促诸部四面围堵,将马鞍山围得水泄不通。

马鞍山攻防战足足打了一个月,吴军昼夜进袭,蜀军凭借坚固的堡垒顽强抵抗。苦战一个月,蜀军伤亡惨重,死者以万数。刘备知大势已去,趁夜率众突围逃走。刘备一逃,蜀军群龙无首,战势呈一边倒态势,演变成血腥屠杀。将军傅肜殿后,部属几乎阵亡。傅肜宁死不降,吴军派人招降,傅肜痛骂:"吴狗,安有汉将军而降者!"最后以身殉职。代替秦宓的从事祭酒程畿搭乘战船逆流而退,吴军战船紧追不舍,眼见就要追上,部属劝程畿赶紧解开缆绳加速北退。程畿说:"我在军中,从未学过逃跑之术。"结果被吴军追上,也壮烈牺牲。

镇北将军黄权驻守在长江北岸的夷山一带,后路被吴军切断,黄权无法撤回,只好带着蜀汉的南郡太守史郃等三百一十八人向曹魏投降。从此黄权忠心事曹魏,受到曹丕的重用,在曹魏混得有声有色,官至车骑将军、开府仪同三司。侍中马良南下武陵招抚五溪蛮,受到步骘的交州兵围攻,不敌身亡。

包围夷道城的张南一度是前进最远的蜀将,蜀军全线崩溃后,张南来不及下令撤退,孙桓就冲出夷道城,趁乱反击,张南身死军没。孙桓本来深怨陆逊见死不救,现在才知道陆逊用兵如神,指挥若定,一切都在他的预料之中,由此敬佩不已。

孙桓消灭张南的蜀军之后,开始疯狂大追击,竟然跑得比刘备更快,抢先占领夔道(秭归、巴东一带),断绝刘备退往益州的道路。

前有饿狼,后有猛虎,刘备形势十分危急。幸亏驿站的驿卒挑着乐器、铠甲,在各个路口焚烧,堵住吴军的追击。但是去路被孙桓挡住了,孙桓时年二十五。刘备身边的人马几乎散光,刘备仰天长叹:"我当初在京口做东吴女婿的时候,这小子才是一个娃娃,现在竟然要我的命!"在关键时刻,一支奇兵从天而降,刘备的近卫兵——陈到统领的千余名白毦(音"耳")兵以一当十,击溃孙桓的阻击部队,护卫刘备安然突围。

陈到是被罗贯中《三国演义》埋没的蜀汉第一等悍将,以忠勇著称,其威名仅次于赵云。二三十年前徐州牧陶谦三让徐州时,陈到就追随刘备,一同啃过窝窝头、嚼过草根,忠心可比钢铁,难以熔化。陈到统领的白毦兵以鸟兽羽毛为装饰,是蜀汉两支特种部队之一(另一支是诸葛亮平定孟获叛乱时建立的无当飞军),兵员来自蜀军的精锐之卒,甚至还有西南青羌的壮士,战力非同寻常。

八月,在白毦兵的誓死捍卫下,刘备自猇亭回到秭归,收拢离散的蜀军士卒,其所余寥寥无几。蜀军的舟船器械、水步军物资损失殆尽,蜀军尸骸像死鱼般漂浮而下,让奔腾的长江为之堵塞不流,令人触目惊心。刘备大为悲痛,愧恨填胸,长声叫道:"我被陆逊所辱,难道这是天意吗?"

刘备下令遗弃船只,上岸步行,回到鱼复县。鱼复,葬身鱼腹,极为不祥,刘备遂改其名为永安,进驻永安治所白帝城。这时候,赵云听到刘备惨败,也率军从江州赶至永安。但是吴军已被陈到的白毦兵击退。赵云、陈到两大金刚齐聚永安,追踪刘备的吴将李异、刘阿等不敢轻举妄动,只好屯兵于白帝城南山,远远地监视刘备的动静。

至此,历时八九个月的夷陵大战落下帷幕,蜀军"临阵所斩及投兵降首数万人",几近覆没。

夷陵之役,吴军大获全胜,尽有巫山以东的荆州全境,扼蜀汉出川的要隘。吴蜀双方力量对比,由此发生了大逆转。孙权自然乐得合不拢嘴,大加褒奖此次胜利的创造者——陆逊。

江东诸将也倾心佩服陆逊的指挥才干,服服帖帖地尊奉陆逊为六军统帅。但是之前陆逊遭受了众将的质疑与违令,孙权对此大为不满,问陆逊说:"当初你为什么不把违背军令的情况汇报给我,让我去收拾那些傲慢的家伙?"陆逊淡然而言:"我深受厚恩,才不配位,是至尊抬举了我。军中诸将,有的是至尊的心腹,有的是东吴的功臣,都有安邦定国之才。我虽然愚笨懦弱,但是一向仰慕蔺相如与寇恂不记私仇、精诚团结、一心为国的高尚情操。"

这个陆逊还真是德才兼备、善谋大局的稀世帅才,孙权闻言哈哈大笑,

连声说好,当即加拜陆逊为辅国将军,领荆州牧,改封江陵侯。经过此役,陆逊的威望骤升,暴得富贵,其成为第四代军事统帅,已是东吴上下的共识。

陆逊身为江东士族的领军人物,他的崛起标志着江东士族已经超越淮泗集团,开始掌控东吴的政权。

第六章

自保江东

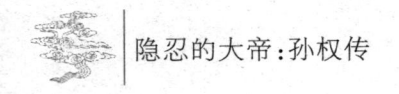

分道扬镳

夷陵大胜之后,曹、吴关系变得十分微妙。孙权在第一时间向曹丕汇报战果,遣使呈送缴获的战利品,包括刘备的印绶、蜀军首级、所得领地的图册,并上表曹丕,为建功的东吴将吏请封、赐爵。

孙权此举纯属虚与委蛇,意在满足曹丕的虚荣心。曹丕也是不加怀疑,为表庆贺,特遣使赐赏孙权氍子裘、明光铠、騑马等宝物,又用白色绢布为孙权抄写了自己的作品,并且亲自拟定一篇语词优雅的诏文,贬损刘备"老虏边窟,越险深入,旷日持久,内迫罢弊,外困智力"云云,鼓动孙权痛打落水狗,猛追穷寇,将刘备势力一网扫尽。

要不要乘胜追击,杀入白帝城?吴军上下也是议论不一,分成泾渭分明的主战派与止战派。

主战派以徐盛、潘璋、宋谦等淮泗集团的将领为代表,请战书如雪片般飞进武昌城,都说刘备现在是惊弓之鸟,只要再打一仗,困守白帝城的刘备便束手就擒。

止战派以陆逊、朱然、骆统等江东士族的将领为代表,他们认为曹丕聚集军队,对外宣称帮助东吴围剿刘备,实则居心叵测,阴怀不轨之谋。一旦吴军突入白帝城,曹丕定会在侧背后插一刀,东吴危若累卵。因而他们坚决主张撤兵回去。

这是东吴淮泗集团与江东士族之间出现的第一次争论,激进的淮泗将领意在统一天下,而保守的江东将领意在自保全胜。此时以陆逊为首的江东士族如同冉冉升起的朝阳,气势旺盛;而淮泗集团在周瑜、鲁肃、吕蒙等领军人物凋零之后,呈现出日落西山般的颓废之势。

孙权权衡利弊,决定采取陆逊的建议,下令班师回朝。吴军撤退,有两个人群很不高兴,一个是徐盛、潘璋等激进的淮泗籍将领,另一个就是以曹

丕、刘晔为首的曹魏君臣。

孙权阳奉阴违,令曹丕大为不悦。曹丕后悔没有听取刘晔的话,失去了征服东吴的最佳时机。曹丕耍弄软硬兼施的两手策略,试图紧紧抓住泥鳅般滑溜的孙权。曹丕首先派遣侍中辛毗、尚书桓阶前往武昌,准备跟孙权结盟,并要求孙权送一个儿子到洛阳为质。

孙权对曹丕这条欲望无穷的蟒蛇开始厌烦了,当即断然拒绝曹丕的所有要求。

这是赤裸裸的过河拆桥、首鼠两端,公然藐视大魏帝国,曹魏君臣群情激愤。洛阳城中威望最高的三位老臣(三公),太尉钟繇、司徒华歆、司空王朗联名上奏曹丕,详细列数孙权的罪状,怂恿曹丕讨伐孙权,以扬大魏国威。

三公首先痛陈曹丕养虺成蛇,致使孙权坐大,已成"枝大披心、尾大不掉"之势。接着大骂孙权"幼竖小子,无寸土之功",侥幸继承父兄的大业,却脑后长有反骨,背信弃义,罪恶极大。其后与关羽火并,孙权见风使舵,卑辞取媚于曹魏。但是孙权又趁着曹操死去、大魏国殇,试图窥伺襄、樊。如此不仁不义不忠不孝之人,早晚必叛,终成大魏之祸。三公继而诬蔑孙权犯了十五条罪状,比骄横的西楚霸王项羽还多五条。项羽被刘邦诛杀了,孙权也该受到天惩。最后三公戟指怒目,强烈要求曹丕剥夺赋予孙权的一切政治权利,免其官职削其爵位,并且兴兵攻伐,向天下宣扬大魏的国法,以拯救荆、扬、交三州的黎民百姓于水深火热之中。

曹丕是个既固执又没主见的人,看到三位白胡子飘胸的老臣说得口沫横飞,大有不灭孙权誓不为人之势,遂下令讨伐叛逆的孙权。

这时候大谋士刘晔又站出来阻止,说:"孙权刚刚取得夷陵大捷,军威大盛,上下齐心,而且有长江险阻,难以取胜。"

但曹丕不听,心想:"当初主张伐吴的是你,现在阻止伐吴的又是你。翻来覆去,岂不是要把我这个大魏皇帝当猴耍?"

九月,魏军兵分三路,南侵东吴。东路,征东大将军、假节钺曹休督率前将军张辽、镇东将军臧霸等二十余军,出洞口(今安徽和县沿江之地);中路,大将军曹仁出濡须;西路,上军大将军曹真、征南大将军夏侯尚、左将军张郃、右将军徐晃南下江陵城。

十月,曹丕御驾亲征。十一月,在南阳城设立行宫,督战各路魏军。

陆逊等江东士族将领的决断无比正确、及时。兵来将挡水来土掩,你三路来我也三路去。孙权派遣建威将军吕范率五军水师,以抵御曹休、张辽等部;任命裨将军朱桓为濡须督,迎战曹仁;派遣左将军诸葛瑾、平北将军潘璋、将军杨璨驰援江陵城。

躲避白帝城内的刘备听到曹魏大军南下,萌生复仇之意,书信一封给陆逊,说:"如今曹贼已兵临江陵城下,我准备再次东向,你害怕不?"陆逊对刘备的虚张声势哑然失笑,毫不客气地回敬:"只怕蜀军刚刚打了大败仗,元气大伤,讲和通亲犹恐不及,哪有胆气再来一次?如果你不自量力,想让那些残兵败卒前来送死,那我只好恭敬不如从命了。"陆逊寥寥几个字,却犹胜百万雄师,将刘备的复仇之心扼杀于萌芽之中。

刘备被镇住了,但是曹丕三路大军的统将都是国中精锐,来势汹汹,那可不是闹着玩的。当时东吴境内的越人叛乱频仍,内外交困之下,孙权决定不战而屈人之兵,卑辞上书求和,请曹丕给他一个改过自新的机会,可怜兮兮地称:"如果曹丕不赦免我的罪过,我宁愿将土地和人民都送给你,让我在交州一隅之地寄养天年,以赎平生之罪。"

孙权口是心非,故技重演。曹丕吃一堑长一智,提出一个条件,只要孙权将儿子孙登送到洛阳为人质,三路魏军立即撤回,并信誓旦旦地说:"此言之诚,有如大江!"——我说话的诚意,犹如滚滚东流的长江!

称臣称藩,进贡方物,甚至奇珍异宝,孙权眼睛眨也不眨,曹丕要多少就给多少。但是将孙登送到洛阳去,那就是把自己的命根子交给曹丕,任他拿捏,孙权宁战不从。

既然不从,那就打呗。

跟曹魏撕破脸之前,孙权必须解决一件事,跟白帝城的刘备媾和。否则吴魏一旦开打,刘备来个鱼死网破,那孙权就前后受敌了。

十月,孙权遣使赴白帝城去见刘备请和。此时,刘备要替关羽复仇、收复荆州的狂热逐渐消退,恢复了昔日的冷静,重新审视三足鼎立的态势,最后咬紧牙关,派遣太中大夫宗玮赴武昌讲和。吴蜀关系经过惨烈的战争之后,又慢慢走上正轨。

吴蜀走上正轨,意味着吴魏开始脱轨,宣告孙权对曹魏隐忍屈服的时代已经结束了。

孙权尊奉曹丕为宗主,又不愿自我矮化,失去江东百姓的人心,所以在年号使用上一度存在混乱。他既奉行曹丕正朔"黄初",又沿袭早已灭亡的汉献帝年号"建安"。这体现在考古发掘中,考古工作者不但在吴地出土了"黄初二年""黄初三年"等铭辞的铜镜,而且在长沙走马楼竹简堆里还出现"建安二十六""建安二十七年"的纪年,这与文献《隋书经籍志考证》中记载的"吴未改元之前,仍称建安年号"相吻合。

此一时彼一时,现在孙权见西面无忧,遂公开与曹丕决裂,宣布废弃曹魏的年号"黄初",改年号为"黄武",另起炉灶,自立门户,从此东吴有了自己的纪元。虽然孙权并未称帝,但是中国历史至此真正进入了三国鼎立时代。

十一月,吴魏在三路同时开打,这是孙权称藩之后双方最激烈的一次战争。

东路洞口,曹休、张辽等率魏军至海陵(今江苏如皋)。七年前,孙权率十万吴军第二次进攻合肥城,结果被张辽七千曹军杀得落花流水,连自己也差点成了俘虏。一朝被蛇咬,十年怕井绳。张辽成了孙权的大克星,一听到张辽的名号,孙权就心惊胆战,告诉吕范等诸将说:"这个张辽了得,虽然生了一场大病,但也是锐不可当,你们千万要小心谨慎。"

在两军对峙时,吴军出了点乱子,孙权的异母弟、定武中郎将孙朗违背吕范的军令,私自放火,结果烧毁了大批茅草,致使军中物资匮乏。吕范将孙朗送回武昌,交给孙权处理。孙权震怒,断绝与他的兄弟关系,贬其族为丁氏。

出师不利,或多或少影响了吴军的士气。交战时,吴魏水师战船在江面上南北对峙,军营相望。水战为吴军所长,吕范、徐盛、孙韶、全琮等却早已将孙权有关张辽不可战胜的告诫抛诸脑后,下令擂起战鼓,趁着风势,全力向北岸的魏军出击。

孰料天不助吴,大风骤然转强,一下子将吴军战船倒腾得七零八落,把它们都刮到北岸的魏军阵前。吴军战船的棕榈大绳断裂,完全失控,覆没溺死的有数千人,漂浮到对岸的吴军战船几乎全被魏军缴获。落水的吴军士卒纷纷游向那些侥幸生存的大船,像螃蟹那样拼命地往上爬。甲板上的吴军唯恐承载过重,让战船倾覆沉没,操起手中的长戈、长矛,狠狠地猛击爬上船舷的士卒。一时间长江水面上号哭声不绝于耳,只有参军校尉吾粲与将军黄渊下令让落水求生的士卒爬上来。左右都担心战船过重破裂沉没,吾粲说:"船破裂了,要死就一块死。都是同胞兄弟,现在到了绝路,怎么可以弃而不顾?"吾粲的义举救活了百余名落水者。吕范见势不妙,赶紧下令撤退。

北岸的曹休、张辽等绝对料不到老天会如此优待自己,就是不立战功也不行,于是立即派遣臧霸率轻船五百只、敢死士万余,横渡长江,袭击对岸的徐陵城,烧毁吴军的攻城车,杀伤数千人。吴将徐盛收拢残兵败卒,与全琮一道奋力抵御魏军战船。混战之中,全琮斩杀魏军统将尹卢之下数百人。在关键时刻,道远后至的安东将军贺齐率援兵杀到,吴军这才逃过覆没之危。洞口之役,吴军大败,溺死者数千,被杀者数千,失踪逃亡的过半。

中路濡须,大司马曹仁率步骑数万,声东击西,扬言要进攻濡须东边的羡溪,暗中却直取濡须。濡须督朱桓分出大半吴军驰援羡溪。不料援军出发后,斥候来报,曹仁率大军进至距濡须七十里处。朱桓这才知道中了曹仁的圈套,立即派人快马加鞭,追回援军,但是为时已晚。援军未回,曹仁的数万魏军已杀到跟前,而朱桓手中仅有五千人。

帐下诸将战战兢兢,几欲先逃。曹仁身经百战,足智多谋,是曹魏一个强悍的宿将。朱桓也不是不晓得曹仁的厉害,但在生死关头,只能振臂一呼,为诸将打气说:"两军交锋,胜负在统将而不在兵力多寡。曹仁既不智也不勇,加上魏军士卒胆怯,又千里迢迢而来,疲惫不堪。我朱桓与诸位占据高处,南有长江,北靠山陵,以逸待劳,这是百战百胜的态势。就是曹丕亲征我们也不怕,还怕一个曹仁?"

朱桓当即下令偃旗息鼓,以迷惑曹仁。这一回轮到曹仁中计了,他不知吴军有多少,就分兵三路,包抄濡须口。翌年(公元223年)三月,曹仁令儿子曹泰直取濡须城;将军常雕督率诸葛虔、王双乘油船(快船)偷袭巢湖中的吴军家眷住所小沙洲,意在搞乱吴军军心;曹仁自率万余人,坐守濡须西边的橐皋,以为曹泰后援。

曹仁分散兵力,极有利于朱桓展开行动。朱桓派出小队士卒攻取魏军的油船,又派出部分吴军袭击常雕,自率主力跟曹泰对决。朱桓命令焚烧营

寨,佯装撤退,常雕、王双等率众追击,结果朱桓杀了个回马枪,魏军大败,被杀、溺死千余。朱桓还声称俘获魏军统将常雕、王双,送至武昌城,当众枭首。但是六年之后,诸葛亮北伐中原,又施展同样的退兵诱敌之计,斩杀王双。可见当年朱桓抓到的是假王双。

此役为曹仁数十年戎马生涯败得最惨的一战。几天后的三月十九日,这位为曹魏政权立下汗马功劳的大将军郁闷病亡,年五十六。

中路对决,朱桓可谓大捷。

西路,曹真、夏侯尚、张郃、徐晃率数万魏军,直扑江陵城。曹丕亲自坐镇江陵以北四百里处的南阳,为魏军摇旗呐喊。魏军把江陵城围得密不透风。守城的是昭武将军朱然统领的近万名吴军。

孙权派将军孙盛督率万名吴军,屯驻在江陵以南的长江第一江心洲——百里洲上,用土沙筑起围坞(城堡),以为朱然外援。

黄武三年(公元224年)正月,曹魏名将张郃率一队敢死士,渡过长江,向百里洲发起猛烈的攻势。孙盛抵挡不住,扭头就跑,百里洲落入张郃之手。夏侯尚又率领三万魏军,在长江上架起浮桥,魏军源源不断地登上百里洲。至此,江陵城彻底成了一个孤岛,魏军昼夜狂攻,朱然率众誓死抵御。

江陵危急!南郡危急!孙权赶紧调派驻守公安的诸葛瑾,协同潘璋、杨粲率吴军大部队驰救江陵城。诸葛瑾等与夏侯尚、张郃在百里洲形成对峙。夏侯尚趁夜派兵搭乘油船,偷偷地在下流浅处过江,袭击诸葛瑾等众。双方你来我往,展开长达数个月的拉锯战,胜负未分。

与此同时,曹真、徐晃轮番进攻江陵城,吴军凭险顽强抵抗,激烈的攻防战持续了六个多月。城中由于食物长期匮乏,根本吃不上新鲜的蔬菜,吴军流行浮肿病,可以一战的仅五千余人。

曹真在江陵城下垒砌高耸的土山,开凿地道,又架起高出城墙数丈的楼橹,顶端设瞭望楼,魏军士卒躲在里面,居高临下,朝城中射箭。箭下如雨。吴军惊慌失色,四处躲避。朱然却镇定自若,冷静指挥,来回奔跑,鼓舞士气。并择机发起反击,摧毁魏军的两座营屯。经过半年的鏖战之后,魏军战力出现衰竭。吴军却愈战愈勇,江陵城纹丝不动,傲然挺立在长江北岸。

进入了春夏之交,雨季来临,江水暴涨。潘璋与诸葛瑾商议,由潘璋率部分水师到百里洲魏军上游五十里处,砍伐长江两岸高大的芦苇,先扎成上万束,再捆绑成大筏,然后点火,顺流而下,去焚烧魏军的浮桥,切断百里洲上的魏军退路,困死魏军,然后让诸葛瑾来收拾。

潘璋的数十百只芦苇筏才做完,夏侯尚和张郃就撤出百里洲。原来魏军疫病横行,曹丕唯恐重蹈老爹曹操的覆辙,在侍中董昭的劝谏下,诏令曹真、夏侯尚等撤军北还。在中路朱桓大胜曹仁的同时,西路的百里洲之役也落下帷幕,三路魏军全线撤退。

此番曹丕三路伐吴,吴军东路吕范惨败,中路朱桓大捷,西路战平。双方一胜一负一平,总体上打成平手。但是曹丕没有达到惩罚孙权的预定目标,而吴军在长达两千余里的战线上与强大的魏军交锋,成功地保卫了江东,没有失去一寸土地。如此看来,实则曹丕受挫,而孙权略胜。但孙权也不敢断绝与曹丕的来往,毕竟曹魏是一个可怕的庞然大物。直到黄武二年(223年)刘备病死,吴蜀联盟"破镜重圆",解除了东吴的西顾之忧,孙权这才彻底与曹魏决裂。

吴蜀复盟

吴蜀关系的正常化缓慢恢复,黄武元年(222年)十月,孙权率先展开破冰之旅,遣使与刘备通好,获得刘备的善意回应。两个月后,孙权再向前迈出一大步,派遣太中大夫郑泉去白帝城问候刘备,并赠送礼物。

这个郑泉博学多才,也是个大酒鬼、吃货,他曾经说过:"平生最大的愿望就是能拥有一艘载满五百斛美酒的船只,船的两头一年四季都摆满山珍海味,疲惫的时候就躲在船舱里开怀畅饮,而且美酒永远不会枯竭,喝一斗就自动增添一斗,那岂不快哉?"郑泉一辈子都沉浸在享乐与酒醉之中,临死前还念念不忘美酒二字。他留下遗言:"我死后一定要葬在制陶器的旁边,百年之后骨灰化为泥土,若有幸被用来制作酒壶,如此则永世与美酒不分离。"

但是郑泉嗜酒不误事,为人耿直,敢于面犯孙权,所以很受孙权的器用,孙权特派他出使白帝城。到了白帝城,郑泉向刘备面呈一封孙权的亲笔信,大意是:"我最近看到玄德老兄的书信,已深作反思,寻求复好。之前称呼你们为蜀,是因为大汉天子还在位。如今汉天子已废,玄德自称汉中王无不可。"

孙权在信中不承认刘备的帝位之尊,却称呼刘备为汉中王,意在拉低刘备的身份,跟自己的"吴王"平起平坐。对此刘备大为不满,郑泉来了之后,刘备责问郑泉:"你家吴王不直呼我为陛下,是不是看我这个皇帝名不正言不顺?"

郑泉回答说:"曹操父子欺凌汉室,最终篡位自立。殿下既为汉室宗亲,理应维护汉室正统,怎可率先发难,冒天下之大不韪,自名为皇帝。故而吴王不肯称您为陛下。"

刘备着着实实被郑泉上了一节课,羞愧难当,自此老老实实与孙权恢复通好。

黄武元年是孙权的多事之秋,天灾人祸,接踵而来。正月至八月,吴蜀夷陵大战;九月至次年三月,曹丕三路南侵;十月,孙权宣布改元黄武,结束向曹魏称藩的时代。

黄武二年(公元223年)二月,刘备病危。蜀汉丞相诸葛亮自成都赶到白帝城,刘备在病榻前托孤。四月二十四日,刘备因痢疾转为其他杂病,太医们束手无策,遂驾崩于白帝城永安宫,享年六十三岁。

刘备逝后,蜀汉大权落入一向倡导吴蜀结盟的诸葛亮之手,吴蜀关系加速恢复。孙权主动派遣立信都尉冯熙去蜀国吊丧。

曹丕对孙权与诸葛亮之间互送秋波醋意大发。冯熙出使蜀汉后又出使曹魏,曹丕就把对孙权的忌恨转嫁到冯熙身上,对其肆意刁难,又让冯熙的老乡陈群诱以重利,试图把他挖过来,以羞辱孙权。但是冯熙坚贞不屈,视黄金、白玉如粪土。曹丕恼羞成怒,把他扣押。冯熙自杀未遂,被扣留在曹魏,最终死于异地。孙权闻讯,悲伤落泪:"这是第二个苏武啊!"

曹操死了,刘备也走了。一个要当文王不称帝,另一个先称汉中王后称帝,无论是曹操还是刘备,都有一颗帝王雄心。孙权也不例外。孙权不是不想称帝,而是太想称帝了,只是孙权不想做袁术,因此比曹操、刘备更能忍。

现在孙权有了自己的纪年,尽管距离称帝只有一步之遥,但是称帝要水到渠成,人心所向,万众归一。孙权还必须把隐忍的功夫做足、做好。

在刘备尚存一息,半只脚踏入鬼门关的时候,东吴群臣就齐刷刷跪在武昌城内,恳请孙权仿效刘备、曹丕称帝。

皇上不急宦官急。做臣子的谁不想当个丞相、大将军、开国侯、护国侯?但是孙权却彬彬有礼地谦让:"汉家堙替,不能存救,亦何心而竞乎?"——大汉帝国灭亡,我无力救亡图存,哪有心思争夺天下?

孙权的态度,比誓当周文王的曹操还要忍让。东吴群臣却不干了,继续以"天命符瑞"为由,苦劝孙权称尊号。

在古代,"天命符瑞"是称帝的必要条件。五月,"天命符瑞"从天而降,孙氏的发祥地——曲阿下了一场甘露。甘露是上苍的圣物,"其凝如脂,其甘如饴",这是帝王们梦寐以求的吉祥之兆。

但是孙权仍然不许,说:"过去我因为刘备在西边,所以先让陆逊率军严阵以待。北方的曹魏要襄助我抵御刘备,但我猜想曹丕借机要挟,如果不顺其意,曹丕就会怒而出兵,与刘备夹击江东。所以我百般忍耐,接受吴王的封号。我委曲求全的苦心,诸位仍未体会。今天特此详尽说明。"

简单一句话,孙权不敢明目张胆地称帝,就是因为怕招来曹魏的全面攻击。孙权必须忍,忍到东吴强大起来,足以压倒一切敌人的那一刻;忍到吴蜀联盟固若金汤,足以跟曹魏相抗衡的那一刻。

对于吴蜀联盟,蜀汉的当权者诸葛亮比孙权还急。诸葛亮要南征、要北伐,如果孙权的态度不明朗,那么就有后顾之忧,一生谨慎的诸葛亮就不敢安心北伐,"继承先帝遗志,恢复汉室"就成了镜中月、水中花。

固结旧好,唯此最大。刘备在人生的最后时刻,对自己怒而伐吴、破坏联盟的冲动悔恨不已,所以屡屡派遣宋玮、费祎等出使东吴,寻求重修旧好。

刘备死后,诸葛亮更加担心孙权改变主意,做出不利于蜀汉的事。中郎将邓芝对诸葛亮的忧心忡忡心知肚明,但他不敢直接挑明,故意对诸葛亮说:"现在皇上幼弱,刚登位不久,应该派人出使东吴重申旧好。"诸葛亮眼睛一亮,说:"我也是这么想了很久,但是苦于无人堪当此任,今天才找到此人。"邓芝问:"谁啊?"诸葛亮指着他说:"远在天边,近在眼前。"

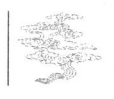

十一月,邓芝肩负修复吴蜀联盟的重责,携带战马两百匹,锦缎千端,踏上东吴之旅。孙权先卖个关子,故意不召见邓芝。邓芝只好给孙权捎去一张纸条,上面写着:"我这次来,也为了东吴,不仅仅只为蜀汉。"

孙权心动,就召见邓芝,说:"我对吴蜀复盟诚意十足,只是担心蜀主年幼国弱,一旦曹魏入侵,自身不保,故而有点犹豫。"邓芝说:"大王是盖世英雄,诸葛亮也是当世豪杰。蜀汉有山川险阻,东吴也有长江天险,只要吴蜀联手,资源共享,唇齿相依,进可争夺天下,退可三足鼎立,这是自然而然的。若大王臣服于曹魏,魏主必然要你亲自入朝,或者送太子为质。若大王不从,就给魏主一个出兵平叛的口实,到时候蜀汉也顺流东下,那么东吴就不再姓孙了。"

孙权沉默了半晌,终于答应了诸葛亮的复盟之求,决意与曹魏断绝。黄武三年(公元224年)夏,他派遣辅义中郎将张温赴成都,重新缔结吴蜀联盟。

张温启程时,孙权对他说:"你身为太子太傅,本来不该让你远行。但是我担心诸葛亮不明白我为什么要向曹丕称臣,只好委屈你了。请转告诸葛孔明,待我平定山越叛乱之后,就去找曹丕的麻烦。"张温答说:"诸葛亮颇有远见,一定清楚大王委曲求全的苦衷。"

孰料张温到了成都,并没有办好孙权交代的事,而是大拍蜀主刘阿斗的马屁,吹捧说阿斗睿明英武,像古代的圣君那样,任用丞相诸葛亮治国,四方百姓无不归附。他还给阿斗戴了高帽子,把他比作殷商的圣君武丁(武丁任用傅说治国,殷商出现盛世)、西周的圣君成王(成王专任周公治国,也出现盛世)。

诸葛亮大喜,这个张温嘴巴甜,还真是干外交的料,于是又让邓芝随同张温出使东吴。一回生两回熟,孙权口无遮拦,对邓芝说:"如果天下太平,吴蜀二主分治,那岂非快乐之极!"

孙权的理想也太美好了,邓芝毫不客气地泼了满盆的冷水,说:"天无二日,国无二王。如果灭魏之后,大王未看清天道所向,那么能和则和,不能和则战!"孙权豪爽地哈哈大笑:"邓芝真是个实在人!"追求共同的利益,将吴蜀双方紧紧地捆绑在一起,双方的使者来回穿梭,交流频繁。

吴蜀复盟,最沮丧、最失意的就是曹丕。于是,他气急败坏地发动第三次伐吴战争。八月,曹丕乘坐高大的龙舟,率十万魏军,从蔡、颍出发,入淮河水道,行至寿春城。九月,至广陵,准备渡过长江,直捣建业城。

魏军旌旗漫天飞扬,东吴人心惶惶。安东将军徐盛献出疑兵之计,一夜之间,吴军在建业石头城到江乘(今江苏句容)之间的长江岸边,竖立高大的木桩,外面遮盖芦苇草席,连绵数百里,营造长城高楼的假象,又把战船开到江面上,摆出一副要跟魏军决战的架势。

曹丕至广陵泗口,令荆州、扬州诸军齐头并进。曹丕问群臣:"孙权会亲自来战吗?"群臣都说:"陛下亲征,孙权吓破胆,必定号召全东吴的人都出来打仗。他又不敢把军队交给部下,所以一定会来。"只有神机妙算的刘晔说:"孙权会认为陛下用自己的万乘之尊来牵制他,而另外派遣其他将领渡江作战。所以孙权必镇守建业,不可能会来。"

这一回又让刘晔算准了。由于天大寒,淮水结冰,魏军战船无法进入长江。曹丕在龙舟上等候了多日,孙权果然没来。他远眺长江,波涛汹涌,曹丕长叹说:"这是老天把魏、吴隔绝开来,曹魏虽有数不清的精锐铁骑,但是到了长江就无用武之地,东吴不可攻也。"曹丕又见长江南岸,所见之处,无不城楼林立,大骇,遂下令撤军。

孰料撤退时,暴风骤起,魏军战船倾覆无数,就连曹丕的座船龙舟也差点儿沉没。曹丕第三次伐吴,孙权采用徐盛之计,不战而屈人之兵,没放一箭就吓跑了十万魏军,创造了三国战史的一个奇迹。

暨艳反腐

吴蜀顺利复盟、徐盛不战而却曹丕十万魏军,孙权面临的形势一片大好。而在此时,东吴内部也悄然地发生了一场翻天覆地的变化,原来占据主导地位的淮泗集团日渐萎缩,江东士族全面掌控东吴政权,吏治开始腐败,朝政逐渐堕落。

夷陵大战后,江东士族的核心——吴郡四大豪族(顾、陆、朱、张)的代表人物陆逊，终于破壳而出，成为东吴的第四代军事统帅。对此，淮泗集团的宿将和宗室贵勋并不心服，但是陆逊在夷陵大战中的优异表现，使他的统帅地位难以撼动，从陆逊之后直到东吴灭亡，陆氏一直霸占三军统帅职位，将近半个世纪。

在战争年代，军事势力是政治势力的最坚强台柱。随着军事上的得势，政治上的中枢力量，也逐步从淮泗集团转移到江东士族。

淮泗集团的领头羊张昭，一度是东吴的政坛老大。但是在黄武元年，孙权开始设置丞相的官职，德高望重的张昭被弃用，取而代之的是孙邵。孙邵虽然也属于淮泗集团的政治人物，但他老成持重，不像张昭那样咄咄逼人。让孙邵坐上东吴第一任丞相的位置，一则可以安慰淮泗集团的失落之心，二则缓和淮泗集团与江东士族之间日益激化的矛盾。

然而在地方上，江东士族的人才迅速充实到各级政权中去。在吴郡中，"公族子弟及吴四姓多出仕郡，郡吏常以千数"——吴郡中的千余名官吏几乎被吴郡四大豪族的子弟所垄断，淮泗集团根本就无法染指。

而数不清的江东子弟混入官府，其主要渠道是由地方各郡推举，在选拔人才的主要机构——三署（五官署、左署、右署）中完成提名、任命。三署的官吏主要有郎中、中郎、侍郎等，统称郎官，他们实际上是东吴政坛的储备机构。

江东子弟的蜂拥而入，终于产生了严重的腐败。史书上称："郎署混浊，多非其人。"朝中有识之士为此忧心忡忡，一个叫暨艳的清议官员试图挺身而出，惩处贪鄙腐败，以挽救有日益沉沦的孙吴王朝。结果在派系倾轧之中，他左冲右突，却始终无法突出重围，最后功败身死，此即发生在黄武三年（公元224年）的暨艳案。

这个暨艳是吴郡人，是个货真价实的江东派人士，跟屡次出使蜀汉的外交家辅义中郎将张温有着千丝万缕的关系。

暨艳在张温的推荐下，进了选曹署（中央组织部）做了一个选曹郎。由于江东士族势力权倾朝野，暨艳很快就被提拔为选曹尚书，执掌干部提拔、任免大权。

暨艳洁身自好，为人清高，常常针砭时弊，对朝政评头论足。当时朝中各个部门里简直就是一个大染坊，什么样的人都有，他们任性妄为，把整个

朝廷搞得乌烟瘴气。作为人事部门的一把手,愤世嫉俗的暨艳决心干出一番业绩,狠狠惩治那些不法的贪腐分子。

暨艳的反腐斗争先从各个部门(郎署)中的那些不称职官员开始,而后拓展到朝中所有的官员,重点是对三署中的那些吴郡四姓子弟甄别考核,该降级的坚决降级,该调离的坚决调离。一大批行为恶劣的贪官污吏被调整到军队里去,他还专门设立一个营房来收容他们,后者受到了战俘般的歧视。经过了暨艳及其亲信选曹郎徐彪一轮暴风骤雨似的扫荡之后,三署为之一空,能够坐稳位置的官吏不到十分之一。

暨艳的反腐斗争给死气沉沉的朝政注入了一丝活力,可是在张温、顾承(顾雍之孙)两大土豪的暗中支持、怂恿下,这场运动上纲上线地扩大化,调转矛头,直指孙权的第一任丞相孙邵、鄱阳太守王靖,致使孙邵被迫递交辞呈,向孙权请罪。虽然孙权极力挽留了他,但是暨艳、张温的铁腕手段还是震撼了整个东吴。

受到冲击最大的是朱氏家族。朱氏通过大将朱治攀登政治舞台的江东子弟有数百人之多,朱治的儿子朱才就是凭借老爹的权力,走非常途经,当上了一名校尉。

暨艳和张温又试图借机狠整淮泗集团。这么一来两人四面出击、树敌太多,既得罪了淮泗集团,又跟江东士族闹翻了脸。

吴郡四姓中的陆、朱二族(代表人物陆逊、陆瑁、朱据)对此提出严正警告。军事统帅陆逊告诫暨艳,若不见好就收,必招来横祸。陆逊的弟弟陆瑁亲自给暨艳写了封书信,对他一锅端的粗暴做法表示担忧,"恐未易行也"——恐将没有善终。

五官郎中朱据看到江东子弟兵一个个被打倒,也婉言相劝:"天下未定,宜以功覆过,弃瑕取用,举清厉浊,足以沮劝,若一时贬黜,惧有后咎。"——当今世界还不是那么太平,应不拘一格降人才。你现在一棍子打死,早晚会摊上大事的。

果然不出陆、朱等人所料,很快,暨艳和张温就大难临头了。"怨愤之声积,浸润之谮行矣。"——淮泗集团和江东士族同时发难,从早到晚都在孙权耳边抱怨。

第六章 自保江东

帝王驾驭群臣的最佳策略在于施展平衡的艺术。由于江东士族的大肆排挤,淮泗集团怨声载道,朝政失衡有崩解之危。孙权早就想寻机煞煞江东士族的威风,以安抚满腹牢骚的淮泗集团。而张温出使成都回来后,把蜀汉吹得天花乱坠,比天堂还要美好,听得孙权心里酸溜溜的。他又嫌张温声名太重,就连街上卖菜的老太太都知道张温的大名。孙权唯恐张温最终不为自己所用,被蜀汉挖过去,再加上扛不住淮泗集团的巨大压力,遂下定决心杀鸡儆猴,就拿暨艳跟他的靠山张温开刀。

结果暨艳和徐彪被以"专用私情,爱憎不由公理"的罪名下狱,被定性为"恶逆"。在三国时代的东吴史书中,"恶逆"通常指那些与孙氏政权为敌、屡屡叛乱的山越人。

暨艳、徐彪二人不堪打击,在狱中自杀。暨艳的反腐斗争如同在两大派系势力之间走钢丝绳,由于策略不当,最终坠落悬崖,身败名裂。

张温跟暨艳、徐彪相勾结,暗中书信往来,也被孙权假以"附于恶逆"的罪名,将他贬官还乡。孙权给张温定下三条莫须有的罪名:其一,张温与暨艳等奸恶小人结党营私;其二,张温讨伐山越不力,在曹丕南侵时拥兵自重,有篡逆的嫌疑;其三,张温阿谀献媚蜀汉,欲借此抬高自己的身价。

同为江东士族的将军骆统很同情张温的遭遇,上疏孙权,逐条批驳孙权,为张温辩护,说他根本就与恶逆无染,但是没能说动孙权。六年后,张温凄凉地死去。

不但如此,张温的家族也受到株连。张温的弟弟张白是陆绩的女婿,而陆绩是陆逊的堂叔父,孙权不看僧面也不看佛面,将张白调至他郡,最后客死异乡。甚至连张温三个已经嫁为人妇的姐妹也难逃一劫,官府勒令她们改嫁。暨艳案可以显示出孙权为了扫除异己,冷酷无情的一面。

暨艳案发后第二年,即黄武四年(公元225年)五月,东吴第一任丞相孙邵死去。

谁来出任丞相之位又引爆了淮泗集团与江东士族的争斗。淮泗集团的轴心人物——老臣张昭被群臣推荐为孙邵的继承者,但是孙权所仰仗的是顾、陆、朱、张等吴郡四大豪族。于是在六月,任命太常顾雍为第二任丞相。

顾雍,吴郡吴县人,也是江东士族的代表人物之一。他曾经师从大音乐家蔡邕,二十岁就出任合肥长,此后步步高升,从会稽郡丞一直做到左司马。孙权封吴王后,又被提拔为大理奉常,领尚书令,封阳遂乡侯。顾雍为人谦和,十分低调。他封侯之后,回到家里,家人竟然一点也不知道。

当孙权把母亲吴太夫人从吴县接到武昌城时,文武百官为吴太夫人的驾临举办了一个庆祝酒会。在酒会上众人喝得四脚朝天,喧哗声四起,独有顾雍坐着纹丝不动,没沾一滴酒,没说一句话。但是顾雍不说则已,有说必一针见血。所以孙权对顾雍既尊敬又忌惮,常常感叹说:"顾君不言,言必有中。"这次庆祝也因为顾雍在座,孙权无法跟大臣们一起尽情饮酒纵乐。能让君主敬畏的大臣绝对是国家之栋梁,庆祝酒会过后,孙权就任命顾雍为丞相。

顾雍拜相,标志着东吴政治上的中枢力量也完成了江东地方化。至此,陆逊主军、顾雍主政,江东政权的全面地方化,大大改变了原先的外来者形象。孙权的统治因而得到稳固,又向称帝迈出了极为重要的一大步。

海洋强邦

孙权以暨艳案为契机,开启了东吴全面江东化的前奏,也维护了江东士族尤其是吴郡四大豪族的特权,确立了其偏霸东南一隅的方针。至此,孙权放弃了早年与曹操、刘备逐鹿中原、争夺天下的追求,取而代之的是"自保东南"的国策。

有学者对魏、蜀、吴三个割据政权控制的疆域面积做了粗略估计,曹魏最大,达490万平方千米;东吴次之,有250万平方千米;蜀汉最小,有190万平方千米。但是曹魏的疆土包括富饶的中原与人烟稀少的西域地区。如果去掉辽阔的西域,曹魏的辖境面积仅剩一半,与东吴相当。

与魏、蜀两国相比,东吴最拿得出手的就是强大的水师与发达的造船工业。史书上称,东吴水师"泛舟举帆,朝发夕至,士风劲勇,所向无敌"。曹丕数次兴兵伐吴,动用的人马都有十万之众,均受挫于东吴水师,他对着汹涌的长江大水发感叹:"曹魏精骑虽有千千万,到了江边却成了无用之师!"

东吴的造船工业更是遥遥领先于曹魏、蜀汉。长江下游的吴越之地自春秋战国以来,直至两汉,都是造船工业的重地。孙氏占据江东,在造船上有着得天独厚的先天优势。赤壁大战后,孙权充分认识到水师战船对保卫大江东的重要性,于是掀起造船的热潮,建立了三大造船基地:建安郡的温麻船屯(今福建连江县)、临海郡的横屿船屯(今浙江平阳)、交州南海郡的番禺船屯(今广东番禺)。

东吴制造的海船,体型庞大,载运量惊人。大的有二十余丈长,高出水面两三丈,远远望去,就像水面上冒出一座阁楼,上可载运六七百人,物资万斛(约270吨)。载重量最大的当属江河水战的利器——楼船,可坐载士卒三千人,另加载骏马八十匹,常常被孙权用于两栖作战,屡挫曹魏大军。

东吴的船只不但大,而且工艺先进。温麻船屯制造的海船,用五大块坚硬的"豫章楠木"作甲板,称之为"五合船",非常坚固,不惧风浪,适合远洋航行。番禺船屯制造的海船有八副隔舱板,将整艘船只分割成九个严密的船舱,称之为"九舱船"。在海上航行时,即使有一两个船舱进水了,仍可安全无碍,不会马上沉没。船上的人员就有充足的时间去做抽水、缝补漏洞等修理工作。此外,东吴还会制造七帆船,这种七帆船充分利用海上风力,可作高速航行。根据当时的航海家记载,搭乘七帆船,从东南亚到欧洲的罗马帝国,只需一个多月。

拥有先进的造船技术及强大的水师,这是孙权对抗北方的曹魏的最雄厚资本。吴蜀联盟渐渐牢固之后,孙权底气渐足,开始叫板昔日的宗主国——曹魏。

黄武五年(公元226年)五月十七日,曹丕死去,太子曹叡继位。孙权对曹氏祖孙做了详尽的分析、研究,最后得出一个结论:一代不如一代,曹丕不如曹操,曹叡不如曹丕。

陆逊却认为,曹叡上台后,选用忠良,宽省刑罚,广施恩惠,轻徭薄赋,休养生息。足见曹叡为曹氏祖孙三代最杰出者,比曹操还要英明。

孙权对此嗤之以鼻,将陆逊的结论一一批驳,并断言说,陆逊很会打仗,精于算计,但是对曹叡的估量过高,将是他唯一的一次判断失误。

孙权把曹叡批得体无完肤,说曹叡任用的曹真、陈群、曹休、司马懿等,功勋过高,曹叡年弱,恐将权柄旁落,沦为这些权臣的玩偶。而曹叡所推行的惠民政策,只不过是些小恩小惠而已,不足争取民心。

基于"丕不如操、叡不如丕"的论断,孙权决定改变过去一味防守、被动挨打的局面,主动出击。七月,孙权宣布兵分三路,北伐曹魏。孙权自为中路,率五万大军,围困江夏石阳城(今湖北应城境内);吴将审德、韩综(大将韩当之子)、翟丹为东路,袭扰寻阳(今湖北黄梅县),迷惑、牵制魏军,配合中路的行动;诸葛瑾、张霸为西路,进攻襄阳城。

中路,江夏太守文聘坚守石阳城二十余日,孙权无功而返。撤退时,曹叡派去慰劳守军的治书侍御史荀禹,发动江夏民众,配合所带的一千骑兵,登山举火。吴军不知魏军有多少,仓皇逃走。

东路,曹叡派遣征东大将军曹休出击,吴军大败,审德被杀,韩综、翟丹投降。

西路,抚军大将军司马懿亲自披挂上阵。诸葛瑾战不利,张霸以下千余吴军阵亡。

北伐失败,证明了孙权有关"丕不如操、叡不如丕"论断的失误。毕竟曹魏国力强盛,战将如云,谋臣如雨,要战胜魏军谈何容易。但是这次北伐意义重大,一则标志着魏吴双方关系发生新的转变;二则让孙权更加坚定"自保江东"的国策,改变目标,积极经营南部的交州,平定山越叛乱。同时,孙权加大舆论宣传,为谋求尊号做好铺垫。孙权从石阳城南撤后不久,苍梧郡就报告说有凤凰鸟从天降落。

孙权把山越动乱频繁的十个县划分出来,另置东安郡,郡治设在富春,任命全琮为东安太守,负责镇压山越叛乱。

南边的交州则出现了大麻烦。这一年,忠心耿耿的交趾郡太守士燮死去,年九十岁。其子九真太守士徽没经过孙权的批准,就自封为交趾太守。这是藐视孙权的行为,妄图另起炉灶,脱离东吴闹独立。

是可忍孰不可忍!孙权打开地图一看,交州距离武昌超过两千里,天高皇帝远,实在是棘手得很。于是孙权将交州以合浦为界,分成二州:合浦以北为广州,任命吕岱为广州刺史;合浦以南为新的交州,任命戴良为交州刺史,并让陈辰担任交趾太守。

吕岱留在广州,戴良与陈辰南下交州接管政务。士徽闻讯,在龙编城(今越南河内)举旗叛乱,把戴良与陈辰堵在合浦城。

士燮的旧属吏桓邻冒死向士徽叩头哭劝,要他恭迎戴良与陈辰,接受孙权的领导。士徽大怒,残忍地杀害桓邻。桓邻兄长桓治之子桓发率义兵攻打士徽,把他围在龙编城中。双方进行了为时数月之久的攻防战,未决胜负,于是桓发与士徽讲和,撤围而去。

交州大乱,孙权立即檄令广州刺史吕岱率军南下平乱。吕岱自广州昼夜星驰,直抵合浦城,与戴良、陈辰合力并进。吕岱先让士徽的堂弟(士燮的弟弟偏将军士壹之子)士匡前往龙编城诱降,自己随后跟至。士匡对士徽说:"只要你诚心服罪,虽然失去郡守之位,但是保无他忧。"

士徽想了一下,与孙权为敌还真是不自量力,没有好果子吃。于是跟兄弟士干、士颂等六人,光着上身,跪在龙编城门前,迎候吕岱的到来。

吕岱受降后的第二天,在龙编城内召开庆功宴会,并邀请士徽兄弟、士匡等入席。酒宴上杯光交错,众人都喝得醉醺醺的。突然间吕岱亮出孙权的军令,痛斥士徽叛逆的罪行,喝令部下将他捆绑,推出去斩了,将其他的士氏兄弟和士徽的脑袋送到武昌城,交给孙权处理。

士徽的部将甘礼和桓治对吕岱的出尔反尔深为不满,又举兵叛乱,围攻吕岱。吕岱率众猛击,叛军一触即溃。孙权大喜,封吕岱为番禺侯。吕岱乘胜南进,一举收复了九真郡。交趾平定,孙权又将交州、广州重新合并为一,任命吕岱为交州刺史,吴邈为交趾郡太守。

吕岱平定士徽叛乱,不但确保了东吴南疆的安宁,而且打开了通往海外的航路,进一步开拓了海上丝绸之路。由于航运业发达,东吴的船只驰骋于东亚、东南亚、甚至印度洋、阿拉伯海,海外贸易异常繁荣,中外商贩密集往来,东吴俨然为东方的海洋大国。海外各邦相继来朝,促进了中外经济文化的交流。

大秦(罗马帝国)商人秦论,万里迢迢而来,在士徽叛乱平定后不久到达交趾,交趾太守吴邈派兵将他护送至武昌,去见孙权。这个秦论来自西方大港——埃及的亚历山大港。孙权对来自远方异邦的客人非常热忱,殷勤相待,问这问那。

当时正值诸葛恪（诸葛瑾之子）讨伐丹阳的山越乱民，俘获了黟、歙两个县的山越侏儒男女各十名，献给孙权。秦论见之，稀奇不已，说这么小的人在大秦非常罕见。

秦论在武昌待了数年，又到建业一游。七八年后（公元237年），他结束了愉快的中国之旅，经海道还至交趾，沿着海上丝绸之路返回大秦。

在秦论抵达建业的同一年（公元229年），武昌城又迎来了扶南国王范旃（今柬埔寨、老挝南部、泰国东南部等地）的使臣。这个扶南国是印度移民与扶南土著所建的，出现于东汉初年，与中原王朝往来密切。其本来有七个部落，后来一个叫混盘况的部落酋长消灭其他六部，建立统一的扶南王国。混盘况在九十多岁时死去，儿子混盘盘继位。混盘盘在位三年，也老死。国人推举大将范蔓为王。

范旃是范蔓姐姐之子，手中拥兵两千人，野心勃勃。发动流血政变后他自立为王，又派人诱来范蔓的太子金生，说要立他为王。金生屁颠屁颠地赶来，却被范旃剁成肉酱。范蔓的另一个儿子范长尚处在襁褓之中，流落民间。

范旃为了寻求中原王朝的支持，于黄武四年（公元225年）遣使赴东吴进贡。扶南使臣在泰国东南部下海，由于不识水路，南辕北辙，搭船西上，结果在孟加拉湾跑了一整年，跑到天竺国去。他只好在恒河河口舍舟登岸，沿着陆路，绕了一大圈，翻越横断山脉，横穿蜀汉。当时诸葛亮刚刚平定南中孟获叛乱，滇桂一带相对平静，但是路途艰辛难行，扶南使臣又颠簸了三年才抵达武昌城，向孙权献上琉璃等器物。孙权感动万分，后来也派遣中郎将康泰等出使扶南国。

秦论来华及扶南使臣通吴，在古代中西交通史上都是极有意义的大事。孙权立足江东，积极拓展海外贸易，对古代中外往来和开拓海上丝绸之路贡献颇多。

石亭诱敌

孙权的海洋强邦战略,令东吴受益匪浅。东吴的海外贸易异常繁忙,商船往来于东亚、东南亚,甚至非洲、西亚。东吴国力不断增强,对抗北方曹魏的资本也日益雄厚。再加上与蜀汉结盟,孙权基本上没有西顾、南顾之忧,得以专力对付曹魏。三国鼎立的形势发生了翻天覆地的变化。

黄武七年(公元 228 年)春,蜀汉丞相诸葛亮发动第一次北伐,扬言要走斜谷道袭取郿城,让赵云、邓芝设疑兵诱引曹真重兵。诸葛亮避实击虚,亲率蜀军主力西攻祁山,陇右三郡降服,震动曹魏。魏主曹叡坐镇长安城,派遣宿将张郃展开反攻。由于诸葛亮误用纸上谈兵的马谡,蜀军大败于街亭。蜀军被迫撤回汉中,第一次北伐就此夭折。

诸葛亮虽然失败了,但是把魏军主力吸引到陇西去了,江淮一带的魏军相对薄弱,这是天赐孙权伐魏的大好良机。机不可失,失不再来。孙权决定抓住机遇,大展东吴的宏图,也给同盟者诸葛亮一个交代。

五月,孙权让鄱阳太守周鲂(其子周处留下妇孺皆知的"除三害"故事)暗中查访曹魏熟悉的山越人酋长,伪造情报诱骗魏大司马、扬州刺史曹休出兵,然后聚而歼之。周鲂认为,山越酋长人微言轻,甚至可能泄露机密,难以钓到曹休这条大鱼。他建议拿自己做诱饵,诱出曹休。

周鲂给曹休写了一封洋洋洒洒两千余字的冗长信件,上面罗列出七条投降的理由。第一,他早有弃暗投明之心,为了投靠曹魏,寝食难安,夜里辗转反侧都睡不着觉。第二,他处境危急,无端被孙权责罚,命在漏刻,悬乎一线。第三,鄱阳郡百姓对孙权绝望,经常暴动,他的前任王靖想北投,不幸事泄,株连九族。孙权心狠手辣,就连襁褓中的婴儿也不放过,惹得天怒人怨。他也想投靠曹魏,但不想步王靖后尘,惨遭灭门之祸。如今东吴重兵在外,武昌空虚。孙权暗中调兵遣将,准备北侵;令吕范、孙韶入淮水,全琮、朱桓取合肥,诸葛瑾、步骘、朱然攻打襄阳,陆逊、潘璋讨伐枏中(今湖北南漳县,枏音"扎")的山越酋长梅敷三兄弟。孙权自率中军偷袭石阳城,另外派遣侄儿孙奂在安陆筹粮;又让诸葛亮出师北伐,牵制魏军。长江沿边一阵空虚,武昌城中仅三千守军。如果曹休率万余魏军从皖南进攻,他周鲂愿为内应。第四,他说:我派遣给你送信的董岑、邵南,从小就在我家长大,是我的心腹之人。如果你不相信我,可以留下董岑、邵南中一人为人质。第五,鄱阳百姓人心向曹魏,孙权大举出兵,江边空虚,鄱阳百姓人人思变。如果曹休从皖道进至江边,他就在对岸历口举兵为内应。即使曹休不到江岸边,只要驻军在百里之外,大张声势,让鄱阳百姓知道魏军近在眼前,就足够了。第六,孙权对之前攻打石阳城无功,这次调动的大军都是一些新兵,人数众多,但听说吴军攻城时,孙权要把那些战斗力较弱的新兵摆在头阵,老兵在后,让新兵充当炮灰,用尸体铺出一条攻城大路。这么一来,考虑到石阳城小,恐怕不能长久驻兵。所以请曹休抓住时机,火速行动。第七,周鲂请求曹休准备好用来赏赐的将军、侯印各五十颗,郎将印百颗,校尉、都尉印各二百颗。最后再次神秘兮兮地说什么"今日大事,事宜神密",要做到神不知鬼不觉,让孙权措手不及云云。

七条投降的理由,条条都被周鲂说得煞有介事,情真意切,感人肺腑。曹休拿到诈降信后,瞅了老半天,也没有看出破绽。

既然没有破绽,那周鲂就是真降了。

于是曹休率十万步骑兵从寿春南下,气势汹汹,直取皖城。魏主曹叡听说曹休出兵了,要跟东吴的叛将周鲂里应外合,袭取武昌城,也不知是计,又调派两路魏军,牵制吴军。西路,司马懿从汉水南向江陵城;东路,贾逵督前将军满宠、东莞太守胡质等四军,从西阳(今安徽桐城)扑向东关(今安徽含山县境内)。就连司马懿这样老奸巨猾的大谋臣一时也没有识破周鲂的诈降之计,迷迷糊糊地奉诏出兵,接应曹休的行动,足见周鲂的诈降书写得太有水平了。

曹魏朝廷中却有人看出问题来,尚书蒋济上表曹叡说:"即使周鲂是真降,但是曹休深入敌境,与孙权对决于皖口,东吴大将朱然就在上流不远处,随时就会包抄曹休的侧背后。我看不到曹休有占大便宜的地方!"但是曹叡

听信曹休,并不理会蒋济的话。

孙权得到魏军三道并进的报告,立即部署围歼曹休的作战计划。孙权授予名将陆逊假黄钺、大都督,授权仪式异常隆重,他亲自为陆逊执鞭驾车,文武百官则跪在大道两旁,对陆逊行注目礼,恭送他出征。此殊荣堪称史上少有,后来陆逊的孙子陆机在忆起这一幕时,无比自豪地撰文纪念说:"主上执鞭,百司屈膝。"

吴军动员的兵力也近十万,分成左、中、右三队。陆逊自率中队,朱桓、全琮为左、右督,各督三万人,集结在武昌西北两百里处安陆,直奔东北而去。

曹魏的尚书蒋济听说吴军出现在安陆方向,赶紧上疏曹叡:"孙权声西击东,一定会在皖城一带设下埋伏,应当尽快檄令诸路驰援曹休。"曹叡又是不听。

八月,孙权、陆逊果然率吴军抵达皖口(皖河入长江之处,今安徽安庆境内)。曹休获知自己中了周鲂的圈套,愧恨难当。但是他仗着麾下兵马多而精良,所以一点也不怕。要战就战,鹿死谁手,还不一定呢。曹休要用一场胜利来证明自己的实力。

进攻前,吴军左队统将朱桓向孙权提出一个大胆的伏击计划。朱桓认为,曹休靠的是皇室勋贵才当上统帅,其实无智无勇,是一个草包。今天中了周鲂的诈降计,曹休必败。曹休一败,必走夹石、挂车(均在今安徽桐城北)。这两处都是狭窄的险要之地,吴军可在此设下埋伏,用木石塞住魏军的去路,如此必能生擒曹休。朱桓自告奋勇,愿率所部在夹石、挂车伏击曹休,一旦成功,将乘胜长驱北进,直取寿春,把战线推移到淮河南岸,而后再图取许昌、洛阳,以争天下。

但陆逊认为朱桓的作战计划过于冒险,当即否定。朱桓的想法跟诸葛亮第一次北伐时魏延提出的"子午谷之计"有异曲同工之妙,但是都具备强烈的冒险主义色彩,不可预测的因素太多,故而均被统帅否决。

按照陆逊事先的预定方案,吴军兵分三队,直扑石亭(今安徽潜山境内),以包抄曹休侧背翼。曹休也预料到吴军必取石亭,所以也在那儿设下伏兵。陆逊下令吴军猛攻,击溃曹休的伏兵,继而三队吴军对曹休的魏军展开激烈的围歼战。

朱桓、全琮都是善于打硬仗、打恶战的东吴大将。朱桓以胆略勇猛著称,全琮智勇双全,临阵杀敌,奋不顾身。两人打起仗来,都是不要命的主。狭路相逢勇者胜,吴军以排山倒海之势向魏军猛冲,魏军大败,丢盔弃甲,遗尸累累。

果然不出朱桓所料,曹休惨败之后仓皇逃向西北的夹石、挂车。吴军尾随其后,沿途肆意砍杀,魏军尸横遍野,被杀万余,遗弃牛、马、骡、驴车万辆,军资器械辎重几乎都被吴军缴获。但是吴军冲至夹石、挂车岭时,贾逵率魏军突然间杀出,魏将朱灵和王凌殊死奋战,救下曹休。

贾逵本来负责在东线作战,怎么会出现在夹石?原来,贾逵接到进攻东关的军令后,当即心疑,料定孙权必在皖城一带集中兵力包抄曹休,实无去东关的必要。将在外,君命有所不受。贾逵果断改变作战方向,率领诸将,水陆并进,赶往皖城。贾逵疾驰两百里后,传来消息称,曹休大败,孙权派兵抢占夹石,切断曹休的退路。

贾逵帐下的诸将都不知所措,有的人建议,等待援兵到来再作打算。贾逵却说:"现在曹休战败,后路被断,进退维谷,马上就要全军覆没了。吴军以为曹休没有援军,所以敢如此猖狂。如果我们快速赶过去,出其不意,攻其不备,这就是兵书上说的先发制人,摧毁敌人的意志。吴军看到我们,必定退走。如果我们犹豫不决,等待援兵,那就误了战机,让吴军完全切断后路,援兵再多又有何用?"

于是贾逵加快步伐,终于抢在吴军之前占领夹石、挂车的险要高地。贾逵又多设疑兵,到处竖起军旗,敲锣击鼓。吴军不知贾逵带来多少人马,不敢贸然前进,只好撤退。多亏了贾逵的及时赶到,曹休才免遭全军覆没的厄运,回去之后他愧愤填胸,气郁化火,发背疽病而死。曹叡任命谋虑超群的前将军满宠为都督扬州诸军事,代替曹休,统领淮南魏军。

石亭之战,吴军杀敌过万,缴获无数,虽然走漏了曹休,胜得并不完美,但是其意义非凡。此役令孙权扬威天下,声望骤升,一年之后他便称帝了,所以石亭之战是孙权帝业的奠基之战。而吴军统帅陆逊继夷陵大捷后,再创石亭之战的辉煌,让他威望如日中天,巩固了最高统帅的地位,也进一步稳固了江东士族对东吴政权的全面掌控。

战后吴军凯旋,孙权令左右用华盖(古代帝王车舆上的绸伞)给陆逊遮太阳。还在武昌城宫殿内为陆逊举行超规格的庆功酒宴,酒宴上孙权即兴

与陆逊对舞,脱下自己身上的金校带(一说为白鼯子裘或翠帽),赏赐给陆逊,并亲自为陆逊钩带。群臣大呼万岁,同时向陆逊鞠躬。陆逊回镇西陵(此时夷陵改名为西陵)时,孙权又赐赠豪华游船一艘,用缯彩、丹漆装饰,精美无比。陆逊威望之崇高,东吴无人可及,甚至超过之前的周瑜和吕蒙。

石亭之战的胜利,也极大鼓舞了同盟者诸葛亮的北伐信心。是年冬天,诸葛亮趁魏军主力转移到东线江淮一带,关中空虚,遂发动第二次北伐。蜀军出散关,包围陈仓城。魏将郝昭据守二十余天,曹真派来援兵,诸葛亮只好撤退。但在撤退时,诸葛亮击杀魏军悍将王双,小有战绩。五年前,王双在濡须之战中是一条漏网之鱼,这回诸葛亮也算是给孙权出了口气。

孙权称帝

黄武八年(公元229年)春,诸葛亮第三次北伐,派遣陈式进攻武都、阴平二郡。曹魏的雍州刺史郭淮率兵援救,诸葛亮自率蜀军进抵建威,逼退郭淮。武都、阴平二郡遂落入诸葛亮之手。

当诸葛亮在西线与魏军杀得你死我活的时候,东吴也紧锣密鼓,为孙权称帝大作准备。

石亭之战,大挫曹魏威风,孙权气势直冲斗牛。东吴群臣集体上疏,劝孙权称尊号。各种谶语漫天飞,有人翻开旧书,说:"汉世术士言,黄旗紫盖见于斗、牛之间,江东有天子气。"——斗、牛是天上的两个星宿,对应地上的吴、越。有人献出一首歌,"黄金车,班兰耳,阊阖门(苏州阊门),见天子",说这是三十多年前汉献帝兴平年间在江东流行的童谣。

四月,天命符瑞又降临了。夏口、武昌的官员报告说,看到了黄龙、凤凰。

三十年前就有预言江东要出皇帝,如今又符瑞屡现,孙权当皇帝是天命注定的,不称帝那是违背天意啊!

既然天意如此，孙权只好下令做好称帝准备，首先在中军大帐高高树立黄龙大旗，六军进退，以黄龙大旗为号。然后又令建武中郎将胡综挥毫写下《黄龙大牙》的长篇辞赋，以造声势。《黄龙大牙》言辞古朴优雅，极具鼓惑性，兹录如下：

乾坤肇立，三才是生。狼孤垂象，实惟兵精。圣人观法，是效是营。始作器械，爰求厥成。黄农创代，拓定皇基，上顺天心，下息民灾。高辛诛共，舜征有苗。启有甘师，汤有鸣条。周之牧野，汉之垓下。靡不由兵，克定厥绪。明明大吴，实天生德。神武是经，惟皇之极。乃自在昔，黄虞是祖。越历五代，继世在下。应期受命，发迹南土。将恢大猷，革我区夏。乃律天时，制为神军。取象太一，五将三门。疾则如电，迟则如云。进止有度，约而不烦。四灵既布，黄龙处中。周制日月，实曰太常。桀然特立，六军所望。仙人在上，鉴观四方。神实使之，为国休祥。军欲转向，黄龙先移。金鼓不鸣，寂然变施。暗谟若神，可谓秘奇。在昔周室，赤乌衔书。今也大吴，黄龙吐符。合契河洛，动与道俱。天赞人和，金曰惟休。

全文二百五十六个字，围绕"黄龙"两个字铺陈阐微，但中心句只有一个"今也大吴，黄龙吐符"——如今大东吴也看到黄龙吐出符瑞，可媲美于八百年周朝的"赤乌衔书"。

一切准备就绪！

四月十三日，孙权在武昌南郊举行郊祀大典，诏告天下，登基即位，改年号"黄武"为"黄龙"。陆逊等文武群臣的山呼声，犹如滔滔东逝的长江水，绵绵未绝。孙权不由地感慨万分，自建安五年兄长孙策遭难，他临危受命，整整隐忍了三十年。三十年啊，足以让世界天翻地覆，一代枭雄曹操与刘备相继化为一抔尘土。如今彻底终结了隐忍屈服的历史，他终于可以扬眉吐气，南面称孤，与魏帝曹叡平起平坐，永载史册。九年前，曹丕篡汉称帝。八年前，刘备自立为帝。七年前，孙权使用自己的年号"黄武"，虽未称帝，实则已经搭上了帝王的列车。至于在武昌颁诏登基称帝，只不过是孙权补办手续买车票而已。

孙权的称帝诏书只有一百七十七个字，比为称帝准备的《黄龙大牙》还短。诏书云：

> 皇帝臣权敢用玄牡昭告于皇皇后帝：汉享国二十有四世，历年四百三十有四，行气数终，禄祚运尽，普天弛绝，率土分崩。孽臣曹丕遂夺神器，丕子叡继世作慝，淫名乱制。权生于东南，遭值期运，承乾秉戎，志在平世，奉辞行罚，举足为民。群臣将相，州郡百城，执事之人，咸以为天意已去于汉，汉氏已绝祀于天，皇帝位虚，郊祀无主。休徵嘉瑞，前后杂沓，历数在躬，不得不受。权畏天命，不敢不从，谨择元日，登坛燎祭，即皇帝位。惟尔有神飨之，左右有吴，永终天禄。

诏书不长，但有三个看点。第一，孙权才是汉室正统的继承者。诏书中所说的两汉持续了四百三十四年，就是从刘邦建立西汉算起，一直到孙权称帝。而曹魏王朝则被孙权视为僭伪的王朝、非法的王朝。第二，痛斥曹丕、曹叡为孽臣，宣示彻底与曹魏王朝割裂的决心，将他们告上历史法庭。第三，对盟邦蜀汉只字不提，为日后吴蜀平等交流创造模糊的空间。

同时，孙权按照帝王登基的惯例，追尊生父破虏将军孙坚为武烈皇帝，生母吴氏为武烈皇后，哥哥讨逆将军孙策为长沙桓王，在长沙立庙祭祀。册立王太子孙登为皇太子。

文臣武将也都加官、晋爵、封赏：

辅国将军、领荆州牧陆逊，授上大将军，辅佐太子孙登，并掌荆州及豫章三郡事，董督军国。功勋卓著的陆逊理所当然成为东吴帝国的第一重臣，其威权一人之下，万人之上，是东吴的第二把手。

左将军诸葛瑾，授大将军、左都护、豫州牧。

右将军、左护军步骘，授骠骑将军、冀州牧。

绥南将军全琮，授卫将军、左护军、徐州牧。

昭武将军朱然，授车骑将军、右护军、兖州牧。

奋武将军朱桓，授前将军、青州牧。

安南将军、交州刺史吕岱，加封镇南将军。

扬威将军孙韶，授镇北将军。

驸马、建义校尉朱据,授左将军。

平北将军、襄阳太守潘璋,授右将军。

奋威将军潘浚,授少府。

偏将军是仪,授侍中。

解烦左部督徐详,授侍中、左领军。

解烦右部督胡综,授侍中、右领军。

西曹掾阚泽,授尚书。

在这份东吴帝国的朝廷重臣名单中,除了诸葛瑾、步骘、吕岱、潘璋、潘浚、是仪、胡综等八人属于淮泗集团外,其余的都出身于江东士族,而且高居要职。再加上丞相顾雍是江东本土派,淮泗集团基本上已被挤到墙角去,渐居次职。

而令人悲伤的是,为江东政权立下汗马功劳的宿臣张昭遭到孙权的抛弃,彻底退出了政坛。

登基之后,孙权聚集文武百官,将帝业首功归于周瑜,竟然连张昭的名字也不提。二十年前赤壁大战时,张昭劝孙权降曹,孙权对此仍然耿耿于怀。

张昭时年七十三,白发苍苍,准备好了一大堆讴歌颂词,正要举起笏板发言。孙权却冷冷地抬手压下了张昭的话,说:"要是当初听从你,我今天就成了东吴街头的一个乞丐!"

张昭心中既惭愧又悲怆,瘫倒在地上,浑身冒汗,只好识趣地说自己年老多病,要交出所有的职务,想以退为进,博得孙权的同情心。孰料孙权对张昭的煽情不屑一顾,一句挽留的话都没有说,当众批准,罢去张昭绥远将军、由拳侯的官爵,另授辅吴将军,改封娄侯,食邑万户,让他退居二线。

张昭从此心灰意冷,整日闭门不出,躲在家中,钻进故纸堆,潜心研究《春秋左传》《论语》,失去了往昔淮泗集团领头羊和政坛老大的风采。

孙权深知,打江山难,守江山更难,所以非常重视对太子孙登的教导。孙登刚被立为吴王太子时,孙权就选拔一批江东青年才俊作为孙登的老师,如诸葛瑾的儿子诸葛恪、张昭的儿子张休、陈武的儿子陈表、顾雍的孙子顾谭等,作为孙登的讲师或者伴读。

孙权登基称帝后,更加注重对孙登的培育。他让陆逊辅佐孙登,又封诸

葛恪为左辅都尉、张休为右弼都尉、顾谭为辅正都尉、陈表为翼正都尉,称为"四友",形成一个豪华的辅佐团队,日夜教导孙登。他还让谢景、范慎、刁玄、羊衜等江东名士为宾客,使得太子府名士盈门,是东吴人才最密集的地方。在孙权的悉心栽培之下,孙登大有长进,才华出众,初现仁君英主的风范。史学家陈寿称:"孙登居心所存,足为茂美之德,爱人好善。"甚至有人将孙登与曹丕相提并论,赞誉孙登"文章鉴识,超然卓绝"。

如此,完成登基称帝的烦琐程序之后,孙权于五月派出两拨使臣。

一拨是校尉张刚、管笃,走海道赴辽东,以联结反魏的辽东太守公孙渊。公孙渊的祖父公孙度、父亲公孙康世袭为辽东太守,建立一个雄踞东北亚,势力范围东抵日本海、西邻乌桓部落、北极黑龙江流域、南包朝鲜半岛北部的割据政权。

官渡大战后不久袁绍死去,曹操继续北伐,扫荡袁氏残余势力。公孙康斩杀袁绍的两个儿子袁尚、袁熙,将其首级送给曹操,以换取对公孙康继续割据辽东的承认。公孙康死时,儿子公孙渊尚幼,大权落在叔父公孙恭手中。其后公孙渊发动兵变,杀死公孙恭,自领辽东太守。魏主曹叡不顾群臣的反对,采取绥靖政策,正式承认公孙渊为辽东太守,并授封扬烈将军。但是公孙渊心中不安心,认为曹魏早晚会摘去自己头上辽东太守的冠帽,于是遣使南下东吴,与孙权互送礼物,暗中通好。所以孙权称帝后,立刻派人远赴辽东,向公孙渊通报,寻求结盟,共同对付曹魏政权。

另一拨人出使蜀汉,通知诸葛亮,提出"并尊二帝"的政策,就是吴蜀共荣共存,中分天下。东吴使臣到了成都后,蜀汉群臣对孙权称帝怀着敌视态度,认为蜀汉主姓刘,遗传纯正的汉室基因,孙权只不过是半路出家的野和尚,竟然跟蜀汉争夺正统,岂有天理?与东吴结盟,等同于承认孙权的皇帝身份。天下只有一统,哪来的二统?如此一来,蜀汉政权就名不正言不顺了,无法担当号令天下伐魏的重任。于是群臣纷纷主张与孙权绝交,以昭示天下,世上只有一个蜀汉才有资格兴复汉室。

诸葛亮的脑袋比那些蜀汉官僚清醒得多,吴蜀已成唇亡齿寒之势,与东吴断交就等于自跳火坑,重蹈刘备的覆辙,陷蜀汉于险地。诸葛亮奉劝众人,"应权通变,弘思远益,非匹夫之为忿也"。——要学会变通,不要死脑筋一条。要理性思考,不要逞匹夫之怒。

在诸葛亮的英明决策下,吴蜀两国沿着正确的结盟道路继续前进。诸葛亮不但没有反对孙权称帝,反而派遣卫尉陈震赴武昌,庆祝孙权登基称帝,并赞同孙权"并尊二帝"的外交政策。

六月,陈震抵达武昌,蜀汉第三次结盟。盟誓由孙权起草,宣布吴蜀齐心协力,合为一体,以扫灭曹魏为己任。灭曹魏之后均分天下,豫、青、徐、幽等四州划入东吴的版图,兖、冀、并、凉等四州划入蜀汉的版图。大致以函谷关为界,以东归吴,以西归蜀。

吴蜀盟誓之后,当年九月,孙权将都城从武昌迁回建业,将原先的讨虏将军府改建为皇宫——建业宫。太子孙登及其他皇子留守陪都武昌,由陆逊辅佐。

是年冬天,孙权以皇帝之尊,第三次进攻合肥城。进攻前孙权先耍了个幌子,率大军出巢湖,挺进合肥城。淮南魏军统帅满宠刚刚被曹叡赐封为征东将军,欲建功以报朝廷的知遇之恩,就召集兖州、豫州的魏军,准备跟孙权玩命。孰料魏军集结没几天,孙权就撤回去了。曹叡敕令满宠,把军队都遣回原驻地。满宠却上报说:"孙权大举进兵又大举退兵,那是佯退,意在麻痹我军,然后趁我不备,卷土重来。"于是拒绝遣散军队。

果然不出满宠所料,十数日后,孙权杀了个回马枪,兵临合肥城下,但是魏军早有准备,孙权见占不到便宜,就班师回建业城。这次进攻合肥,是孙权称帝之后的第一战,虽然无功而还,但是展现了孙权誓死与曹魏为敌的决心。

第七章

开疆拓土

远航夷洲

孙权登基、迁都之后,由于诸葛亮已经进行三次北伐中原,把魏军主力都吸引到西线的关、陇地区,无暇东顾,只要孙权不主动招惹曹魏,曹叡就不会给他添麻烦。孙权决定抓住这个契机,集中精力搞好内部的事,主要是固疆拓边,讨伐蛮越。

平定士徽叛乱之后,交州九郡中有七个郡归属东吴,但仍有珠崖、儋耳两个郡未归化。这两个郡位于遥远而荒芜的海南岛上,原住民骆越屡屡暴乱,而且海南岛地理环境恶劣,"雾露气湿,多毒草、虫蛇、水土之害",所以暴民一直逍遥法外。

而东边的夷洲、亶洲,遥遥在海中,鲜有中原人到过那儿。东吴灭亡时有个将领叫沈莹,他在《临海水土志》中称,夷洲(台湾岛)在临海郡东南二千里。而亶洲,就更加渺远了,去琅邪(今山东临沂)万里。故老相传,四五百年前,秦始皇为了追求长生不老,派遣炼丹术士徐福,率领数千童男童女出海,去寻找传说中的蓬莱神山和长生不老药。孰料徐福一去不复返,他们在茫茫大海中不知航行了多少岁月,最后到达亶洲,就定居在那儿,乐不思秦。繁衍到现在,亶洲上有数万户人家,经常漂洋过海,到会稽郡购买布料。会稽郡东治县(今福建福州)的居民出海时,偶尔遇到海风,会被刮到亶洲去。

孙权心血来潮,决定来一次地理大探险,派军队远征珠崖郡和夷洲、亶洲,掳掠当地土著,以充实吴军兵员。为此,他首先征求陆逊的意见,陆逊当即反对,上疏说:"如今天下未定,需要集中民力去解决眼前最急迫的事。东吴连年征战,兵员渐少。陛下劳心焦思,为了夷洲的事废寝忘食。我反复思虑,不会有好结果。出海万里,风波难测,即使夷洲、亶洲的土著能过来,但是水土不服,也难以存活。更何况驱使士卒赶赴不毛之地、弹丸小岛,必将事与愿违,本想增补兵员,到头来反而损失无数,得不偿失啊!远征珠崖郡,

也不可取。珠崖郡地势异常险峻,那儿的原住民如同禽兽一般,桀骜不驯,即使抓来了也是无济于事,兵员不见得会增加多少。如今江东居民众多,足以成就大业,只要积蓄力量即可。"最后,陆逊劝孙权把心思都花在励精图治、劝课农桑、放宽租赋、训练军队上,如此方能一统天下!

陆逊说了很多,但是孙权一句话也没听进去。孙权不甘心,又去问全琮。全琮也是竭力反对,说:"凭借陛下的天威,攻无不克战无不胜。但是珠崖和夷洲,远在天涯海角,瘴气毒水,自古就有记载。我们辛辛苦苦过去了,侥幸抓了几个百姓,必生疾病,相互传染,能有几个回来?"

全琮也说了很多,孙权照样左耳进右耳出,干脆不再咨问其他官员了。在强烈的探险心理的驱使下,孙权乾纲独断,于黄龙二年(公元230年)正月,遣将军卫温、诸葛直,率甲士一万人、战船数百艘,出海远航夷洲、亶洲。

当孙权诏令下达的那一刻,他绝对料不到,这是改变中国历史的一刻。孙权也将作为一位伟大的航海探索先驱者而名垂千古!

卫温与诸葛直率远征船队从临海郡章安港(今浙江省台州市椒江区)出海,他们将踏上遥远而又艰险莫测的探险之旅。

章安,是古代海上丝绸之路最早崛起的港口之一。史书上记载,章安是"浙南闽北的门户","南北海运,皆从东瓯(章安)"。由于章安三面环山、一面临海,其地理特征与欧洲的希腊半岛类似,当地居民很早就把目光投向浩渺的大海。由于海外贸易异常发达,章安已成为当时东南沿海的贸易中心,城内大道两旁街市热络,摊点林立,熙熙攘攘。南来北往的贩卖商齐聚章安集市,为了商讨交易,比手画脚,甚至谈论得面红耳赤。章安外港,千百艘商船以及数不清的小舢板,随着浪头上下起伏,呈现一派繁荣景象。

由于史料的匮乏,卫温、诸葛直自章安启程到达夷洲后的详情不得而知。他们在夷洲何处登陆?台湾著名的历史学家连横给了我们一个答案。连横提到,日本殖民者曾经在台北市中新店溪畔的古亭河滨公园发现四块"色黝而坚,重三斤许,长尺有三寸,宽五寸,厚二寸,底有纹"的古砖。那些古砖头因上面有指掌纹,跟《吴中金石录》中记载的赤乌砖类似。所以连横认为,那些砖头是卫温的远征队从东吴带过去的,吴军船队跨过台湾海峡后,在淡水河口抛碇登陆(三国时期台北附近是一个大海湾),筑起堡垒,以防备当地土著山夷(高山族先民)的袭击。这些指掌型古砖是卫温、诸葛直远航夷洲遗留下的历史物证。

根据史书上"士卒疾疫死者十之八九,但得夷洲数千人还"的记载,卫温远征队损失惨重,但都是死于疾疫,并没有跟山夷发生激烈的血腥冲突。双方友好接触,和平相处了一年多,把中原的农耕、渔猎、手工业甚至冶铁等先进技术传播给当地居民,促进了台湾的大开发。

孙权派遣卫温、诸葛直远行夷洲、亶洲的动机有两个。

其一,孙权的海外冒险个性。孙权是三国时代最具有开拓精神的君主,称帝之后,遣使赴辽东联结公孙渊,积极筹划经营珠崖、夷洲、亶洲,目光之巨远,实非曹操、曹丕、刘备等人所能拥有。正由于孙权所特有的探险精神或冒险精神,他才置陆逊与全琮的谆谆劝告于不顾,独断专行,才有卫温、诸葛直赴夷洲这一壮举。

其二,长期性、可持续性地开发夷洲、亶洲,"俘其民以益众",使东吴拥有强大的军队,完成与蜀汉均分天下的宏伟目标。由于连年战争,加上天灾、饥荒不断,江东人口锐减。孙权即位时东吴有二百八十万口,比东汉末年的五百余万去了大半,征募兵员越来越困难。在长沙走马楼吴简中,屡现"大女"——大龄未婚妇女当家的记载,这表明大量青壮年男人被招募入伍,已造成严重的人口比例失调,剩女漫天飞,连出嫁都成问题,不得不扮演男人的角色,充当户主。但是为了防备曹魏,沿着数千里的长江布防,此外还要平定蛮、越暴乱,东吴必须常年保持二十万以上的兵员。所以孙权才萌生在未开发的蛮荒之地——珠崖、夷洲、亶洲招募兵员的奇思妙想。

卫温、诸葛直遵照孙权的旨意,到夷洲后招募当地土著入伍,当然难免出现强拉壮丁的现象。但是他们代表孙权,以国家的名义对夷洲实施管辖权力,这是孙权开疆拓土的伟大历史贡献。自此之后,台湾与中原内陆交往越来越密切,成了中国神圣不可侵犯的领土。

数十年后,东吴的将领沈莹将卫温、诸葛直远航夷洲所获取的地理知识记录在《临海水土志》中。这是最早记载台湾的历史文献,距今近一千八百年。

沈莹,吴兴郡人,东吴末帝孙皓时期担任丹阳太守。天纪三年(公元279年)冬,西晋皇帝司马睿大举伐吴,翌年三月,版桥之役,沈莹与东吴丞相张悌等并肩作战,被西晋安东将军王浑击败,沈莹、张悌以身殉国。但他留下的《临海水土志》却成为一部不朽的历史地理学著作。沈莹的《临海水土志》完成于东吴建衡二年(公元270年)前后,此时距离卫温、诸葛直远航夷洲已有四十年。其中有关夷洲的记载应直接采自卫温、诸葛直回东吴后的报告。

从沈莹留下的记载来看,当时夷洲土地肥沃,四季如春,暖洋洋的,不下雪,没有寒霜,故而草木茂密。其土著居民是山夷,即今天的台湾高山族先民,因居住于山溪之间,故名。当时他们尚处在原始社会向奴隶社会过渡时期,并未统一,实行部落自治,以部落为单位,划分土地和人民,从事生产生活。

他们的生产力很落后,虽然有铜铁矿,但是无法制造铜铁器,仍然使用磨制石器和动物的骨制器具。战争时,他们用鹿骨为长矛,磨砺石头作为箭头、刀斧,周边还挂着小珠子,打起仗来铃铛响,非常威风。他们善于射箭,"山顶有越王射的,正白,乃是石也",在山顶上放着一个石头箭靶,正中心描白。山夷的这个习俗与江东的百越族一脉相承。春秋时候越王勾践为了复国,勤练箭术,在会稽以南的一座山上就这么放置石块,作为箭靶,称为"越王射的"。可见山夷是百越族的一个支系。

当时的夷洲土著山夷人,既从事农作物耕种,也狩猎捕鱼,还有纺织,能织出漂亮的斑纹布。山夷人住在干栏式的房屋里,以避湿气。喜欢腌制鱼干,"取生鱼肉,杂贮大器中,以卤之,历日月乃啖食之,以为上肴"。他们把树木凿空成猪槽状,用来腌制鱼干,吃的时候,十个十个或五个五个在鱼槽两侧席地而坐,然后对食。这么吃大锅饭虽然很热闹,团结气氛浓厚,但是被沈莹批评说不卫生。他们也用米粟酿造美酒,用木槽存储,饮用时拿出一根七寸长的大竹筒对酌,一边喝酒,一边唱着粗犷的山歌,其声似狗吠,乱吼乱叫,相互取悦。

山夷的婚姻风俗是从妻居对偶婚,"甲家有女,乙家有男,仍委父母往就之居,与作夫妻,同牢而食"。以女方为中心,形成一种自由、不受约束,并不十分稳固的婚姻关系。

男子髡头、穿耳,女子断齿。男人把头发剪掉,但是留下几寸披垂在脑后,婚前要用竹圈穿耳,待结婚后再去掉。女子十五六岁嫁人之后,就凿掉上颚门牙旁的两个牙齿,以示自己名花有主,终生不渝,与丈夫相依相伴。

山夷有一个特殊的名词——弥麟。这是对未婚男女青年的称呼。在清代的史料记载中,未婚女子居住的地方叫作"猫邻",这个"猫邻"就是"弥麟"的同音异名。山夷男子看上喜欢的女子,就要日夜在猫邻之外吹箫或唱山歌。

沈莹对夷洲居民——山夷的描述详尽明了,栩栩如生。直到一千八百年之后,世人仍然可以在台湾高山族同胞中看到与沈莹记载相一致的生活习俗。沈莹的《临海水土志》作为世界上最早记录台湾的历史文献,证实了卫温、诸葛直在孙权的委派下,远航台湾,其意义非常重大。而孙权作为一位海外开拓者,遣使卫温、诸葛直首登台湾岛,其丰功伟绩可与派张骞出使西域的汉武大帝相媲美。

卫温、诸葛直在夷洲待了一年。亶洲过于遥远,海况复杂,卫温和诸葛直没能如愿到达。虽然七年后(238年),倭国女王卑弥呼派遣一个使团向曹魏进贡,但那时他们借道朝鲜半岛上的百济国,在曹魏带方郡太守派人护送下,才安然抵达洛阳城的。卫温和诸葛直要取海道北上,路途更加遥远艰难,海况更加复杂,只好放弃了。

翌年(公元231年)二月,卫温、诸葛直回到建业城。带回大陆的夷洲山夷仅数千人,而他们统率的一万吴军甲士因水土不服,有十之八九死于疾病,归还者不足两千人。孙权震怒,把它视为一次失败的行动,"违诏无功",将卫温、诸葛直打入大牢,不久诛杀。

所谓的"违诏无功"就是违背了孙权的本意。卫温、诸葛直远赴夷洲,甲士病死,掳获或者招募的山夷仅仅数千,这一切尽在陆逊、全琮的预料之中,孙权早有心理准备。但是孙权出兵的初衷绝非简单地抓几个壮丁补充兵员而已。史书载,孙权派遣卫温、诸葛直"求夷洲、亶洲",目的在于将夷洲、亶洲并入东吴的版图,进行长期、可持续地开发。卫温、诸葛直之所以"违诏",一违在两人只到夷洲,没到亶洲,没有完成孙权交代的任务;二违在卫温、诸葛直虽然到达了夷洲,也掳获或者招募了数千山夷回家,但是并未在夷洲建立行之有效的行政管辖机构。

有开凿之功的卫温、诸葛直,就这样被戴上"违诏无功"的罪名,落个悲

剧性的下场,但是他们首航夷洲,在中华民族发展史上书写下极为浓重的一大笔。历史,将永远记住这两位历经千辛万苦,最早抵达台湾,并行使国家主权的先驱者!

平五溪蛮

当卫温、诸葛直首航夷洲,与山夷打得一片火热的同时,神州大地、长江南北烽火连天。魏蜀之间的战争如火如荼,孙权也忙于讨伐武陵郡的五溪蛮和平定各地暴动。

黄龙二年(公元230年)秋天,曹叡兵分三路,大举反攻汉中,司马懿出西城,张郃出子午谷,曹真出斜谷。诸葛亮将蜀军主力屯驻于城固与赤坂之间,做好汉中防御战的准备。孰料大雨下了一个多月,汉中道路泥泞难走,魏军粮草耗尽,只好撤退。

诸葛亮避实击虚,派遣大将魏延、吴懿西取羌中,在阳溪击败曹魏的后将军费曜、雍州刺史郭淮,此为第四次北伐。

翌年(公元231年)二月,魏、蜀、吴三国又是忙忙碌碌的。诸葛亮第五次北伐,率蜀军猛攻祁山,并将山地运载利器——木牛投放使用。由于曹真病重,抵御诸葛亮的重任落在大谋略家司马懿身上。司马懿采取防守为主的策略,以疲惫蜀军。魏蜀两军在上邽城展开激烈的割麦战,诸葛亮击破魏将郭淮、费曜,将上邽的熟麦一扫而光。司马懿追至卤城,但是不敢主动挑战,挖地沟筑堡垒,打造坚硬的龟壳,与诸葛亮相持数月。

与此同时,卫温、诸葛直回到建业城,因违诏被孙权诛杀。孙权求夷洲、亶洲未果,颜面尽失,于是又令太常潘濬率五万吴军讨伐武陵郡的五溪蛮,希望能挽回一点颜面。

这个潘濬是武陵郡汉寿县人,为人睿智而且观察力强。不到三十岁,他就被荆州牧刘表任命为江夏从事(江夏太守的助手)。当时沙羡县长贪污腐

化,潘濬铁面无私,将他斩除,从此威震江夏郡,遂被刘表提拔为湘乡县令。刘备占据荆州时,任命潘濬为治中从事。刘备入川,将潘濬留在荆州,辅佐关羽料理州事。建安二十五年(公元220年),吕蒙奇袭荆州,擒杀傲慢的关羽。荆州官吏纷纷改旗易帜,依附孙权,只有潘濬称病不出。

孙权深知潘濬之才,很想把他挖过来,就派人用一张床将潘濬抬出家门。潘濬大受感动,把脸埋在床席上,泪流满面。孙权温言劝慰:"承明兄弟(潘濬字承明),你们荆州在古代有两位大名人,一位是鄀国的大臣观丁父,被楚武王俘虏,楚武王慧眼识英雄,任命他为楚军统帅。另一位是申国的大臣彭仲爽,被楚文王俘虏,也受到楚文王的重用,官至令尹。这两位都是荆楚的大贤臣,也都当了战俘,最后也都成了楚国的名臣。如今,只有你不肯投降,难道你怀疑我缺乏古人的那种雅量吗?"

说完,孙权又让身边的人拭去潘濬脸上的泪水。能获此殊遇,夫复何求!潘濬再也哭不下去了,从此死心塌地效忠于孙权。孙权任命他为辅军中郎将,带领一支军队,待遇比从前更加优渥。由于潘濬是武陵郡人,长期在荆州地区担任要职,对荆州的情况了如指掌。所以凡是荆州的征伐大事,孙权都要先求教于潘濬,再作决断。

武陵郡的五溪蛮,主要分布在沅江上游,因生活的地域有雄溪、无溪、酉溪、辰溪、樠溪五条溪,故名。当时武陵郡的从事樊伷不服孙权,企图诱惑五溪蛮投靠刘备。有人主张调动一万吴军前去镇压,孙权不许,先去咨问潘濬。

潘濬猛拍胸脯:"只要给我五千人马,就可以生擒樊伷!"孙权大惊:"你是在吹牛吧?"潘濬答说:"樊伷是南阳的土豪,很会耍嘴皮子,实则腹中无物。樊伷有一次请客吃饭,到了中午酒食还没出来,有十几个客人憋不住了,自发起身离去。这如同侏儒演戏,只要看一节就知道他有多少本事。"

潘濬戳中了孙权的笑点,让他乐开怀,立即拨出五千人马给潘濬。果然没几天,潘濬就提着樊伷的头颅回来。孙权当即提拔潘濬为奋威将军,封常迁亭侯。

孙权称帝时,又授潘濬少府(负责管理皇帝的衣食住行)之职,进封刘阳侯。潘濬身为大内总管,无微不至地照料着孙权。孙权酷好狩猎野鸡,有一回被潘濬撞见了。潘濬苦心劝谏,孙权却为自己找借口:"我只是烦闷,偶尔出去走一走而已。"潘濬说："天下未定，要办的事很多。打野鸡不是很急切的事，弓弦断了，箭末坏了，都会带来伤害。请为我停止猎杀野鸡！"潘濬离开时，看到围栏还在，就把它踩成稀巴烂。孙权终为潘濬的忠肝义胆所感动，从此不再猎杀野鸡。此后不久潘濬又被提携为太常，掌管宗庙祭祀和文化教育，地位非常崇高。

夷陵大战时，五溪蛮在马良的劝诱下，又投靠刘备。刘备虽死，五溪蛮经常发动叛乱，使东吴的西境动荡不安。潘濬是五溪蛮的大克星，于是孙权就让他讨伐五溪蛮。潘濬受命之后，严明军纪，有功必赏，违令必罚。吴军眼中有铁，战力强悍，经过四年时间艰苦卓绝的拼杀，斩获五溪蛮数以万计，终于将其平定。嘉禾三年（公元234年）十一月，潘濬凯旋，回到武昌城，跟陆逊一道，继续辅佐太子孙登。孙权善于用人，可见一斑。

孙权认为剿灭了叛逆的士徽，交州应该风平浪静，于是将交州刺史吕岱北调长沙郡，让他与潘濬一道围剿五溪蛮叛乱。自此，"群蛮衰弱，一方宁静"。遭到潘濬、吕岱的痛击之后，五溪蛮老实了许多，武陵郡一片安宁。

吕岱是东吴的第二任交州刺史，他是在夷陵大战期间代替步骘的。合浦太守薛综担心吕岱的接任者无法应对交州复杂的情况，上疏孙权说："镇守边关，安抚边民，人才很重要。现在交州虽然粗定，但是仍有高凉（今广东高州长坡镇）叛贼未服，以及南海、苍梧、郁林、珠崖四郡未平。如今吕岱调走了，新的交州刺史应该选拔那些精细过人、智谋超群的官员，来弹压那些蠢蠢欲动的家伙。"薛综的奏疏中除了赞誉吕岱主政的政绩之外，还具体介绍了交州的风土人情、地方物产、政治面貌等诸多方面，堪称一份详尽的交州指南，是历史上有关岭南与越南的珍贵文献。

吕岱在十二年的任职期间，平定士徽之乱，直捣士徽的老巢九真郡，威震东南亚。不但将岭南重新并入东吴的版图，捍卫了国家的统一，而且使东吴的势力深入中南半岛，其卓著的功勋丝毫不亚于周瑜、鲁肃、吕蒙等。

吕岱还多次派人"南宣国化"，东吴使臣的踪迹遍及南洋群岛。在吕岱的檄令下，扶南、林邑（今越南中部）、堂明（今老挝境内，或叫道明国）等国纷纷遣使赴建业朝贡，孙权俨然为东南亚的共主。世人将吕岱比拟为东汉时镇守西域的名将班超。班超派人出使葱岭以西诸国，是丝绸之路的保护神。而吕岱"南宣国化",加强了中外经济文化交流,也维护了海上丝绸之路的安宁。

让自己的得力干将潘浚、吕岱去弹压五溪蛮,孙权高枕无忧。这一年,屡降祥瑞。会稽郡由拳县的官员上报,野稻自生,野蚕自成。这是吉祥之兆,预示着东吴将繁荣昌盛,百业兴旺。孙权当即将由拳县改名为禾兴县。不久,会稽郡的始平县(今浙江天台县)又报告说,"嘉禾生"。嘉禾,即指稻田中长出特别茁壮、硕大的稻穗,历来被视为奇异的吉征。周成王时期,唐叔在封邑内获得嘉禾,屁颠屁颠地献给周成王。周成王认为这是天下和同的象征,就让唐叔把嘉禾赠送给周公。周公获得嘉禾之后,大做文章,写下一篇《归禾》,讴赞周成王。如此的异兆旷古罕有,简直就要令孙权疯狂,于是下诏将明年的年号改为嘉禾。

符瑞屡现,一扫卫温、诸葛直"违诏无功"的阴影,而此时诸葛亮第五次北伐已经将曹魏拖入泥潭沼泽。五月,诸葛亮取得大捷,斩获魏军甲士三千首级、玄铠五千领、角弩三千一百张。司马懿吓得躲进乌龟壳,高高挂起免战牌。六月,负责筹粮的李严自摆乌龙,编造谎言让诸葛亮退兵。但在撤退时,诸葛亮又设下奇谋,在木门道射杀曹魏无敌战将张郃,魏军士气大沮。

在同盟军捷报频传的激励下,孙权也跃跃欲试,在魏吴边境搞了一些袭扰的动作。石亭之战,周鲂赚曹休,一时成为诱敌的经典案例。孙权命中郎将孙布诈降,诱击曹魏的建武将军、扬州刺史王凌,试图复制石亭之战的辉煌。王凌步前任曹休的后尘,又上了孙布的大当,准备亲自南下迎接孙布。征东将军、都督扬州军事(淮南魏军统帅)满宠料定这又是孙权的诱敌诡计,不给王凌一兵一卒。恰逢满宠被王凌的亲信弹劾,要进京去见曹叡。满宠临走前交代留府长史:"如果王凌要南下,不要给他兵。"王凌索兵不得,只好派遣一个督将率七百步骑兵去迎接孙布。

十月,孙布在阜陵埋下重兵,扎了一个大口袋。夜里发动突然袭击,魏督将逃走,七百魏军死伤过半。

阜陵之战只钓到一些小鱼小虾,没有再现石亭之战的辉煌,但阜陵伏击是孙权登基之后第一次主动出击,预示着魏吴军事形势进入了一个新的周期。翌年,孙权再次主动出击,这回目标是远在数千里之外的辽东军阀公孙渊。

截杀吴使

公孙渊占有幽燕、辽东诸郡,横跨渤海、辽东湾、朝鲜半岛,就像高悬曹魏头顶上的一把大刀,随时就会砍下来。孙权要做的就是将这把大刀牢牢地握在手中,什么时候砍向曹魏的脖颈,全凭自己的号令。

孙权称帝后遣使赴辽东向公孙渊通报,双方初步架起了沟通的管道,交流合作,共击曹魏。嘉禾元年(公元232年)三月,孙权又派遣将军周贺、校尉裴潜、郎中令万泰赴辽东,向那位远方的属臣——辽东太守公孙渊传达圣谕。

当时被贬在交州的骑都尉虞翻不顾自己的遭遇,上疏竭力反对。这个虞翻为人刚正,是个直肠子,又嗜酒成性,屡屡冒犯孙权。孙权被曹丕册立为吴王之后,有一回举行酒宴,快要散席时,孙权亲自为赴宴的官员敬酒,众人都开怀畅饮,只有一个虞翻假装醉酒倒地酣睡。孙权离开后,虞翻又猛地坐起来。孙权见了怒火中烧,拔出宝剑要把他砍翻。众人吓得目瞪口呆,不知所措。大司农刘基紧紧抱住孙权的胳膊,劝说:"酒后杀好人,虽然虞翻有罪,但是世人怎么知道?再说大王胸怀博大,能包容万物,所以大家都来投靠你。今天你要杜绝贤才来投吗?"孙权反驳说:"曹操可以杀死孔融,为什么我就不能杀虞翻?"刘基又劝:"曹操滥杀贤才,遭天下人唾骂。大王是个可比尧舜的仁义之君,怎可与曹操那暴君相提并论?"这话孙权喜欢听,才饶了虞翻一命。

但是虞翻本性难移,终于惹毛了孙权。有一回,孙权与张昭谈论,说到神仙,醉醺醺的虞翻指着张昭的鼻子说:"那些都是死尸一具,你却说是神仙?世上哪有神仙?"孙权气得嘴巴都歪了,这厮简直就要造反。一怒之下,将虞翻流放到交州打杂。虞翻虽然出言不逊,但是到了交州,仍然密切关注国家大事。

听到孙权要册封公孙渊,虞翻认为辽东非常遥远,公孙渊派人来称臣就有点不靠谱,现在遣使远涉重洋,恐将是劳而无获。虞翻知其不可,想上疏劝谏,又对孙权的犟脾气心生恐惧,只好把疏奏交给交州刺史吕岱。吕岱看也不看,随手把它扔了。不料奏疏却被虞翻的死对头捡起来,呈送给孙权。连张昭这个三朝元老的话都不听,孙权还会听这个自己讨厌的人的话?结果虞翻又被甩到更偏远的苍梧郡猛陵县去了。

不幸被虞翻言中了,孙权在阴沟里翻了船,九月,周贺使团完成任务后,返程时在山东成山遭到魏军的截击,除了裴潜脱逃,其余的全部被杀。

截杀案的策划人是曹魏汝南太守、殄夷将军田豫。此君字国让,大概是他的父母非常崇拜战国时期晋国的刺客豫让才这么起名字的。田豫是渔阳雍奴人(今河北廊坊市安次区),跟刘备的老家相隔不远,两人有过一面之缘。刘备还未发迹起家前曾经投靠幽州中郎将公孙瓒,当时田豫还是个无着落的年轻人,就依附在刘备门下。刘备非常欣赏田豫的才干,可惜两人无缘共处。不久,田豫因为家中母亲年老,就离开刘备回家了。惜才如命的刘备大哭一场,说:"恨不能与你共成大事!"此番一别,两人终生再难见面。

公孙瓒虽然知道田豫很有才,却不肯重用,唯恐自己被取而代之。不久,袁绍攻杀公孙瓒,鲜于辅被众人推举为渔阳太守。鲜于辅是田豫的老乡,两人是铁哥们。鲜于辅让田豫做长史,帮助自己共谋大事。当时群雄纷争,鲜于辅纠结着要投靠谁。田豫很有眼光,告诉他:"能平定天下的,只有一个曹操。赶紧去投靠曹操,晚了一步就后悔终生了。"于是两人一起投奔曹操,从此田豫平步青云,扶摇直上。

曹操先任命田豫为丞相军谋掾,不久又提拔他先后做颍阴令、朗陵令,直至弋阳太守。曹操的儿子曹彰征战代郡,多亏了田豫熟悉该郡的地形才大获全胜。田豫因功又调任南阳太守。当时关羽镇守荆州,中原士民人心思汉,频频爆发反曹起义。田豫治下的宛城守将侯音起兵造反,前南阳太守搜捕侯音的党羽五百余人,奏告曹操要将他们全部处死。田豫却将乱贼释放,给他们指引一条改过自新的光明大道。乱贼感恩戴德,相互转告,于是叛军各部一夜之间都解散了,境内清净。田豫也受到曹操的嘉奖。

再之后,曹操死去,曹丕继位。北方的鲜卑、乌丸(即乌桓)不断袭扰中原,田豫又被任命护乌丸都尉,率众深入虎穴,擒杀乌丸王骨进,威震北疆。

第七章 开疆拓土

田豫担任乌丸都尉九年,草原上那些游牧民族对他服服帖帖,曹魏北边大安。但是好景不长,幽州刺史王雄的党羽想让王雄做乌丸都尉,就向朝廷诬蔑田豫滋扰边关,惹是生非。朝廷就把田豫调任汝南太守,加封殄夷将军。

再之后,辽东太守公孙渊暗中联结孙权,令魏主曹叡大为头疼,他想出兵攻伐,又不得其人。中领军杨暨推荐忠勇的田豫堪当此任,于是曹叡就让田豫以汝南太守的官职,兼督率青州的地方驻军,准备讨伐公孙渊。

就在这时候,孙权派往辽东的使臣周贺、裴潜、万泰等来了。曹叡以为东吴使团众多,又要跨海作战,所以让田豫暂停进攻。田豫掐指算一下,东吴的使团去了几个月,也该搭船回家了。此时正值年末,北风刮得甚紧,东吴使团惧怕风浪,所以必定会在成山靠岸。田豫又打开地图一看,成山附近都没有港口,东吴使臣的船只仅能傍着曲折的海岸线航行。于是田豫下令在成山水域各个岛屿的险要之处部署重兵,又亲自到成山去观察地形。

田豫登上汉武帝修建的楼台,密切关注周边的态势。但是过了许久,就连一只小船都看不到,哪里有东吴使臣的踪影。部下都嘲笑田豫做无用功,枉费心机。

田豫不为所动,日夜埋伏在岸边。果然,几天后,远方发现了东吴的船只。一切尽在田豫的神机妙算之中,由于海上风浪甚急,船只被刮到岸边,触礁沉没。周贺、裴潜等人走投无路,只好爬上岸躲避风浪。田豫大旗一挥,魏军从四面八方杀出来,将周贺等吴使一网打尽。只有一个裴潜侥幸脱逃,回到东吴。

吴使被截杀,孙权后悔得肠子都青了。这才想起那位被贬在交州的骑都尉虞翻,当即褒奖虞翻能够坦言直书,乃国家之栋梁也。他责令交州地方寻找虞翻的下落,如果虞翻还在,就给船让他回到建业城;如果虞翻已去,就把他的尸骸运回江东,让其子为官。只可惜当人们找到虞翻时,早已是一抔黄土。

田豫的截杀行动让东吴损失惨重,但是没能阻止孙权与公孙渊之间的联手。消息传到辽东后,公孙渊唯恐误了大事,于十月派遣校尉宿舒、郎中令孙综渡海赴建业城,进贡貂、马,向孙权献上称臣文书。

公孙渊在文书中大拍孙权的马屁,说什么"陛下宅心仁厚,为了让辽东一隅之地能够存活下来,特遣使裴都尉等不辞辛劳,远涉重洋,送来圣旨,对

183

我等谆谆教诲。我白天诵读陛下的谕旨,夜里也在梦中反复吟诵,准备终生谨记陛下的教诲,永不知足"。还有什么"魏家小子曹叡愚昧无知,听信幽州刺史、东莱太守的谗言,要谋害我的性命。我并没有辜负曹魏,而是曹魏辜负了我"云云。最后公孙渊祈愿孙权能早定大业,率东吴雄师,扫荡中原,如此则天下之幸也!

公孙渊的文书看得孙权都舒服到骨子里去,龙颜大悦,当即决定加封公孙渊的爵位。

公孙渊的归附确实让孙权飘飘然起来,仿佛一统天下就在眼前,触手可摸,孙权开始忘乎所以,以至于拒绝举行冬至日在建业郊外祭天的例行大礼。

冬至日祭天称为郊祀,夏至日祭地,称为社祀。在都城郊外举行郊社之礼,祭祀天地,感谢上苍,为国家祈福,从西周开始就是一种神圣的国家行为,也是皇帝每年必做的工作之一。对于孙权离经叛道的行为,群臣都感到不可理喻。

陆逊等文武百官上疏劝谏说:"今年以来,嘉禾瑞兆屡现,辽东公孙渊慕义向化,天意人心,先后具备,应该重修郊社之礼,以顺从天意。"结果引发君臣之间一场要不要郊祀的论争。

在孙权心中,居中原者才算是正统的王朝,于是说:"郊祀应当在中原举行,江东不在中原,搞什么郊祀?"

陆逊等群臣又上奏说:"普天之下,莫非王土,王者以天下为家。过去周文王和周武王都在丰京(今陕西户县)、镐京(今陕西西安)举行郊祀,不见得都在中原。"从孙权与众臣的话来分析,所谓的"中原"应该是指狭义上的中原概念,即以洛阳为中心的河洛地区,并非泛指整个黄河中下游地区。丰京、镐京位于关中,所以不属于狭义的中原地区。

孙权的脑袋瓜也是很灵活的,当即质疑:"武王伐纣,在镐京登基,所以有郊祀。但是文王灭崇之后建立丰京时,还是商纣王的诸侯,未为天子,他在丰京郊外祭天,有经书典籍记载吗?"

大臣们马上搬出《汉书》,翻开《郊祀志》,指出一段话给孙权看:"成帝即位初,丞相匡衡、御史大夫张谭奏言:'昔周文、武郊于丰、镐,成王郊于雒邑。'"瞧,这在官修《汉书》上面有记载,而且是当时的丞相匡衡说的话。

众臣以为这下子孙权无话可说了,孰料孙权的反应令人大跌眼镜。孙权把《汉书》甩在一旁,若无其事地说:"周文王生性谦和,还是诸侯的时候,是不会郊祀的。经传上都没有明确提到,匡衡所说的只不过是迂腐儒生的一家之言,绝非儒家经典的标准说法,不可取!"

陆逊等群臣这才知道孙权读书并非泛泛而读,他涉猎广泛,眼界开阔,已经把书读烂读活。群臣顿时哑口无言了,认栽吧。被如此博学睿智的皇帝难倒,并非是一件很羞耻的事。

后来的学者对孙权质疑周文王是否举行郊祀大加鞭挞,第一个发难的是江东名臣虞翻的后人、东晋科学家兼儒学家虞喜。

大概是因为先祖虞翻被孙权迫害、流放到交州的缘故,所以虞喜在《志林》中毫无保留地猛轰孙权说:孙权反驳群臣的郊祀请求,贬损匡衡是一个迂腐的儒生。凡是稍微有点见识的,没有谁会认为孙权博学经书、通情达理。至于孙权说匡衡之言不是经典正义上,那更是狗屁不通!周文王在丰京郊外祭天,史书明载。匡衡岂是一个庸俗迂腐的读书人?孙权为何如此冤枉他?周文王虽然不是天子,但是三分天下,他占了二分。周文王既然为王,"王者必郊祀",完全没有问题呀!

恢复西周的礼乐制度,即所谓的儒学复古运动,一直是后世儒学家孜孜以求的目标。东汉的皇帝几乎废掉了祭祀天地的礼仪,丞相匡衡首倡郊祀、社祀,得到右将军王商、博士师丹、议郎翟方进等五十多位大臣的响应,他们拿出儒家经典《礼记》来支持匡衡。虞喜作为一个儒学家,为匡衡辩护是在情理之中。

但是孙权年少时就对儒家经典滚瓜烂熟,倒背如流,所以能够信手拈来,揪出匡衡的大漏洞。因为"文王郊丰"在可信的史书如司马迁的《史记》上,确实找不到任何佐证。孙权读书之精,由此可见一斑。

拒绝郊祀,这与孙权的执政理念有关。孙权不迷信祭祀天地、鬼神,务实客观。孙权称帝之后,民间盛传,蒋子文的魂灵相继作怪(据说此君后来成了十殿阎罗中的第一殿秦广王),以此来要挟孙权为蒋子文立庙祭祀。孙权不信那一套,结果耗了许久才给蒋子文立庙祠。

以往皇帝登基之后，都会大张旗鼓，将他的十八代祖宗，可考的，不可考的，统统封为皇帝，并在都城立天子七庙，以祭祀先祖。

孙权则不然，只追封父亲孙坚为武烈皇帝，而祖父孙钟什么都没封。孙权也不立七庙，只是因为父亲孙坚做过长沙太守，所以才在长沙郡临湘县立了个孙坚庙，也在长沙为兄长孙策立桓王庙。而且孙坚庙、孙策庙在孙权未称帝之前就已经有了。但孙权并未亲自去长沙祭拜父兄之庙，而是委托长沙太守代祭。更绝的是，为孙坚建庙祠用的砖石、木料竟然来自秦汉之际长沙王吴芮的陵墓。南朝史学家沈约对此大吃一惊，说孙权这么为父亲立庙，真是闻所未闻，太稀奇了！

孙权就是这么一位让人匪夷所思的奇特皇帝，喜欢冒险，有时不按常理出牌。

公孙败盟

现在，这位特立独行的皇帝又将做一件出格的事。

嘉禾二年（公元233年）正月，孙权下诏，册封使持节督幽州、领青州牧、辽东太守公孙渊为燕王，大赦天下。

三月，孙权遣返公孙渊的使臣校尉宿舒、郎中令孙综，并派出太常张弥、执金吾许晏、将军贺达、校尉裴潜等率一万大军，携带奇珍珠宝、九锡备品，组成一个阵容异常庞大的使团，搭乘海船，赴辽东襄平（今辽宁辽阳）。一则册封公孙渊，二则买点辽东的好马回来，充实军力。

在册封诏书中，孙权得意扬扬称呼公孙渊为"故魏使持节、车骑将军、辽东太守、平乐侯"，盛赞公孙渊识时务者为俊杰，弃暗投明，"规万年之计，建不世之略，绝僭逆之虏，顺天人之肃"，其功勋足以盖过辅佐周武王灭殷商的吕尚、辅佐周成王安邦治国的周公。

孙权以正统王朝的天子自居，赐封公孙渊，给予四个特权：其一，授土，

将幽、青二州十七郡一百七十县赐予公孙渊,封他为燕王;其二,授节,委派太常张弥,代表孙权,授予公孙渊印玺、册书、金虎符第一至第五、竹使符第一至第十;其三,授权,事态紧急时——当然是指与曹魏爆发战争,公孙渊可以大将军身份,督率幽州、青州的兵马为东吴效命;其四,授威,赐公孙渊大辂、戎辂、玄牡二驷,即大马车、兵车、牛车各二辆,让公孙渊以威武的王者之风出巡民间,劝课农桑,发展地方经济。

但是孙权此举遭到满朝文武大臣的激烈反对,丞相顾雍率群臣劝谏说,公孙渊首鼠两端,根本就是一个难以信任的小人,派官兵数百护送宿舒、孙综回辽东就已经抬举他了。

册封辽东兹事体大,老臣张昭也从家里跑到大殿上,劝孙权:"公孙渊背叛曹魏,惧怕曹魏攻打,所以不远千里前来求援,实非出于他的真心本意。一旦公孙渊改变了主意,向曹魏投诚,两个册使必将葬身异乡,那东吴岂不成了天下人的笑料?"

孙权早已将张昭晾在一旁,对他干预册封的事大为反感。而张昭为了江东着想,直言不讳,君臣二人在大殿上针尖对麦芒,吵得不可开交。你越反对,我越坚持。孙权涨红了脖子,把刀猛摔在案桌上,吼叫道:"吴国的文武百官进宫叩拜我,出宫就去叩拜你,我对你也是仁至义尽。但是你屡屡在众人面前羞辱我,我的忍耐也是有极限的!"张昭豁出去了,拂袖而去,从此在家称病再也不上朝。

张昭躲在家里不出,孙权一气之下,命令用土块堵住张昭的家门。张昭脾气也是很古怪的,你在外头堵住我的大门,我也在里头用土泥塞住大门,宁可憋死在家里,也绝不屈服。

果然不出张昭等人的所料,东吴军队渡海远赴辽东,很快就闹出大事。

经过三个月的海上颠簸之后,吴军于六月抵达辽东半岛,随即分头行动。将军贺达、虞咨率六千士卒,留守沓津(今辽宁旅顺),看好船只,保护后路。万泰、裴潜拿着金银财宝四处购马。张弥、许晏则带着九锡、印玺、文书等杂物前往襄平城册封公孙渊。

魏主曹叡获知孙权派军队到辽东去,担心辽东落入孙权之手,立即展开反制行动。他遣使郎中卫慎、邵瑁赴辽东,到处散发曹叡的《告辽东玄菟将

校吏民书》，试图用诱惑辽东吏民、恫吓公孙渊、抹黑孙权的文攻手段，阻止辽东向东吴靠拢。曹叡在诏书中极尽其能，先大肆给孙权泼脏水，诬蔑他"狼子野心，背主弃恩，滔天逆神，乃敢僭号"，把一个顶天立地的江东豪杰描述成骇人的魔鬼。而后他痛斥公孙渊投靠孙权是"厌安乐之居，求危亡之祸，贱忠贞之节，重背叛之名"，劝他悬崖勒马，回头是岸，早日改邪就正。凡是辽东吏民与江东贼权暗中来往的，一律赦免不咎。

　　文攻之后又是武吓，曹叡扬言，若公孙渊不与孙权割裂关系，立即劳动干戈，远涉大川，令边陲遗无余民。

　　曹叡大打心理战，很快就吓坏了公孙渊。公孙渊唯恐东吴太过于遥远，一旦魏军大举来伐，远水解不了近渴；又贪图东吴使者携来用于购买名马的黄金宝玉，恶从胆边生，干脆一不做二不休，杀人越货，向曹叡献媚。

　　当时远赴辽东的吴军虽然号称一万，但是根据宿舒、孙综的暗中观察，其实不过七八千人。除了太常张弥等率领的吏兵四百余名在襄平城内外，其余的由吴将贺达、虞咨统领，驻扎在距离襄平城有七百余里的沓津。

　　公孙渊想干掉张弥、许晏，取其首级献给曹叡，就把他的随从分散到辽东各地。宦官秦旦、张群、杜德、黄疆等吏兵六十人，被送到襄平城东北两百余里处的玄菟郡（今辽东沈阳石台子城）。玄菟郡治是一座山城，城中有太守王赞辖管的两万户百姓，以及招募而来的三四百士卒。王赞将秦旦、张群等人安顿百姓家中，衣食住行都靠百姓供应。

　　将东吴使团化整为零后，公孙渊大开杀戒，各个击破。公孙渊首先诱骗张弥、许晏、万泰、裴潜四人入见。张弥等看到公孙渊态度骤变，当即心疑，正准备商讨应对之策，数不清的士兵蜂拥而至，将张弥、许晏、万泰、裴潜剁成肉酱。剩余的随从、士卒吓得两腿发抖，跪下哀求，献出财物为自己赎命。公孙渊掠走财物后，将他们徙充边城。

　　解决了张弥、许晏等人后，公孙渊又对沓津的吴军统将贺达、虞咨下毒手。他派将军韩起率数千人马日夜兼程，赶到沓津。先让长史柳远摆下鸿门宴，邀请贺达、虞咨入席。韩起又赶出一群战马，声称要跟吴人做买卖，暗中却四面埋伏，等待着吴军走进圈套。

　　待在战船上的贺达、虞咨似乎嗅出血腥味，自己不敢下船，却派五六百

人上岸购马。突然金鼓声震天响,万箭齐发,可怜五六百吴军,有三百余死于乱刀之下,另有两百余受伤落水溺水身亡。其余的吴军散走山谷,几天后有不少人出来投降,还有不少人饿死在深山密林中。贺达、虞咨见势不妙,灰溜溜逃回东吴。

吴军带来的银印、铜印、兵器、资货等堆积如山,全部被公孙渊缴获。公孙渊派遣西曹掾公孙珩,将孙权赠赐的假臣节、印绶、符策、九锡、什物,以及张弥、许晏等人的使节、印绶、首级,等等,送到洛阳城,呈现给魏主曹叡。

在给曹叡的奏疏中,公孙渊又黑白颠倒,谎言连篇,为自己联结东吴辩护,说是他派遣校尉宿舒、郎中令孙综到建业去,甜言蜜语,去诱骗孙权。幸赖天道福助大魏,使孙权这个贼虏丧失理性,不听众劝,相信他的假话,派人搭乘大船,远道而来,册封他,结果被他设计围剿,累计斩获千余人。

又说,他的父亲公孙康曾经杀害孙权的使者,早已结成仇家,现在又使用计谋,诱杀孙权许多人,将其张弥、许晏、万泰、裴潜等四位使臣枭首示众,孙权的怨恨必定是刻骨铭心。最后公孙渊恶毒地诅咒孙权,"将内伤愤激而死"!公孙渊为了大魏,如此用心良苦,大魏也应该表示一下。

中领军夏侯献(据称此君是夏侯渊之孙、夏侯霸之子)对曹叡说:"公孙渊敢于违抗皇命,拒绝进贡,一则仗着辽东地势险要,二则仗着孙权在背后撑腰。但是公孙渊的使臣宿舒到了东吴一看,孙权国穷兵弱,根本就靠不住。所以公孙渊心灰意冷,决定与孙权翻脸。再加上高句丽等与公孙渊为敌,年年入寇,公孙渊外无孙权之援,内有高句丽入犯,又知道大魏可以从陆道进攻辽东,因而心生恐惧,向大魏投诚。应该趁机派人过去狠狠地教训公孙渊。"

夏侯献举荐了从曹操时代就出使辽东的奉车都尉傁弘,说此人性情刚烈,忠心耿耿,博闻强识,口才超群,足以担当此任。

于是曹叡在十二月拜公孙渊大司马、持节、领郡如故,任命奉车都尉傁弘为颁诏大使,带领使臣傅容、聂夔,由将军左骏伯率兵护送,到襄平城去,加封公孙渊为乐浪公。

辽东使臣从洛阳城密报公孙渊:"曹魏使团中有一个左骏伯的,是个大力士,非同寻常,你可要小心。"公孙渊惊惧不已,等曹魏使团到了襄平城,立即率兵包围,然后才去见使者,并出言不逊,非常无礼。傅容、聂夔吓得脸色

苍白，回到洛阳后立即向曹叡汇报。

曹叡早已知道公孙渊不是什么靠谱的人，但为了安抚他，不激化矛盾，只好暂时忍一忍。

曹叡能忍住，孙权却一时忍不住了。

公孙渊背弃盟约，杀人越货，噩耗传到东吴，孙权仿佛被公孙渊狠狠地扇了几个大巴掌，发上指冠，气得像暴怒的狂狮，在朝堂上咆哮："朕年近六十（实际上只有五十二），世事难易，没有不经历过。现在却被公孙渊那只辽东老鼠所羞辱，令人气涌如山。如果不亲自杀到辽东去，砍下公孙渊的老鼠头，扔到海里去喂鱼，朕誓不回江东。纵然身死兵败，朕也无怨无悔！"

孙权亲征辽东，要跨海远征，凶多吉少。眼见孙权又要重蹈刘备怒而兴师的覆辙，这回东吴群臣空前团结，劝谏的奏疏如雪片般飞入建业宫。

首先阻拦的是镇守武昌城、辅佐太子孙登的陆逊，陆逊说："公孙渊自恃山川险阻，东吴奈何不得，所以敢杀人越货，是可忍孰不可忍！当今世界很不安宁，群雄虎争，英豪辈出。陛下以神武之姿，乌林大破曹操，夷陵大败刘备，荆州擒杀关羽，这三人都是当世枭雄，但是陛下一挥手，顷刻之间灰飞烟灭。现在小不能忍而乱大谋，怒而出师，准备渡海远征，万一失利，悔之莫及！"作为东吴的六军统帅，陆逊的话无疑是很有分量的。

尚书仆射薛综又说："辽东弹丸之地，没有坚固的城池，也没有锐利的刀锋，拿下辽东是没问题。但是攻打辽东有三不可。第一，辽东酷寒，庄稼不长，百姓习惯骑马，经常跑动。大军一到，他们吓得到处逃窜，结果我们一个人都找不到，获得的只是一块空地，有什么好？第二，海上风浪无常，一不小心，人船异地。第三，大军渡海时，上面是雾霭笼罩，下面是咸水蒸炊，极易产生疾病，相互传染，消耗军队战斗力。"薛综的话有点夸张，令人听得心惊肉跳。

选曹尚书陆瑁（陆逊之弟）连续上两篇冗长的奏疏，归纳起来是说远征公孙渊有五不当。其一，东吴的首要大敌是曹魏，远征公孙渊那是舍本逐末，是曹魏最愿意看到的事。其二，行军作战，应该以逸待劳，吴军到了辽东海岸，公孙渊深居内陆，路途还远着哩。我军不得不分成三队，一队进攻，一队守船，一队运粮。深入敌境，补给线过长，很容易被辽东骑兵切断。其三，曹魏与辽东唇齿相依，攻打公孙渊，曹叡必出兵援助。其四，渡海远征，士卒会产生恐惧感。其五,山越获知我军远征,定会乘机闹事,在后院放一把大火。

陆瑁不愧为大军事家陆逊的弟弟,分析得条条是理,句句一针见血,切中用兵要害。

众臣铁板一块,竭力反对,倔强的孙权难得冷静一回,终于取消了亲征辽东的计划。

有心栽花花不开,无心插柳柳成荫。令孙权期盼万分的远交近攻,结果以惨兮兮的闹剧收盘。但是孙权却得到一个意外的收获,结交到当时的东北亚霸主高句丽东川王。

高句丽建立于西汉末年,开国之君是扶余人朱蒙。高句丽建立之后,不断地进行野蛮的扩张,很快地将版图延伸到朝鲜半岛。又东侵汉帝国的乐浪郡、玄菟郡,深入辽东地区。但在汉帝国强力打击下,高句丽屡屡失利,被迫将都城西迁至丸都城(今吉林集安市西),与公孙渊治下的辽东郡、玄菟郡接壤。

孙权与高句丽东川王结好,是拜公孙渊出卖孙权、残杀东吴使臣所赐。公孙渊将宦官秦旦、张群、杜德、黄疆等人驱逐到玄菟郡,被玄菟太守王赞安置在民间。四人在玄菟郡待了四十多天,对公孙渊杀害张弥、许晏等人的事略有所闻。秦旦对黄疆等众说:"我等辱没了皇命,被扔到这个荒无人烟的地方,跟死亡有何不同?我看此郡只有两三百名士卒,不堪一击,不如干脆起来造反,焚烧城池,杀死郡守,替国家报仇雪耻。虽死无憾,总比一辈子被囚禁于此强百倍。"

众人异口同声,决定八月十九日夜里起事。孰料在八月十九日中午,队伍中出了个叛徒张松,向玄菟太守王赞泄露了机密。王赞立即下令紧闭城门,秦旦、张群等跳出城墙逃走。跳下时张群的腿脚受重伤,长了一个疮肿,行走不便,渐渐落伍。

杜德不忍心抛下这个兄弟,搀扶着他,艰难地穿行在崎岖的山谷间。走了大概六七百里,张群腿上疮口恶化,根本就走不动,只好趴在草堆上,悲伤地哭泣。

危难之际见真情。张群对众人说:"我不幸重病,没几天的日子了。你们还是快快走吧,早点找个落脚之处。这样守着我是徒劳的,害得大家都死在穷山恶水之中。"

杜德说:"颠沛流离了千万里,生死与共,怎么能忍心相弃?"话毕,把秦

旦、黄疆推开,让他们先走,独自留下照顾张群。

精诚团结必创造奇迹。秦旦、黄疆继续前行,几天之后到达高句丽的王城——丸都城。此时高句丽王号称东川王,姓高,名忧位居。据说他一出娘胎就会睁眼看人,是个神奇的小家伙,因而被高句丽人拥立为王。东川王非常强悍,屡犯辽东,是公孙渊的死敌。

秦旦、黄疆利用东川王与公孙渊之间的仇怨,耍了一个计谋,捏造孙权的一封诏书,说奉东吴大帝之命,前来赐赏高句丽人,不料宝物全都被辽东的公孙渊抢走。

东川王欣喜若狂,想不到高句丽这么一个化外之邦还能被万里之外的东吴大帝牵挂,就接下诏书,又派人随同秦旦去把张群与杜德接回来。他们在高句丽待了几天,东川王派遣二十五个官吏护送秦旦等回东吴,并向孙权奉表称臣,进贡了貂皮千枚,鹖鸡皮十具。

这四个东吴义士绝境逢生,平安回到故土,是不幸中的大幸。而且失之东隅,收之桑榆。天上掉下一个属国,孙权悲喜交集,既感慨又感动,当即将秦旦四人提拔为校尉。

一年后,孙权派遣黄门侍郎谢宏、中书陈恂又渡海,册封东川王。谢宏、陈恂等抵达鸭绿江的入海口——安平口后,让校尉陈奉先去丸都城报告东川王。魏主曹叡得知东吴与高句丽之间的来往,让幽州刺史离间二者的关系。幽州刺史暗示东川王,让他杀了东吴使臣,向大魏帝国效忠。

陈奉大惊,退回安平口。东川王见坏了册封大事,赶紧派遣主簿笮咨、带固去安平口会见谢宏。谢宏当机立断,下令抓获三十余名高句丽官吏为人质,逼使东川王谢罪,并献上良马数百匹。谢宏这才将孙权的册封诏书、什物交给笮咨、带固,让他们转呈东川王。此番出使高句丽,有惊无险,谢宏不但完成了使命,而且还意外收获了一大批优良的辽东战马。可惜谢宏的座船过小,只带回八十匹马回建业城。

孙权派万人大军远赴辽东,虽然以失败告终,但是创造了三国时期海军远程航行的纪录。继三百四十年前汉武帝跨海远征朝鲜之后,他将中国的水师和造船事业又推向一个高潮。

第八章

攘外安内

两攻合肥

远交辽东功败垂成,孙权将之归咎于曹魏从中作梗,遂下令发动北伐,以示报复。这次北伐的架势摆得很大,吴军十余万,兵分两路,孙权自率主力进攻合肥新城,另派卫将军全琮率步骑兵五万,进攻合肥西边一百五十里外的六安。

石亭大战后,曹魏在淮南的形势非常严峻。合肥成为抵抗孙权北进的最前沿阵地,但是淮南魏军统帅、征东将军满宠认为:"合肥城南近巢湖和长江,北远寿春城。孙权贼军精通水战,可以从巢湖和长江快速到达合肥。魏军救援,先得把吴军水师消灭,然后方能解合肥之围。合肥对孙权来说,是窝边草,伸手可摘;对魏军来说却是远水解不了近渴。"于是满宠建议,合肥城西边三十里有座险峻的鸡鸣山,可在此山下再造一座新城,远离巢湖和长江。如此一来,吴军不上岸,孙权那只黑手就碰不到合肥新城。吴军一上岸,魏军便可抄其后路,砍断孙权的黑手。

满宠自赤壁大战时就跟孙权交手过,故而深知东吴的虚实。合肥筑新城之计无疑是抗拒吴军、固守淮南的奇策,但却遭到大谋臣、护军将军蒋济的反对。蒋济认为,筑新城是灭自家威风,让魏军胆怯。吴军只要四面围城,便可不攻而克。如此一来,魏军就得退守淮北,将淮南的大好河山拱手让给孙权。

谋略家蒋济一反对,曹叡当然就否决了满宠的方案。

满宠着急了,又给曹叡上了一道奏疏,说:"《孙子兵法》中有句话:战争,就是搞欺骗战术(兵者,诡道也),所以强而示之弱,然后抛出诱饵,围而歼之。建筑新城,引诱吴军远离巢湖、长江,弃长扬短。我军见机行事,可大获全胜。"

尚书赵咨深知满宠谙习兵法,在他的襄助之下,曹叡终于下诏毁掉合肥旧城建新城。黄龙二年(公元230年)正月,当孙权派卫温、诸葛直远航夷洲

时，在满宠的主持下，合肥新城也开始动工。一两年后，一座高大的要塞矗立在鸡鸣山下，就像一把崭新的钢刀，令孙权望而生畏。

此番出师，孙权的首要目标就是废掉合肥新城，拔除这把钢刀。

嘉禾二年(公元233年)十二月，孙权率吴军进入巢湖之后，准备派兵围困合肥新城。但是新城距离巢湖太远了，吴军将领都不敢下船。孙权在楼船上召开军事会议，结果开了二十多天都没讨论出围攻合肥新城的方案。

坐镇寿春的满宠对魏军诸将说："孙权要攻陷合肥新城，出兵前一定大吹法螺。现在虽然不敢下船来攻，但是一定会上岸耀武扬威，以给自己个台阶下。"于是他暗中派遣六千骑兵，躲在隐蔽在合肥新城的秘密处。果然没几天，孙权派一队吴军上岸，摆出攻城的架势。魏军伏兵突然间杀出来，吴军措手不及，被杀数百余人，另有溺死者不计其数。

合肥新城高枕无忧，满宠便集中兵力对付西边攻打六安的全琮。全琮杀到六安时，老百姓纷纷逃散。帐下诸将请求分兵追捕，全琮却不许，认为分兵追捕得不偿失，即使侥幸抓获几个小民，也无法削弱魏军的实力，更不能增强东吴的威望，如果遇到魏军的伏击，那损失就大了。

果然有侦探来报，魏将满宠率领魏军大部队，自寿春溯着淮水西上，迂回到六安西北侧的杨宜口(今安徽霍邱东北)，准备包抄吴军的后路。全琮见已经深入敌境，唯恐陷入魏军重围，遂下令撤军。

孙权第四次进攻合肥城就这样虎头蛇尾，无果收场。

翌年，嘉禾三年(公元234年)二月，蜀汉丞相诸葛亮第六次北伐中原。蜀军出斜谷道，在武功五丈原(今陕西省岐山城南)屯田，准备跟司马懿长期对峙，打持久战。诸葛亮遣使赴建业城，邀约孙权共同出兵，东西两线夹击曹魏。

正当诸葛亮高举"兴复汉室"的旗帜，与孙权合谋进取中原、剿灭曹魏时，那位早已被世人遗忘的东汉末代君主——汉献帝刘协，现在是曹魏的山阳公，在三月初六日悄然无息地离开了这个充满仇恨与血腥的动荡世界。山阳公死的时候，没有人为他发哀哭泣。此时长达一甲子的三国时期已经渡过了四分之一，而自黄巾大起义算起，战争与流血整整经历了半个世纪，无数生灵涂炭，人们无心也不愿去提起那位做了一辈子傀儡的末代皇帝。

刘备、曹操、关羽、周瑜、鲁肃，那些曾经叱咤风云的英雄们也都化为尘土,掩埋在了历史的深处。活着的人也在为自己未来的历史定位,奋斗不息。

诸葛亮已经是第六次北伐了,这将是他人生中的最后一搏。而孙权也以实际行动去支持这位比自己大一岁的绝代智者。

五月,孙权第五次进攻合肥。吴军号称十万,分三路进兵。东路,镇北将军孙韶、奋威将军张承(张昭之子、诸葛瑾之婿)出广陵、淮阳。西路,上大将军陆逊、大将军诸葛瑾各率兵万余,进驻江夏、沔口,佯攻襄阳城。孙权自为中路,出濡须直取合肥新城。

六月,淮南魏军统帅、征东将军满宠准备驰援合肥新城。曾经成功策划截杀吴使的珍夷将军田豫劝说,孙权大举来攻,醉翁之意不在酒,而在围城打援。合肥新城固若金汤,应让他尽情攻城,挫其锐气。吴军耗尽力量,疲惫不堪,士气低落,我军可乘机展开反攻,必能大胜。如果我们盲目驰援,那是中了孙权的圈套。

田豫显然误判了孙权的决心。孙权料定诸葛亮与司马懿在武功五丈原陷入僵局,曹叡坐守洛阳城,不可能跑到大老远的江淮前线,因此对合肥新城是势在必得。

合肥城魏军守将张颖手下不足一万人马,满宠在田豫的劝阻下又拒发援兵。面对数倍于己的吴军,张颖率众浴血苦战,形势异常险峻。张颖重金招募敢死士数十人,砍断松枝捆成火炬,浇灌麻油,然后冲出城外焚烧吴军的攻城器械,挫败了吴军波浪式的攻势。

激烈的合肥攻防战持续了十数天,双方伤亡惨重。孙权的侄儿(四弟孙匡长子)、长水校尉孙泰冲锋在前,被魏军射死。

合肥城危若累卵,满宠由于手头兵力不足,西线的魏军被诸葛亮牵制于五丈原,东线的魏军将士又在休假之中,于是上表曹叡,调发京城预备队——中军兵,召回所有的休假将士,全力以赴,抵挡孙权。

散骑常侍刘邵认为,吴军刚刚投入战斗,士气高昂。满宠兵力不济,如果驰援合肥,无异于飞蛾扑火。所以满宠待在寿春城,等待朝廷后援,那是正确的。可令中军兵先派出五千步兵、三千精骑,大张旗鼓,要去援救合肥城。骑兵到了合肥城下,分散开来,高举旌旗,扬言要断敌后路,击其粮道。吴军看到大部队来援,后路有失,必然不战自退。

曹叡采纳刘邵的建议，决定亲自南援。曹叡对众臣说："先帝（曹丕）在前线部署三个战略据点，东合肥、南襄阳、西祁山，有如三道铁门，紧紧守卫着大魏的边关。吴、蜀敢来进攻，我定杀得他们片甲不留。我就放手让孙权去攻合肥新城，新城坚不可摧，孙权必撞得头破血流。"于是他敕令合肥守城诸将：再顶上个把月，我统军亲征！

七月十九日，曹叡亲御龙舟，率水师顺着淮水东行。满宠也磨刀霍霍，准备汇合曹叡，南下援救合肥新城。消息传来，孙权大为意外，这才发现低估了曹叡。酣战一个多月，吴军死伤累累，合肥新城却巍然挺立。趁着曹叡尚未抵达寿春城，魏军还在集结之中，孙权只好忍痛下令退兵。东路伴动的孙韶、张承几乎没有战斗，也撤回江东。西路的陆逊、诸葛瑾，孤掌难鸣，只好退防原地。

曹叡抵临寿春城后，大行封赏。曹叡对此战颇为得意，八月初七日，举行军事演习，向东吴示威，而后犒赏六军，班师回洛阳。

孙权连续两次进攻合肥城，锲而不舍，兵锋直指曹魏的心脏洛阳城，与西线的诸葛亮遥相呼应。但此时诸葛亮已成强弩之末，曹叡扬威于寿春城后没几天，西线魏军也传来消息，诸葛亮在秋风萧瑟之中，病逝于五丈原，享年五十四岁。他与汉献帝同年生，又同年卒。冥冥之中，自有注定，诸葛亮北伐中原、兴复汉室的大业就这样夭折了。

曹魏在东、西两线同时开展两场战争，对手都是百年不见的豪杰，诸葛亮与孙权。由于曹叡知人善任，西线，隐忍善守的司马懿成了诸葛亮的天敌；东线，攻守兼备的满宠则成了孙权的克星。曹魏集团采取西顶东放的正确策略，因而最终都取得了胜利。

诸葛亮、孙权使尽浑身解数，吴蜀两国倾力而出，将各自的战争潜力发挥到极限，但是仍然无法战胜曹魏，只能说明曹魏的超强实力远远大于蜀汉与东吴的总和。诸葛亮死后，继承者蒋琬、姜维才智武功，皆不如诸葛亮，吴蜀联手伐魏基本上无望。在今后的日子，孙权要想进取中原，只能唱独角戏了。

征服山越

两次合肥大战失利,诸葛亮又撒手而去,西线的魏军没有掣肘,随时可能东调,东吴的压力空前增大,这是孙权称帝后面临的最大挑战。此时东吴境内也是危机四伏,丹阳郡的山越人暴乱频仍,庐陵郡的李恒与路合、会稽郡东冶县的随春、交州南海郡的罗厉,趁着吴军大举北攻合肥,相继举旗叛乱,严重威胁着孙权的统治。

攘外必先安内,孙权遂做出将用兵重心转移到国内的决定,实施打地桩行动,力求尽快平定各地叛乱,而后集中兵力,与曹魏决战,逐鹿中原。

潘濬、吕岱对武陵郡五溪蛮的镇压行动进展迅速,很快就将进入尾声,有望一劳永逸地解除五溪蛮叛乱问题。除了五溪蛮之外,丹阳郡山越人是东吴境内的另一大乱源。自四十年前孙策渡江开拓基业以来,山越人就一直视孙吴政权为外来侵略者,甚至勾结曹魏政权,年年有暴乱,天天有讨伐。

平定山越人的重任就落在诸葛恪身上。除了诸葛亮,诸葛恪是琅邪诸葛家族中最杰出的人物。诸葛恪,字元逊,诸葛瑾长子。诸葛瑾的次子诸葛乔后来过继给诸葛亮,在诸葛亮的悉心教导下,也很有前途,做了蜀汉的驸马都尉,薪俸二千石。可惜黄武七年(公元 228 年)诸葛亮第二次北伐时,诸葛乔在汉中督运粮草时因公殉职。

诸葛瑾三个儿子(诸葛恪、诸葛乔、诸葛融)中,以长子诸葛恪最成器。他少有才名,思维敏捷,擅长辩论,在江东无人能敌,大受孙权的宠爱。孙权公开赞誉称其"蓝田生玉,真不虚也",意思是说,诸葛恪系出诸葛名门,不是盖的。

诸葛恪少年时代就春风得意,二十岁官拜骑都尉,与张昭之子张休、陈武之子陈表、顾雍之孙顾谭,号称"四友",日夜伴读太子孙登,是江东"官二代"中的翘楚。

诸葛恪由于性格开朗活泼,很讨人喜欢,所以成了孙权的"开心果"。有个故事老幼皆知。诸葛瑾长着一张驴脸,一天朝会时,孙权让人牵来一头驴,端详了大半天,最后拿起毛笔在驴脸上打了个标签"诸葛子瑜(诸葛瑾字子瑜)",结果引发哄堂大笑。诸葛恪不动声色地走上去,对孙权说,请让再添上两个字。于是诸葛恪在"诸葛子瑜"下边续写两个字"之驴"。文武百官全笑歪了,孙权也很开心,当即把驴赏赐给诸葛恪。

过了几天,孙权又要吃开心果,就问诸葛恪:"你的父亲跟你的叔父(诸葛亮)相比,谁更贤明?"这是一个将诸葛恪逼进墙角的刁钻问题。诸葛亮的贤明世人公认,远远超过诸葛瑾。所以这回孙权想看诸葛瑾的好戏。

孰料诸葛恪回答说:"当然是我父亲贤明。"

孙权懵了,就问他为啥这么说。

诸葛恪答说:"我的父亲知道该效忠谁,而我的叔父却不知道。"

这话孙权爱听,小子果然聪明伶俐啊!

再之后,蜀吴通好,孙权把玩笑开到来访的蜀汉使臣身上,对他说:"这个诸葛恪很喜欢骑马,你回去转告丞相,给他的侄儿准备一匹好马。"孙权话语未落地,诸葛恪就跪下谢恩。孙权奇了:"诸葛亮还没有送马来啊,谢什么恩?"诸葛恪说:"蜀汉是陛下的马厩,你下诏牵马,怎么会没有马?"孙权又是乐开怀。

诸葛恪聪明机智的例子还有很多,不胜枚举。由于每次说话都戳到孙权的兴奋点,所以孙权有意栽培、提拔、重用诸葛恪。

诸葛恪多次请求出征丹阳郡山越人。他有自己的想法,认为丹阳郡地势艰险,山越民风剽悍,虽说之前也在那儿征兵过,但都是在边缘外县征兵,很少敢深入腹地。所以诸葛恪毛遂自荐,到丹阳郡去做官,深入山越人聚集地,说三年可征得四万精锐甲士。

东吴群臣都说诸葛恪疯了,丹阳郡地形复杂莫测,与吴郡、会稽、新都、鄱阳四郡接邻,崇山峻岭万重,环绕数千里,山越人深居幽处,从未在城郭生活过。他们经常在山林中成群出没,与围剿的官军打游击战。丹阳郡出产铜铁矿,山越民自铸武器,酷好打仗,而且力大无比,攀爬高山、穿越荆棘如鱼翔浅底、猿猴上树。他们时常出山劫掠,官军一来,就躲避山谷,自两汉来从未被征服过。要想征服山越,除非太阳从西边出来。

诸葛瑾更是忧心忡忡,叹气说:"恪儿不但不会兴旺我家,反而将给家族带来灭顶之灾。"

诸葛恪却胸有成竹,在孙权面前猛拍胸脯,对征服山越打包票。孙权很宠信诸葛恪,于是在嘉禾三年(公元234年)秋八月,从合肥前线退回建业城后,提携诸葛恪为抚越将军、领丹阳太守,赏给他一支五百人的重骑兵仪仗队,让他出征丹阳郡。诸葛恪回府之时,鼓乐大作,威风凛凛,时年三十二岁。

诸葛恪平山越的策略可总结为八个字:釜底抽薪、恩威并施。诸葛恪莅临丹阳郡治宛陵城后,做的第一件事就是通知吴郡、会稽、新都、鄱阳四郡的属县长官,让他们各自严守疆界,申明法纪,将出来归顺的山越民,都聚居一处,给予田地,让他们安心过日子。而后,他调集各路统将,派兵把守各个隘口,修筑城寨,实行囚笼战术,将山越民分割包围,但严禁与山越民发生冲突。等山越民种植的稻谷成熟时,官兵全部出兵,抢在山越民之前割刈稻谷,抢走粮食,一粒也不能留下。如此山越民吃光了旧谷,新谷又颗粒无收,忍不住饥饿,于是纷纷出山投诚。

诸葛恪又发布军令:"山民去恶从善,接受教化,应当好好抚慰。徙居外县的山民,当地官府不得疑虑,严禁随意拘押山民。"臼阳(可能是丹阳县,今安徽当涂县丹阳镇)县长胡伉抓到一个有叛乱前科的山越大盗周遗,他因肚子挨饿,只好出山投诚,但仍怀不轨之心,妄图伺机作乱。胡伉将他扭送宛陵城去见诸葛恪。

孰料诸葛恪震怒,以违反军令为由,将胡伉斩首。丹阳山越民听说胡伉抓人被杀,才知道官军只是想把百姓逼出山而已,别无恶意,于是纷纷扶老携幼,鱼贯而出,向诸葛恪投诚。三年后,诸葛恪果然按预期征募到四万甲士,挑选一万精壮的留给自己,其余的都分给诸将。

孙权大悦,派遣尚书仆射薛综到丹阳郡嘉赏诸葛恪。薛综先写了一封言辞肉麻的书信给诸葛恪,盛赞说:"诸葛将军兵戈不血刃、甲胄不沾汗,挥手之间,荡涤山民,降服十万,彻底解决了上百年的山越之患,功勋卓著,又能化腐朽为神奇,把魑魅魍魉驯服成虎狼之士。诸葛将军功勋之著,堪比辅佐周宣王中兴的方叔与召虎,西汉大破匈奴的卫青与霍去病,简直是前无古人,后无来者!"随后宣读孙权诏书,拜诸葛恪为威北将军,封都乡侯。

诸葛恪轻飘飘起来,遂上疏孙权,乞求率众移驻长江北岸的庐江、皖口。

诸葛恪过江后,在两地实施屯田,并派出一支轻骑兵袭击舒县,掳掠不少的曹魏百姓。诸葛恪又野心勃勃,窥伺曹魏的江淮地区,派出侦察兵深入敌境,勘察地形,准备进攻寿春城。这下子玩得有点过火了,孙权诏令不许,让诸葛恪安心在江北驻军屯田。

诸葛恪平山越人的意义非常重大,自此之后,那些剽悍的山越人源源不断地补充吴军。在东吴后期,山越人甚至成为吴军的主体,二十三四万吴军中,山越人竟然有十八万之巨,占总数的七八成。

孙权将丹阳郡山越人的事交给诸葛恪,而将庐陵郡和会稽郡山越人、南海郡叛民的事交给了"岭南战神"吕岱。嘉禾四年(公元235年)夏,孙权派遣镇南将军吕岱、督率昭义中郎将吾粲、将军唐咨,分兵三处,围剿东部、南部的叛民。经过一年的奋战,叛民基本平定。会稽郡东冶县的山越叛酋随春被吕岱招安,授予偏将军之职,编入吴军,为孙权效命。

正当孙权忙于平定东吴境内的各地叛乱时,七月,孙权的死敌曹叡竟然派来一个贸易团,说要用孙权求之不得的战马来换取东吴的珠玑、翡翠、玳瑁。曹叡这一举措令人感到不可思议,也许是曹魏的皇室成员狂热地追求奢侈品,故而拿孙权急切需要的战马来交换东吴的珍奇宝物。

对此孙权感到好笑,珠玑、翡翠、玳瑁,我所不欲也。战马,我所欲也。用我所欲去交换我所不欲,何乐而不为呢?

但是曹魏的贸易团前脚刚走,魏军的劫掠团后脚就来了。孙权在春天时遣派数千士卒在江北垦荒屯田,经过大半年的艰辛劳动,到了秋天八月,田野里金灿灿的稻谷,散发出阵阵稻花香。淮南魏军的统帅满宠眼红不已,看到吴国男女百姓在田野里匆忙劳动,屯田的吴兵远在数百里之外,满宠立即派遣长吏督率魏军顺长江东下,突袭东吴的屯兵军营,焚烧收割的稻谷无数。曹叡早已忘记了上个月刚刚跟东吴做了一笔公平买卖,下诏褒奖满宠的偷袭行动。

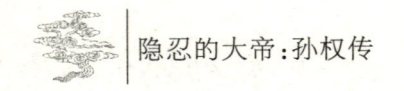

许迪贪案

　　从嘉禾三年(公元234年)八月到嘉禾四年(公元235年),吴魏之间出现了难得平静的一年半。除了满宠偷袭东吴的江北屯田之外,吴魏、蜀魏边境基本无战事,甚至还出现友好的官方贸易往来。因为此时,魏、蜀、吴三国各自操心国内的事,搞基建、搞货改、搞内斗、搞平反,谁都没有心思去打对方的主意。

　　曹魏方面,嘉禾四年(公元235年)二月初八日,曹叡的嫡母郭太后驾崩。传言她是被曹叡逼死的,以替生母甄氏报仇。故而郭太后被草草下葬,披发覆面,口塞糟糠。郭太后死后,曹叡又大兴土木,修缮洛阳宫,新建昭阳殿、太极殿,筑高十余丈的总章观,搞得民怨沸腾,忠臣杨阜、高堂隆屡谏无果。

　　浩大的工程还没有竣工,曹叡又为储君的事而焦头烂额。由于曹叡的三个儿子先后夭折,他不得不收养来历不明的曹芳、曹询来承继大统。

　　既要谋杀郭太后,又要兴建宫殿群,最后还得为后继之君的事而操劳,总之一年三百六十五天,曹叡天天都很烦,搞得心力交瘁。

　　蜀汉方面,诸葛亮出师未捷身先死,国家顶梁柱轰然倒塌。六次北伐,几乎掏空蜀汉的国力民力,百废待兴,虚弱不堪。再加上内耗,中军师杨仪被废,主持政事的尚书令蒋琬撑起近乎崩溃的国家,兢兢业业,以治愈战争创伤、恢复元气为主,根本就无心、无力挑起蜀魏战事。

　　东吴方面,连续数十年征战,国穷民困,再加上山越民频频暴乱,孙权也是愁肠百结,痛苦不堪,于是把平定山越人与发展国内经济放在首位,积蓄力量,安内之后再攘外。

　　在这相对和平时期中,东吴长沙郡却爆出一桩贪腐要案,一位地方基层官吏竟然在短短的两年内贪污军粮一百一十二斛六斗八升(约3450斤),以时价算,价值近十七万钱。在那个兵荒马乱的时代,吃饭问题是军队中的头等大事。

　　军粮贪腐案爆出后,东吴举国震撼,上至朝廷下至长沙地方郡县,无不

口诛笔伐。但是在审案过程中,主犯一再翻供,致使案情复杂,经过两年的审讯,才结案,后主犯被绳之以法,累及其家属。这就是长沙走马楼吴简中记载的许迪割米案。

贪腐案主犯许迪,长沙郡下隽县人氏。下隽县自赤壁大战后就一直被东吴占领,由于土地肥沃,盛产米粮,经常被孙权赏赐给建立殊勋的大功臣如周瑜、鲁肃等,作为食采之邑。

那时候,孙权为了增加国家财赋收入,允许郡县地方将土地出租给吏、民,然后征收高额的田租。许迪从小失去父亲,与母亲、哥哥许八、弟弟许冰相依为命,在下隽县南乡丘(丘即汉代的里)靠耕种租来的田地糊口度日。

建安二十年(公元215年),孙权令吕蒙攻取荆南三郡,鲁肃也带领一万兵马驻守巴丘,准备跟赖账不还的关羽一决雌雄。下隽县作为鲁肃的食邑,在鲁肃的号召下,也进行了全民动员。

长沙郡属于天下四战之地——荆州,孙、刘两个集团在此屡屡展开激烈的争夺战,当地的青壮年男人都被强征入伍,以至于钗荆裙布遍地走,剩女漫天飞,女人当家做主的现象非常普遍。翌年(公元216年),许迪为了养家糊口,决定把家事交给母亲与妻子,自己应聘做了下隽县的给吏(临时招聘的编制外人员),希望能转正为吏,领取俸禄。不料没多久,许迪被辞退,只好返乡重操旧业。

由于下隽县官府的疏忽,违反了给吏之后在同一年内不得再担任给吏的规定,许迪又被征发为给郡吏,成了长沙郡的一名临时郡级干部。许迪出身于单亲家庭,生活艰难,因而非常珍惜老天爷恩赐的第二个机会,兢兢业业,努力工作。经过漫长的十五年等待,许迪终于熬到了出头的日子。

黄龙三年(公元231年)正月二十二日,长沙郡的人事部门任命许迪为陆口典盐掾,派他去陆口负责出售官盐。许迪由给吏转正为郡吏,成了一名正规编制内的官吏。孰料这位看似老实巴结交的泥腿子,竟然会堕落成一只贪得无厌的大硕鼠。

当时长沙郡官府贪腐成性,官仓中的粮米成了那些不法分子的重点猎物。据发掘出来的吴简记载,自黄武六年(公元227年)到黄龙元年(公元229年)之间,竟然有两千斛的官仓粮米无法在账簿上找到下落。

许迪贪腐案,可能与驻守陆口的东吴统将潘璋有关。潘璋是攻杀关羽的主力,孙权称帝后,封他为右将军,驻守陆口。潘璋作战勇猛,手下仅数千人,打起仗来却一个顶三个,足以拼过一万人。但是他奢侈贪婪,为了掠夺财物不择手段,屡屡犯法。监察部门多次向孙权举报,孙权念及潘璋有收复荆州之功,并不过问,放任自流。结果潘璋镇守期间,胡作非为,上行下效,陆口各级官吏徇私枉法,贪污贿赂成风,到处都是乌烟瘴气。

许迪赴任之后,也对堆积如山的官物垂涎三尺,开始明目张胆地监守自盗。从黄龙三年(公元231年)到嘉禾二年(公元233年)的两年任职期间,许迪经手的官盐有一千四百三十七斛一斗一升、酒七十五斛六斗四升五合,合计一千五百一十二斛七斗五升五合。许迪按照上面的指示,将其中的一千八十六斛五升六勺盐和酒兜售出去,以换取钱、米等杂物,又用余盐四百二十六斛一斗九升,换来了米二千五百六十一斛六斗九升。

时值辽东公孙渊败盟,擅杀吴使,孙权又集结军队,准备第四次进攻合肥城。一时间举国上下紧张兮兮的,许迪却乘机大发国难财。他将钱、杂物全部入库。大米入仓交割时,许迪利用职权之便,交出九千五百五十七斛四斗一升给仓吏(仓库管理员)黄瑛,将另外一百一十二斛六斗八升的白花花大米据为己有。

但是许迪作弊的手段太过粗糙、卑劣,很快就东窗事发。

嘉禾三年(公元234年),潘璋死去,威震南疆的吕岱接替潘璋驻守陆口。吕岱为官清廉,在交州颇有政绩,走马上任后立即下令彻查陆口的腐败问题。

翌年(公元235年),长沙太守于望派遣从史位(没有固定职位的官员)廖咨去陆口巡视,配合当地官吏开展反腐败运动。廖咨与小吏朱诉一道进入官仓,查核账簿,发现与实际盘存不符合。于是二人逐级追查责任,结果就查到典盐掾许迪头上。

许迪见事情败露,赶紧在六月初一日,将私自割用的一百一十二斛六斗八升大米交付给仓吏黄瑛,并指使弟弟许冰篡改账簿,以掩饰其罪行。

然而为时已晚,八月十八日,廖咨将在陆口稽查的情况详尽上报长沙太守于望。于望大怒,马上下令抓捕许迪,将其打入临湘侯国(县级行政区)牢狱,并从各级官吏中抽调一批人,组成一个调查团,对许迪割米案进行审讯、核实。

代表长沙太守于望督察地方的督邮书掾——晁督察(一位姓晁的督察官),是此案的第一负责人。临湘县金曹史(主管盐铁交易)李珠担任主者史,为第二负责人。其他重要成员包括临湘县的录事掾(负责文书档案)潘琬,中贼曹掾(负责盗贼事务)陈旷,核事掾(临时性委派的审核员)赵谭、这贵,都典掾烝若,主者掾石彭等。

十一月初七日,调查团开始第一轮的提审,审问嫌疑人许迪的具体情况,并按照汉代的司法程序,当庭留下口供,以备三天后复审。初八日,第一负责人晁督察将庭审纪录和嫌疑人口供移送他处。初九日,由核事掾赵谭、这贵对许迪进行第二轮的提审。在审讯中,许迪顶不住压力,供认他私自割用官米的犯罪事实。

审讯进行得很顺利,三天时间就审出结果。于是调查团正式确认许迪盗割官米的罪名,按照吴国律法《辛丑科》规定,盗官物"凡盐满一石,米二石,杂物直钱五千,皆斩,没入妻子"。犯罪人均处以极刑,家眷没入官府为奴。许迪盗用的官米有一百一十二斛六斗之巨,也就是一百一十二石六斗。按照魏晋时期每天七升口粮的标准来计,许迪贪污的官米可供一千六百名士卒食用一天。以这个量刑,许迪纵然有一百颗脑袋也不够砍。由于那时候县级司法机构并没有行使死刑的权力,故而在十一月下旬,核事掾赵谭上报长沙太守于望,要求将许迪正法,以惩凶恶。

因为许迪盗割的官米属于军粮,性质更加恶劣,所以于望将其交给吴军中的督军粮都尉蔡规来处理。但是许迪案结文书呈上之后,经过多人转手,滞留了两三个月的时间。

直到嘉禾五年(公元236年)二月,蔡规在将许迪正法之前,为了谨慎起见,再次对案件进行细致详尽的调查,于是第三轮提审许迪。

静待秋后问斩的许迪想不到这个案件会拖延这么长时间,臆测自己罪不至于斩首,遂决定在第三轮审讯时当庭翻供,以侥幸心理做最后一搏。

在庭审时,许迪高声喊冤说,由于初审时县吏用刑残酷,不堪挝杖,只好承认。许迪否认偷盗官米的罪名,谎称未入仓库的一百一十余斛六斗八升官米,是他预备作支付加工、搬运的费用。

督军粮都尉蔡规傻了眼,想不到许迪在临死之前还能揪住案件中的纰

漏,为自己翻案。于是对调查团的成员苟且了事、致使漏洞百出的草率行为大怒不已,勒令他们覆审此案。庭审的主审人员陈旷、潘琬也分别被处以鞭一百、杖三十的责罚。

覆审仍然由潘琬、赵谭、陈旷等人主审,时间在嘉禾五年(公元236年)十一月。由于兹事体大,长沙太守于望、郡丞、晁督察都介入这次覆审。

为了确认许迪盗取官米的事实,潘琬等又提审许迪的弟弟许冰,让他出庭,当面对质。潘琬等为促使许迪尽速认罪,置临湘侯相、侯丞"不要逼供"的指示于不顾,动用刑讯,棍责许迪一百三十杖。如此折腾了十五天,许迪终于崩溃了,再次承认割用官米的犯罪事实。

许迪割米案水落石出,真相大白。嘉禾六年(公元237年)二月十九日,录事掾潘琬要求临湘县金曹史李珠将覆审详情重新上报。四月二十七日,长沙太守于望、郡丞、晁督察经过最后的会审,予以定案,维持两年前的初审判决,许迪盗用官米一百一十二斛六斗八升,按律当斩,妻子、两个儿子许让和许均,都没入官府为奴。

由于许迪的两个兄弟许八、许冰都已分家,各立门户,许冰虽涉及篡改账簿,但主使者是许迪,所以兄弟两人都不予追究。但是许八、许冰必须凑足十六万九千廿钱的罚金,交纳官府。罚金数额是这么来的,按照嘉禾六年的米价每斛一千五百钱计算,许迪盗取官米一百一十二斛六斗八升,值十六万九千廿钱。

按照孙权宽恤老人的人道主义精神,吴国律法《辛丑科》中特别规定,"人年八十以上,八岁以下,不应罪坐"。许迪之母年已八十五,故额外开恩,也免于连坐。

沸沸扬扬的许迪割米案,几多反复,前后耗时两年,至此方尘埃落定。许迪割米案是继暨艳案后,东吴又一宗反腐大案,一宗经济大案。

嘉禾五年前后,东吴经济上的大事除了许迪及其他的反腐案件之外,最重要的是币制改革、租佃制改革。

东汉以来,老百姓钱包中装的是五铢钱,内方外圆,象征着天地乾坤。曹丕篡汉称帝之后,为了向世人宣示大魏帝国是大汉帝国正统的继承者,就沿用五铢钱做货币。但因谷价暴涨,造成通货膨胀,五铢钱只流通了半年,就被曹丕废掉,改用布帛作为流通货币。但这么一废,麻烦又来了。布帛有厚有薄,很容易被人钻空子。于是在太和元年(孙权的黄武六年,即公元227年),曹叡又重铸五铢钱,与布帛并行流通使用。

孙权则独树一帜:你曹丕流通五铢钱,我大江东绝不苟同。孙权采用的货币是王莽大泉,铜钱正面铸刻着"大泉五十"四个字。吕蒙打下荆州,功勋卓著,孙权赐赏铜钱一亿。这一亿应该就是王莽大泉,虽然币值吓人,但是徒有虚名。吕蒙用大马车把一亿钱拉回家之后,恐怕也是空欢喜一场。看似钱多,购买力却非常低下,恐怕就是东吴版的津巴布韦亿元大票。

由于物价长期在高位运行,孙权不得不在嘉禾五年(公元236年)宣布废除王莽大泉,铸造自己的货币——大钱,也就是大面值的铜钱,正面铸有"大泉五百"四个篆体字。一个"大泉五百"相当于五百枚小钱(五铢钱),或十个王莽的"大泉五十"。为了防止民间盗铸大钱,孙权诏令收缴民间的铜器,并设盗铸之科,以打击民间盗铸的不法行为。

孙权铸"大泉五百"的大钱,表面上看,是在对曹魏打经济牌,但实际上却是掠夺民膏民脂,剥削民间资本,反而挫伤了国内经济。

嘉禾五年的租佃制改革,主要是扩大国有土地的租佃范围,租佃者数量急剧增加,同时减轻租税,加强对州吏、郡吏、县吏、军吏的管理,使这些吏户不但有田地耕种,而且也可以兼任其他的职务,如仓吏、库吏,等等。租佃制改革有利于促进东吴经济的发展,很大程度上抵消了币制改革带来的负面影响。

孙权在魏吴关系相对缓和的时期,大力开展反腐败运动,打出币制改革与租佃制改革这套组合拳,期望通过调整经济,增强自身的实力,为日后击败曹魏创造条件。嘉禾五年,成了东吴的一个重要转折点。

攻讨襄阳

铸"大泉五百"后一个月,喜事连连。嘉禾五年(公元236年)二月,陪都武昌城现符瑞,天降甘露于礼宾殿。平叛斗争又传来捷报,中郎将吾粲斩杀

庐陵郡的山越叛兵头目李桓、路合,南海郡的叛军头领罗厉也被另一将军唐咨斩杀,首级挂在建业城头上。

三月,八十一岁的江东元老张昭在平叛胜利的欢呼声中溘然而逝。张昭是淮泗集团的首脑人物,在孙吴政权建立初期,起到了中流砥柱的作用。张昭由于在赤壁大战之前持动摇、投降的态度,因而逐渐遭到孙权的冷落甚至遗弃。张昭死后,诸葛瑾、胡综、薛综等成了淮泗集团中的老字辈。淮泗集团能否重回政权巅峰,就取决于诸葛瑾、胡综等。

吴魏两国度过了近两年平静的和平时期,战火重新点燃。曹魏经过十数年的苦心经营,针对吴国、蜀国,部署了三个防御区,祁山防区、襄樊防区、合肥防区。合肥由于毗近巢湖、长江,一直以来就是魏吴双方的主战场。孙权在巢湖口建立水师基地——濡须坞,进可攻退可守,严重威胁着曹魏的合肥防区。魏军疲于奔命,极为被动。征东将军满宠担任淮南魏军统帅之后,上奏曹叡毁掉合肥旧城,在远离长江、巢湖的鸡鸣山脚下再造一座合肥新城。此举使得魏军化被动为主动,削弱了东吴水师的威力,大大改善魏军在东线的防御态势,双方力量互为消长。

连续数次进攻合肥受挫,孙权不得不转移方向,试图在魏军的襄、樊防区实现突破。孙权命令淮泗集团的"老油条"诸葛瑾与江东士族的"领头羊"陆逊,共同指挥吴军进攻襄阳城。为了牵制魏军,孙权也亲自出征,虚张声势。史书对嘉禾五年孙权的出战情况语焉不详,只提到受阻后被迫退军。

襄阳城战况不容乐观。吴军水陆夹攻,陆逊负责攻城,诸葛瑾率水师战船在沔水上呼应,保护陆逊的退路安全。由于襄阳城防御工事异常坚固,陆逊久攻不下,派心腹韩扁向孙权汇报战况。韩扁回来时在沔口被魏军巡逻兵截住,孙权给陆逊的撤军诏书也被搜出来。

诸葛瑾闻讯大惊,赶紧写信给陆逊,说:"陛下已回,贼军抓住了韩扁,我军底细全部泄露。现在沔水水位下降了,还是遵照陛下旨意,尽速退兵吧。"陆逊却像什么事也没有发生似的,在军营中优哉游哉,让士卒栽种豆子,还跟帐下诸将玩棋、搞射击比赛,忙得不亦乐乎,甚至挤不出时间给诸葛瑾回信。

诸葛瑾纳闷不已,料想陆逊足智多谋,心中早有主意了,于是亲自去见陆逊。陆逊对诸葛瑾说:"贼军获知陛下撤退了,就无所顾忌,可以专一对付

我们。我们占据这里的所有险要之地,要走也要先安抚军心,设下计谋,然后再走。现在仓促退兵,贼军以为我们胆怯了,一定会来追赶。如此就不妙了!"

陆逊与诸葛瑾秘密商议,由诸葛瑾率水师战船、陆逊率步骑兵,直逼襄阳城,摆出一副吓人的攻城架势。魏军素来对陆逊畏惧三分,看到吴军大举来犯,赶紧把军队都集结在襄阳城中。

虚晃一招后,诸葛瑾率水师战船缓缓驶出了沔水,岸边上的陆逊有条不紊地发号施令,大张声势,淡定指挥部众登上战船。魏军却紧绷神经,不知道陆逊要耍什么计谋,不敢轻举妄动,眼睁睁看着吴军战船渐渐南去。

陆逊不甘心就这么无功而回,在自己十数年的征战生涯中,从未打过败仗。空手而回,就是最耻辱的了。于是陆逊取道沔口班师,退至白围(今湖北洪湖境内)后,假称要去狩猎,暗中却派遣将军周峻(周瑜侄儿)、张梁袭击魏军的江夏新市、安陆、石阳(今湖北黄陂西)等据点,以证明世界上只有打胜仗的陆逊,没有征战无功的陆逊。

石阳贸易繁荣,人来人往,热闹非凡。周峻率吴军突然兵临城外,人们惊慌不已,纷纷丢弃下手中货物涌向城门,结果堵住了城门,无法关闭。守城魏军乱了阵脚,唯恐吴军攻入城,竟然把枪头对准自己的老百姓,大开杀戒,顿时石阳城门横尸遍地,惨不忍睹。

陆逊虽未攻下襄阳城,却在班师途中顺手牵羊,俘获魏军千余人。另有曹魏的江夏郡功曹赵濯、弋阳备将裴生、夷王梅颐(郌中山越酋长梅敷三兄弟之一)等投降,陆逊倾其财帛,优渥厚待。陆逊在情报泄密之后,设下奇谋,全军而退,无一损失,堪称兵不厌诈的经典案例,是这次北伐的唯一亮点。

陆逊撤军回武昌后,翌年(公元237年)二月,又挥师围剿鄱阳、豫章、庐陵三郡的叛乱。陆逊威名远扬,所到之处,叛军无不望风而降。陆逊收编叛军,得精兵八千人,迅速平定了三郡的暴动。

七月,孙权对曹魏的襄、樊防区发起第二波攻势,令车骑将军朱然率两万步骑兵,进攻樊城(曹魏江夏郡治)。魏荆州刺史胡质率一支轻兵驰援。朱然不敢应战,主动后退。

两次进攻襄、樊防区未果,孙权又在十月派遣卫将军全琮、前将军朱桓偷袭六安,想在吴魏边界的中段部位杀出一个缺口。

六安之战的起因是曹魏的庐江郡主簿吕习要投降东吴,请孙权派兵来攻,他在六安城内举兵接应。全琮和朱桓抵达六安城下时,吕习却已败露,被曹魏的庐江太守李膺杀害。全琮、朱桓不得不撤退。

六安城外一里处有一条大河,宽三十丈,深八九尺。朱桓自为断后,保护吴军主力渐次涉水撤去。李膺调集好兵马,准备趁着吴军渡河一半时杀出城去追击。但李膺素闻朱桓的威名,畏之如虎,远远瞧见朱桓的战车伞盖,两腿战栗,竟然不敢出击,使得吴军安全渡河而走。

此役,全琮虽然为统帅,但是孙权又让文臣胡综传达诏令,负责监军。全琮是东吴的常胜将军,战洞口、战石亭,斩获累累,功勋昭著。现在却出师无果,他骤生挫折感。

于是全琮下令,四出劫掠,捞点战果。朱桓跟蜀汉的大将魏延一样,趾高气扬,从来不肯屈居他人之下,瞧不起比自己年少二十岁的全琮,认为受到他的指挥是一个耻辱。朱桓就急匆匆地去见全琮,准备对他指手画脚,结果发现全琮已经下达了军令。

朱桓大怒:这小子竟然绕过自己发号施令,简直是目中无人。当我在孙权麾下东征西讨时,你恐怕还在娘胎里。朱桓有点狂妄,就跟全琮理论。全琮虽然是孙权的女婿,但是他为人谦和,不愿意得罪有点不可理喻的朱桓,假托说是孙权命令他督军。

朱桓更加鄙视胡综这个手无缚鸡之力的一介书生,顿时怒发冲冠,让人把胡综唤来,要跟他算账。胡综来了,但朱桓帐下有一人告诉他赶紧回去。朱桓左等右等,不见胡综前来,获知是自己的手下所为,朱桓暴跳如雷,一剑将那位手下劈成两半。参军进来规劝,朱桓又把他砍翻。吴军班师后,朱桓怕孙权降罪,就托言自己得了癫痫病,到建业养病去了。

孙权很爱惜朱桓的勇猛,把他比作江东的关羽,所以不追究朱桓滥杀之罪,命令其子朱异代领军队,让朱桓安心养病。数月后,孙权亲自送朱桓出镇濡须。孙权感慨地说:"如今天下未宁,我准备让你统率五万大军进取中原,孰料你旧病复发。"朱桓哈哈大笑:"陛下天人之姿,理应君临四海,委任重臣,扫荡天下,如此我就自动病愈了。"翌年(公元238年),朱桓病死,享年六十二。帐下诸众,不论男女,无不恸哭。朱桓为官清廉,死时家中四壁徒然,空无一物。孙权痛惜不已,赐官盐五千斛为朱家治丧。

六安受降不成,自然让孙权惆怅万分。但是最令孙权刻骨铭心的是朱桓死后不久发生的吕壹事件。

吕壹事件

发生于嘉禾七年(公元238年)的吕壹事件,是继暨艳案之后东吴又一宗政治大案。十二年前的暨艳案,掀开了孙权抑制江东士族的序幕。孙权为了在江东站稳脚跟,不得不取悦当地的土豪士族,但是江东士族子弟的腐败又令他深恶痛绝,故而支持暨艳在五官署、左署、右署等三署衙门中展开反腐行动,并默许暨艳适当打压淮泗集团。太子孙登屡屡向孙权进谏,孙权不听,朝中文武众臣更不敢说话。

暨艳却无法领会孙权的难言之隐,在张温的指示下,狐假虎威,扩大打击面,既狠整了淮泗集团,又触犯了江东士族的利益,结果遭到两派势力的夹击。孙权骑虎难下,只好牺牲一个不辨龙蛇的暨艳以稳定政局。

暨艳案之后,江东士族势力空前嚣张,淮泗集团则节节败退。江东士族在东吴根深蒂固,实力异常雄厚,几乎垄断国家的政治、经济命脉,渐渐威胁到孙权的统治。而且江东士族肆无忌惮地打压淮泗集团,已经造成朝政的倾斜,破坏了整个国家的稳定。这是孙权绝对不能容忍的。

淮泗集团作为外来的弱势群体,犹如浮萍,荣枯完全系在孙权身上。孙权不得不做出既依赖江东士族,又扶植淮泗集团以掣肘江东士族的矛盾决定。这就是史书上说的,孙权"外仗顾、陆、朱、张,内近胡综、薛综"。在行使国家权力时,孙权依靠财大气粗的顾、陆、朱、张等吴郡四大豪族,但是在决策时又亲近胡综、薛综等淮泗集团。

为了有限度打压江东士族的嚣张气焰,平衡朝政,嘉禾七年(公元238年)孙权任命淮泗集团中的吕壹为中书典校,负责典校诸官府及州郡文书,矛头直指江东士族。

中书典校是东吴政权的纪检监察专员,也是孙权监控群臣的工具。虽然位卑权微,但是有孙权在背后撑腰,典校狗仗人势,个个都是酷吏,为了办案不择手段。骠骑将军步骘曾经痛斥说:"诸典校摘抉细微、吹毛求瑕、重案深诬,辄欲陷人,以成威福,无罪无辜,横受大刑,是以使民踧天踏地,谁不战栗?"——为了取悦孙权,典校不惜栽赃诬陷。无辜的人莫名其妙就被抓进大牢,遭到严刑拷打。不论是朝廷命官还是黎民百姓,一见到典校就心惊肉跳,连走路都不敢大步走。

身居纪检要职的吕壹更是江东一只万人憎恶的大老虎。为谋私利,吕壹竟然禁止私自贩酒。吕壹党羽仗着主子的权势,也是目中无纪,为非作歹。吕壹的一个宾客在建安郡犯下罪行,建安太守郑胄将他打入大牢。吕壹怀恨在心,暗中向孙权进谗言。孙权大怒,不分青红皂白,要将郑胄罢职。朝中大臣潘濬、陈表竭力从中斡旋,孙权这才饶了郑胄。

江东豪族顾雍为相十九年,可谓权倾一时。但是吕壹在孙权面前只说了几句话,结果顾雍遭到孙权劈头盖脸的痛斥,差点儿被赶下台。

顾雍为人谨慎,几乎没有把柄可抓。黄门侍郎谢厷很有正义感,责问吕壹:"顾丞相到底出了什么问题?"吕壹竟然大言不惭地回答:"不称职!"谢厷又问:"如果顾雍罢免了,谁来做丞相?"吕壹根本就不懂得朝政,一时语噎。谢厷告诉他:"一旦顾雍下台了,太常潘濬最有可能接任丞相。"

潘濬最痛恨吕壹,曾经准备宴请百官,打算在酒席上亲手宰了吕壹。因而吕壹谁都不怕,就怕潘濬一人。谢厷又说:"今天潘濬取代顾雍,明天潘濬就让你吃苦头。"吕壹惊恐万分,这才放过顾雍。

做过江夏太守的刁嘉,一次酒会过后迷迷糊糊就被吕壹栽上诋毁朝政的罪名。孙权一怒之下,把他打入大牢,并让人当庭对质。除了侍中是仪,其余官员慑于吕壹的淫威,都说耳闻了刁嘉的诽谤声。孙权大怒,又让吕壹拷问是仪,逼他招供。一时间搞得人心惶惶,谁也不敢吱声。

吴郡的另一豪族左将军朱据文武全才,孙权把幼女孙鲁育许配给他,可吕壹竟然连这个武功高强的驸马爷也敢得罪。

嘉禾五年,孙权进行第一次币制改革,铸造"大泉五百"的高面值铜钱。孙权拨给朱据的军饷是每月三万缗,每缗相当于一千枚五铢钱或十个"大泉五百"铜钱,结果被军中的工匠王遂冒领了。吕壹怀疑落入朱据的腰包,就把军饷主管抓起来拷打,逼他供出朱据贪污的事实。军饷主管宁死也不肯附和吕壹陷害朱据,结果活生生被乱棍打死。

朱据可怜军饷主管无辜而死,将他厚葬。吕壹又诬陷朱据丢车保帅,否则怎会优恤部下?这下子朱据跳进黄河洗不清,被孙权骂得无地自容,只好坐在草席上等待发落。好在孙权的侍从武官刘助仔细翻阅材料之后,才把贪腐的真凶王遂揪出来。

又是一个成事不足、败事有余的家伙,孙权既无奈又愤怒,感慨说:"连朱据这样的勋贵高官都幸免于难,更别说升斗小民了!"只好诏令将吕壹立案审查,任命丞相顾雍为"吕壹案"主审官。

入狱提审后,顾雍和颜悦色问吕壹:"你还有什么话吗?"吕壹连连叩头,一个字也没有说。一旁的尚书郎怀叙实在气愤不过,当众指着吕壹詈骂侮辱,却被顾雍痛斥一番,"国有国法,怎能如此!"

拿下吕壹,江东士族无不拍手称快。甚至有人主张将他先烧死后车裂,以彰元恶。孙权去问中书令阚泽,阚泽认为太平盛世,不该有如此的酷刑。孙权听从阚泽的话。最后,吕壹被斩首正法。

吕壹这只大老虎之所以肆意横行,与孙权的背后支持分不开。孙权希望凭借中书典校这个反腐工具,抑制江东豪族势力,维护皇权。吕壹猜透了孙权的心思,所以敢于直面顾雍、朱据等吴郡四大豪族,差点儿将他们挑落下马。但是吕壹窃弄权柄,擅作威福,诋毁无辜,令孙权难堪。最后孙权不得不向江东势力妥协,将吕壹绳之以法。

将吕壹正法之后,孙权引咎自责,并派遣中郎将袁礼向东吴的重臣、武将谢罪,切割自己跟吕壹的关系。但是孙权为掩人耳目,撇开责任,将自己宠用吕壹的过失归咎于诸葛瑾、步骘、朱然、吕岱等,说他们没有尽到直谏的责任,痛斥说:"今孤自省无桓公之德,而诸君谏诤未出于口,仍执嫌难。以此言之,孤于齐桓良优,未知诸君于管子何如耳?"——虽然我没有齐桓公那样的美德,但是诸位因有所顾忌,不敢直谏,你们扪心自问,比得过管仲吗?

可以说,吕壹一事令孙权颜面尽失,为了给自己下台阶,他竟迁怒于众臣。

辽东败亡

吕壹事件宣告了孙权在政治上借助中书典校抑制江东士族的失败，于是他又试图通过经济手段来实现这一目的。江南地区虽然富庶无比，但是国穷民富。江东士族尤其是吴郡四大豪族拥有雄厚的经济实力，几乎垄断本地的经济资源，这也是他们被孙权刻意打压的原因之一。

孙权采取的手段非常高明——调控货币政策。嘉禾七年（公元238年）春，孙权进行第二次币制改革，铸"当千大钱"，甚至还有超高面额的"当二千大钱""当五千大钱"。这比两年前的"大泉五百"更加大胆、前卫，极易促成物价上涨，通货膨胀，带有强烈的经济掠夺色彩，既能实现藏富于民向藏富于国的转化，又能削弱江东士族的经济实力。

币制改革之后，铜钱不断流入国库，财富逐渐集中在皇室手中，孙权也逐渐安心下来。这时符瑞又降临人间。

八月，陪都武昌的官吏上报说，当地出现麒麟。有关部门马上奏告皇帝："麒麟降临，此乃太平盛世的征兆，应改年号，以顺承天意。"

但是孙权下诏说："前段日子，朕亲眼见到赤乌落在大殿上。如果这是神灵降下的吉兆，朕认为年号应改为赤乌。"

赤乌，就是红色的瑞鸟。据说周武王讨伐商纣王时，在孟津举行军事演习，天上有流星坠落在周武王居所的屋顶上，化成三足赤乌。

既然是皇帝亲眼见到，那更是非同凡响的大吉大利之征，东吴将一统天下。于是朝中文武百官齐呼万岁，纷纷歌功颂德。是年八月，孙权改年号为赤乌。

赤乌之兆，源于战争，昭示了孙权攻伐曹魏的心理。这一年，孙权五十七岁，将近花甲，已进入人生的暮年时期了。曹操是孙权最可恨也是最敬重的对手，他留下的诗歌《龟虽寿》中云："老骥伏枥，志在千里。烈士暮年，壮

心不已。"孙权决心在余生之年有所作为,创造比曹操更大的辉煌。

孙权大展宏图的第一个契机,是介入辽东事务。辽东军阀公孙渊投而复叛,叛而复投,为出尔反尔、首鼠两端作了活生生的注解。嘉禾二年(公元233年)孙权遣派万人大军远赴辽东,册封公孙渊为燕王。在魏主曹叡的挑唆、分化之下,公孙渊戕害吴使,撕毁与孙权的盟约,让孙权远交近攻的计划流产。

公孙渊投诚曹魏之后,又有点后悔了。尽管孙权远在数千里之外,但是至少还可以送来一点温暖。曹魏则不同,与辽东只有一步之遥,时时刻刻琢磨着致自己于死地。于是他又开始摇摆了,粗暴地对待曹魏使臣。

公孙渊肆意玩弄孙权、曹叡于股掌之中,结果是搬起石头砸自己的脚,给辽东带来了灭顶之灾。嘉禾六年(公元237年),曹叡派遣幽州刺史毌丘俭携带诏书赴辽东,征召公孙渊入朝。这是曹魏给他下的最后一道通牒,一旦去了洛阳城,就是肉包子打狗,有去无回。不入朝,又给曹魏一个出兵讨伐的口实。横竖都是死,那就死得荡气回肠吧!公孙渊立即树起反旗,宣告与曹魏义断恩绝,在辽隧(今辽宁海城西)阻击毌丘俭。毌丘俭大败而逃。

赶跑毌丘俭之后,公孙渊闹起独立,自封为燕王,定年号为绍汉元年。他仿照中原王朝,建立一整套完备的官僚制度。魏、蜀、吴三国演义,变成魏、蜀、吴、燕四国纷争。虽然独立了,但是公孙渊战战兢兢,整天提心吊胆,担忧曹魏来攻。

翌年(公元238年)春,魏主曹叡果然派遣太尉司马懿讨伐叛逆的公孙渊。

为了应对曹魏的入侵,公孙渊采取了两个措施。第一,授予鲜卑单于印玺,诱使鲜卑人在曹魏北疆滋扰生事。第二,再次遣使向东吴称臣,乞求孙权出兵伐魏,拯救辽东的芸芸众生。

公孙渊的乞兵使臣双脚刚踏进建业城门,东吴就群起激愤,人人喊杀,要为死难的张弥、许晏等报仇,只有羊衜(音"道")认为不可杀。

三国时期有两个羊衜,一个是西晋名将羊祜之父、曹魏的上党太守,另一个是吴国太子孙登的幕僚。曹魏的上党太守羊衜卒于嘉禾二年,东吴的太子幕僚是南阳人,才思敏捷,能说善辩,后来官居始兴太守。

羊衜劝孙权说:"杀了公孙渊的使者,是因小失大,呈匹夫之怒,失称霸

之计。不如趁机厚待、拉拢公孙渊，并暗中派遣一支奇兵远征辽东，伺机而动。如果曹魏进攻辽东失利，那东吴就是恩结远夷、义盖万里；如果曹魏与辽东杀得难分难解，我们可趁机洗掠，大捞一把，满载而回，以示苍天对公孙渊背信弃义的惩罚，一雪杀害吴使的血仇。"

羊衜的话说到孙权的心坎上。你不仁，我也不义。他当即拍板第二次远赴辽东，统将是羊衜、宣信校尉郑胄、将军孙怡三人。孙权还信誓旦旦地告诉公孙渊的使者："我必与公孙老弟同休戚、共存亡，即使命陨中原，我也甘心！"并友情提示说："司马懿所向披靡，我深为公孙老弟担忧！"

孙权的满口承诺，只有最后一句是真心话。孙权希望公孙渊能顶住司马懿的进攻，让曹魏增加一个对手。但是事与愿违，在司马懿迅雷不及掩耳之势的打击下，公孙渊迅速覆灭。

六月，司马懿率魏军进抵辽东。公孙渊遣将军卑衍、杨祚等率步骑数万，围绕着辽隧，挖了一道二十余里长的壕沟。狡猾的司马懿声东击西，弃辽隧不顾，直捣公孙渊的老巢——襄平城。恰逢大雨三十余日，辽水暴涨，司马懿用战船把攻城器械和军用物资都运到襄平城下。八月初七日夜里，天降流星，坠落襄平城东南方。魏军士气大振，经过半个月的疯狂进攻，二十三日，攻陷襄平城。公孙渊扯上儿子率数百骑突围，向东南方向逃跑，逃至流星坠落之处被魏军追上，公孙渊父子都被杀死。司马懿斩伪相国以下千余人，将辽东、带方、乐浪、玄菟四郡并入曹魏的版图。

赤乌二年(公元239年)正月初一日，司马懿凯旋，回到洛阳城。魏主曹叡已病入膏肓，即刻召司马懿入见，在病榻前托孤，将八岁的养子曹芳交付给司马懿、曹爽。当天，曹叡死去，年仅三十六岁。曹芳被心机莫测的司马懿拱上皇位，立国不足二十年的大魏帝国渐渐滑向覆没的深渊。

公孙渊败亡之快，远远超出吴国君臣的预料。三月，羊衜、郑胄、孙怡统率吴军远征部队，在辽东半岛登陆，曹魏守将张持、高虑早已在岸上守候。羊衜见辽东大势已去，便在掳掠一批男女牲口后，回到东吴。

司马懿平定辽东，曹魏帝国的疆域空前辽阔，从西域到朝鲜，东西横亘万余里。但是物极必反，否极泰来。强盛一时的曹魏王朝暗流涌动，危机四伏。幼主曹芳上台，老奸巨猾的司马懿虎视眈眈，世人皆知，曹魏离末日不远了。

东吴的零陵太守殷礼审时度势,上疏孙权,为他规划攻取天下之策。按照殷礼的设想,吴蜀联军四路北伐,分进合击。蜀军出陇右进攻长安城,诸葛瑾、朱然进攻襄阳城,陆逊、朱异进攻寿春城,孙权自淮阳(淮河以北)北取山东半岛。如此一来,吴蜀联军全线出击,曹魏应接不暇:西线被蜀军牵制于长安城,中线被吴军牵制于襄阳、寿春,东线较为空虚,孙权可势如破竹。曹魏只要有一路出现差错,就有全盘皆输的可能。

最后,殷礼认为,这是魏、吴、蜀三国之间的最后大决战,攸关国家的命运。吴军应当全力以赴,"悉军动众",如果再小打小闹,那么就会搞得国困民乏,适得其反。

殷礼的四路北伐计划堪称三国历史上最庞大的战争计划。此时曹魏幼主继位,权臣司马懿与曹爽钩心斗角,内讧不断,上下失和。蜀汉经过五六年的休整之后,元气有所恢复,姜维日夜秣马厉兵,枕戈待旦。东吴基本上平定山越内乱,国泰民安。这是整个三国鼎立时期形势对吴蜀两国最有利的时间点,如果孙权能及时把握这一有利时机,按殷礼之策,联合蜀汉,跟曹魏做最后一搏,即使无法灭魏,也会给予重创,从而改变历史进程。

但是孙权没有听取殷礼的建言,他对北伐的进攻路线持不同看法。连续进攻合肥城受挫甚至惨败,让孙权对合肥城望而生畏,彻底放弃了"合肥—寿春—洛阳"的北进路线。吴军水师尚可,但是严重缺乏优良战马,没有建成一支强有力的骑兵部队,这是吴军的最大短板。按照殷礼的战争计划,即使突破了曹魏的合肥防区、襄樊防区,日后跟曹魏会战于河洛平原时,如果没有精锐的步骑兵,就没有必胜的把握。故而孙权放弃了殷礼的大计划,但他并没有放弃北伐曹魏的努力。

孙权有自己的北伐布局,避开曹魏坚固的合肥防区,改攻西边一百五十里处的六安。东吴以水军见长,那就扬长避短,主攻水网密布的襄、樊地区。孙权统治的最后阶段——赤乌年间(公元238年至公元251年),北伐始终贯彻"东攻六安、西取襄樊"的策略,吴、魏双方频繁交锋,襄阳与六安成了两军的"绞肉机"。

第九章

赤乌余辉

四路伐魏

赤乌年间的第一场大会战开始于赤乌四年（公元241年）。这一年气候异常寒冷，正月，一向暖和的江南地区飘起鹅毛大雪。平地积雪深三尺有余，由于气温极低，鸟兽冻死大半，树枝挂着飞鸟的尸体，路旁冻毙的牛马尸骸累累，惨不忍睹。

四月，孙权趁着北方战马遭遇寒流之后大量死亡、曹魏骑兵受到自然灾害重创的机会，决定大举北伐曹魏。按照孙权"东攻六安、西取襄樊"的部署，吴军兵分四路，同时北进。

东线，威北将军诸葛恪主攻六安城；卫将军全琮进军淮南，阻击寿春的魏军南援六安。

西线，车骑将军朱然、将军孙伦率五万吴军主攻樊城；大将军诸葛瑾、骠骑将军步骘攻取襄阳南边的柤中地区，牵制魏军，确保朱然后路的安全。

东线负责打援的全琮一路进展顺利，数日后抵达寿春以南的芍陂（今安徽寿县南）。芍陂是春秋时期楚相孙叔敖修建的水利工程，可灌溉良田超过万顷。按照预定的作战计划，全琮要掘开芍陂口，人工制造洪水，形成一块方圆数里的淤泥沼泽地，以迟滞魏军步骑兵南下救援六安城。

此时淮南魏军统帅满宠因年老退居二线，被擢升为太尉，留在洛阳城中，辅佐幼主曹芳。那位差点步曹休后尘中东吴诱降计的扬州刺史王凌被任命为征东将军，接替满宠，统领淮南魏军。大将军长史孙礼代王凌为扬州刺史，加授伏波将军。孙礼率领魏军赶在全琮之前抵达芍陂，为了防止吴军决堤，抢先占领塘坝高地。

吴军能否掘芍陂口，水淹魏军，关键在于夺取塘坝高地。全琮指挥吴军仰攻，自早晨苦战到日暮，吴军攻势如潮涌，魏军死伤过半。危难之际，孙礼亲自上阵肉搏，与吴军展开惨烈的白刃战。孙礼战马多次被吴军刺伤，浑身

是血,但他仍冒死奋勇直前,手拿鼓槌,把战鼓敲得震天响,以激励士气。魏军斗志昂扬,击退吴军的多次进攻,守住了塘坝高地。

翌日,扬州刺史王凌率大队魏军来援,对吴军阵地发起突然袭击,连续攻破五个营垒,阵杀吴军中郎将秦晃等十余军官。所幸的是,吴将张休(张昭次子)、顾承(顾雍之孙)率部拼命冲杀,逼退魏军,堵住了缺口,吴军大营这才没有被魏军摧垮。全绪(全琮长子)、全端(全琮侄儿)又率吴军杀至,吴军士气大振,全琮随即下令反击,将王凌赶走。

全琮与魏军在芍陂酣战数日,诸葛恪也在六安苦战不休。六安魏军负险顽抗,诸葛恪屡攻不下,死伤惨重,只好被迫退兵。诸葛恪一撤,全琮孤掌难鸣,纵火烧毁魏军的粮仓——安城邸阁,掳走当地的居民后,也引兵归还。

东线吴魏两军互有胜败,西线吴军却在襄、樊一败涂地。

此番襄、樊大战,智谋超人一等的陆逊却没有上战场,而是辅佐太子孙登镇守大后方——陪都武昌城。陆逊一向用兵谨慎,主张固守西陵(即夷陵)即可,加上之前与诸葛瑾攻打襄阳城,差点因为军机泄露而败北,所以陆逊对贸然进攻襄、樊态度暧昧。此次孙权让骑都尉朱异、安东中郎将吕据负责攻取樊城。

吴军在朱异、吕据的率领下,奋力攻杀,一度突破樊城的外围防线。魏军退守内城,继续顽抗。

曹魏荆州刺史胡质率部从江夏驰援樊城。帐下诸将畏惧吴军强大,不敢作战。胡质为诸将打气,说:"樊城地势较低,守军兵力又少,如果不去救援随时就会陷落。"于是进抵樊城近处,安营扎寨,与城中魏军内外呼应。守军像打了鸡血似的,备受鼓舞,越战越勇,屡屡挫败朱异、吕据的进攻。

当年关羽北伐襄、樊,水淹七军,樊城快要成水下遗迹了。曹仁杀白马为誓,与士卒固守几面破败的城墙,反而将关羽拖进绝境,可见樊城之坚固与曹魏军队战斗力之强悍。这次樊城攻防战,吴魏两军都竭尽全力,决心战斗到最后一刻。

樊城有破败之危,诸葛瑾与步骘对柤中的进攻也是如火如荼。曹魏朝廷日夜紧急磋商救援之策,在御前会议上,朝中第一重臣太傅司马懿认为,柤中地区有十万军民被隔离在汉水以南,孤立无援。樊城被攻,也是苦苦支撑,危若累卵,因而自请率军援救襄、樊。

有大臣当即反对,理由是吴军远道来攻樊城,樊城从未有过沦陷的纪录,吴军气竭之后就会不战自退。援救襄、樊,当从长计议。

司马懿说,兵书《军志》上有句话:"将能而御之,此为縻军;不能而任之,此为覆军。"——有驾驭战争之才的将领却被限制过多,让他去统军,军队就无法灵活作战;无能懦弱的将领去统军,军队就会覆没。如今魏军全线陷入被动,民心动摇,此国家社稷之大忧也。

五月,曹魏幼主曹芳诏令司马懿督率诸军南下救援襄、樊,曹芳及文武大臣亲自送到津阳城门外。

司马懿用兵最善于借助外力,包括气候、地形、水文,等等。在祁山与诸葛亮对峙,司马懿依仗有利地形,坚守不战,把诸葛亮逼到断气。奇袭辽东时,司马懿趁着暴雨,辽水上涨,将军用物资都拉到襄平城下,吓得公孙渊弃城逃跑。所以与司马懿为敌,你不但要跟司马懿斗智斗勇,而且还得跟自然界中的各种不利因素抗争,因为它们都站在司马懿那一边。可见司马懿行军打仗之高明。

司马懿率众来到樊城之后,仔细观察地形,了解气候。司马懿认为,南方酷热难当,湿气重重,军队容易滋生疾疫。当年曹操败于赤壁、刘备败于夷陵,都是拜持久战所赐。故而司马懿决心速战速决。

司马懿首先派遣一队精锐骑兵对包围樊城的吴将朱然发起试探性进攻。朱然对司马懿心存恐惧,又见魏军来势汹汹,就坚守营垒,不敢出战。司马懿下令魏军休息洗浴,去除长途奔袭的疲劳,而后重金悬赏敢死之士,严明军纪,四处放言不把吴军打趴下,誓不回洛阳城。

吴军统将朱然看到司马懿的部众军威盛大,自己有被樊城内外敌军包围的危险,赶紧下令撤樊城之围,引兵归还。吴军在夜幕的掩护下南逃,司马懿率魏军狂追不舍。吴军顺汉水而下,东撤四五百里,结果在三州口(湖北黄陂东)渡口被魏军追上。司马懿率众肆意围杀,吴军大败而逃,丢弃舟船、军资无数。根据《晋书》的记载:"吴军夜遁逃,追至三州口,斩获万余人,收其舟船,军资而还。"《晋书》为司马氏官修的史籍,有吹捧先祖司马懿的嫌疑,浮夸不实的言辞居多。"斩获万余"这个战果水分很大,但是吴军惨败于三州口是无可争议的。

进攻柤中的诸葛瑾与步骘情况也不妙。柤中在襄阳城以南一百五十里,地处吴魏两国的边境线上,分布在鄀水(汉水支流蛮河)、沔水两条河的河谷中,是个小盆地,"有水陆良田,沔南之膏腴沃壤",为长江中游最重要的桑麻种植基地。这里居住着十余万山越人,酋长为梅敷三兄弟,依附于曹魏。五年前,陆逊与诸葛瑾北攻襄阳城,梅敷的兄弟梅颐向陆逊投诚,但是梅敷继续效命于曹魏政权。

夺取膏腴沃野的柤中地区,是孙权的夙愿。一年前,东吴水灾、旱灾不断,发生饥馑,谷价暴涨,老百姓叫苦连天。官府不得不打开官仓,放出官粮以赈济饥民。东吴一旦占有柤中,在经济上无本万利,使其成为自己的又一大粮仓,供给荆州地区的数万吴军绰绰有余,足以缓解吴国粮米匮乏的压力;在军事上,吴军占有柤中,可让曹魏襄、樊防区失去屏障,打开北进的大门。所以孙权对柤中是势在必得。

但是柤中地形复杂,再加上军事非诸葛瑾、步骘所长,因而吴军的进攻磕磕碰碰,厮杀了近一个月,几无战果。之后传来司马懿驰援樊城、朱然惨败于三州口的坏消息,诸葛瑾、步骘两人不敢恋战,也撤军了。

至此,赤乌四年的吴军四路大北伐以失败而告终。孙权除了丧失大量兵马,没有取得任何战果。更令孙权伤心的是,在吴军败北的同时,他失去了两位关键性的人物,太子孙登与诸葛瑾。孙登卒于五月,诸葛瑾卒于闰六月。

诸葛瑾早年丧父,当诸葛亮和诸葛均随同叔父诸葛玄前往豫章时,诸葛瑾与继母留在老家琅邪,看守家园。建安五年(公元200年),继母已逝,为躲避战祸,诸葛瑾南奔江东,投靠孙权。经过孙权姐夫弘咨的推荐,诸葛瑾走上仕途,成为淮泗集团一个代表性的人物。史书上是这么评价诸葛瑾的,"瑾性弘缓,推道理,任计画,无应卒倚伏之术"。诸葛瑾心胸开阔,为人精细,处事深谋远虑,有一定的政治才干,搞政治是内行,打仗是外行。孙权偏偏不断地把一系列重要的军职赐给不善用兵的诸葛瑾,从中司马到绥南将军,再到左将军,最后到大将军,俨然是吴军中举足轻重的统将。

诸葛瑾善于推心置腹,是东吴唯一一位能够周旋于蜀汉、孙权、淮泗集团、江东士族四者之间的政治人物,也算是乱世之中的一朵奇葩。诸葛瑾能

够平步青云，恐怕与此不无关系。诸葛瑾一生中最大的贡献无疑是在吴蜀关系最困难的时期，与其弟诸葛亮精诚团结，呕心沥血，避免了双方关系坠入万劫不复的深渊。

诸葛瑾与步骘进攻柤中失利，回到驻地公安后不久就病逝，享年六十八。诸葛瑾与诸葛亮一样，都具有俭朴廉洁的美德，留下遗命，丧事从简。诸葛瑾有三个儿子：长子诸葛恪有其叔父诸葛亮之风，足智多谋，是淮泗集团第二代的领头羊，东吴政坛的一颗新星；次子诸葛乔过继给诸葛亮；三子诸葛融继承父爵，代领其部，驻守公安城。另有一女许配给张昭之子奋威将军张承。

诸葛瑾生前对诸葛恪一味蛮干忧心忡忡，担心会给家族招来灭族之祸。他不幸言中了，诸葛瑾死后十二年（公元253年），长子诸葛恪拜相，掌控朝政，被政敌孙峻陷害，惨遭杀戮，诸葛恪族诛，其弟诸葛融也被迫饮毒药而死。当然，这是后话。

播威海外

北伐失利、太子孙登逝去，使赤乌四年成为孙权称帝后最伤心失意的一年。尤其是孙登之死，国本动摇，让孙权苦心积累的多年心血，随着长江之水，付诸东流。翌年，即赤乌五年（公元242年）正月，他立第三皇子孙和为太子，结果引发长达八年之久的两宫党争，吴国朝政混乱不堪，为衰落乃至覆灭埋下祸根。现代好事之徒因而赠予孙权一个极为不雅的外号——"渣权"。

这一年东吴很不平静，除了两宫党争，境内又瘟疫大流行，粮食歉收。孙权不得不在四月下诏，号召全国勒紧腰带，准备过苦日子；又禁止地方郡县进贡方物，连御膳也被精简，以缩减皇宫开支。

这一年孙权也并非毫无作为，有两次出兵征讨都取得胜利。第一次胜利是派遣车骑将军朱然再度进攻柤中。朱然的出征时间不详，只知道他在柤中地区遭到曹魏将军蒲忠、胡质的夹击。蒲忠率数千人迂回到朱然侧背，

以切断吴军的后路,胡质率后续部队随后杀到,企图一举端了吴军的统帅部,擒斩朱然。当时形势非常危急,吴军各部都出发了,来不及收拢回来。朱然亲率帐下八百精兵,展开逆袭,蒲忠措手不及,损失惨重。胡质见状,也溜之大吉。此番攻伐柤中,虽未能拿下,但也重创了魏军,大长吴军威风。

第二次胜利是当年七月,孙权任命建武都尉陆凯(陆逊的族子)为儋耳太守,将军聂友为珠崖太守,统兵三万,远征珠崖郡、儋耳郡,正式将海南岛纳入东吴的统治之中。

珠崖郡、儋耳郡出现在地图上是在汉武帝元鼎六年(公元前111年),汉昭帝时将其合二为一,将珠崖郡、儋耳郡并为珠崖郡。初元三年(公元前46年),汉元帝无力剿平海南岛土著的叛乱,宣布放弃珠崖郡。从此,海南岛沦为化外之邦。

收复旧土的使命就落在孙权身上。孙权在遣派卫温、诸葛直远航夷洲的同时,也规划征服珠崖郡、儋耳郡的蓝图,但遭到陆逊、全琮等吴国柱臣的强烈反对,孙权不得不将其束之高阁。

但是珠崖、儋耳二郡犹如两个色彩斑斓的美梦,一直萦绕在孙权心间。孙权不顾群臣反对,重启征服二郡的计划。首先在雷州半岛的徐闻县置珠崖郡,在行政上对海南岛进行"遥领",然后就有了陆凯、聂友率军远征海南岛的壮举。

吴军自雷州半岛南端横渡琼州海峡,登陆海南岛后,粉碎了原住民骆越的顽强抵抗,设置军政机构进行管辖。此役,历经一年,由于吴军水土不服,疾疫横行,减员异常惨重,死者十之八九,不得不撤回去。但是设在雷州半岛上的珠崖郡一直没有被废弃,仍是东吴管理海南岛的行政机构。

陆凯与聂友回到建业后,受到孙权的高度赞扬,陆凯因功擢任建武校尉,后来又屡屡晋升,官居荆州牧、左丞相,成为吴国后期政权的柱臣。聂友与诸葛恪是铁杆兄弟,他远征海南岛就是诸葛恪推荐的,战后也被孙权提拔为丹阳太守。诸葛恪败亡时,聂友受到牵连,被甩到郁林郡担任太守,最后郁郁而终,享年六十。

孙权热衷于海外拓土,一人独自包揽了对两大宝岛——台湾岛与海南岛的开发与管理,无疑是三国时代最具有开拓性的君主,为中华民族做出了

巨大的贡献。从这一丰功伟绩来看，给孙权多高的评价都不为过。

朱然伐柤中、陆凯与聂友征海南岛，均算胜利，一扫去年四路北伐失利的阴影，孙权踌躇满志，得意地审视着自己掌控的国土，下令对东吴子民进行人口普查。普查结果显示，全国有五十二万三千户，男女两百四十万口。

赤乌六年（公元243年）正月，孙权再度令诸葛恪征六安，此役可能与朱然伐柤中相隔不久。诸葛恪大破魏将谢顺的营垒，将一批曹魏居民迁至东吴。太傅司马懿再次向魏廷请命，亲自督率魏军南下六安迎战诸葛恪。

司马懿率魏军抵达六安东南方向八十余里处的舒城，意在包抄诸葛恪的侧背后。孙权闻讯，准备大发援兵，要跟司马懿大干一场，以雪去年三州口惨败之辱。但是有位会望气的术士警告孙权，气场在司马懿那边，对东吴很不利。孙权就诏令诸葛恪放弃六安城。诸葛恪将六安城的积蓄烧成灰烬，经皖口，退往西边的柴桑。

十一月，东吴第二任丞相顾雍死去，年七十六。孙权颇为尊敬这位德高望重的政坛领袖，御驾亲临顾府吊丧，封其谥号肃侯。

十二月，扶南国王范旃又遣使臣远涉重洋，来到建业城，向孙权献上扶南国的乐师和当地特产。孙权大受感动，决定派宣化从事朱应、中郎将康泰出使南洋诸岛。这位东吴大帝，为拓通海上丝绸之路做出了新的贡献。

朱应、康泰二人在广州湾搭乘七帆大海船出海，行两千余里，在日南郡（时属林邑国）的卢容浦口略作休整，而后绕着弯弯曲曲的中南半岛海岸线，向西航行三千余里，抵达此次出使的第一站——扶南国。

此时扶南国刚刚经历一场内乱。流落民间的范蔓之子范长已经长大成人，召集扶南志士杀死范旃。范长用锋利的刀刃挖剖范旃的肚子，说："你过去杀害我的兄长，我现在要为父兄报仇！"

范旃的大将范寻旋即起兵，攻杀范长，自立为王。范寻很讲排场，精通骑射，酷好狩猎，每次出行都有三百头大象，士卒、随从四五千人，队伍异常庞大。

当时扶南没有法律，也没有监狱，判案、定罪，完全遵照神灵的旨意。有罪的人，先斋戒三天，然后让他手捧被烧得通红的斧头，走七步，或者把鸡蛋、金环扔进滚烫的沸水中，让犯人用双手去捞取，如果是罪行属实，双手立即烂掉，否则就无事。更残忍的是，范寻在城沟中养鳄鱼，城门外圈养老虎，鳄鱼有两丈之长，上下颚的牙齿比刀剑还锋利。范寻把犯人扔进城沟，如果鳄鱼和老虎都不吃，就说明是清白无辜的，三天后下令释放。

扶南人肤色黝黑，头发卷曲，赤足裸体，只有女人才着贯头。朱应、康泰见到范寻时，对他说："贵邦好是好，就是人们浑身光溜溜的，看起来怪怪的。"范寻很敬重东吴来的使臣，于是下令男人用锦布做横幅，围在腰间遮羞，这种习俗一直沿袭到今天。

在扶南，朱应、康泰与天竺国的两位使者陈、宋相遇，向他们仔细了解天竺国的民风土俗，大大开阔了自己的视野。朱应、康泰知道了扶南国西边是盛产银矿的金邻国（今泰国西部），再过去是林阳国（今泰、缅一带），信奉佛教，有数千僧侣。再一直过去是奴后国、歌营国、天竺国，等等。

朱应、康泰滞留扶南数年，又开始新的旅程。扶南国的航海业也很发达，国中制造的大船船长九十六尺、宽六尺，船身用铁皮包裹，异常坚固，大的可以承载上百人，是远洋航行的利器。

朱应、康泰搭乘扶南大舶，顺沿着马来半岛海岸一直南下，历经拘利口（克拉地峡）——此处向西北航行一年，循海大湾（暹罗湾），可达印度半岛的恒河口。又过都昆，南下航行数千里，经过的南洋群岛包括盛产锡矿的北栌洲（今印尼勿里洞岛）、黄金之国薄叹洲（印尼苏门答腊岛西北）、出产五色鹦鹉的诸薄国（爪哇岛）、出产鸡舌香的马五洲（今印尼巴厘岛）、盛产石棉的火洲（今印尼龙目岛）等，总航程逾六七千里。朱应、康泰一度进入印尼龙目岛以西的海域，甚至有学者认为，朱应、康泰到过的马五洲就是马鲁古群岛，距离大洋洲千余里，再往前探一步就能发现澳大利亚这块新大陆了。可惜朱应、康泰的海上探险活动就此戛然而止！

朱应、康泰是明代郑和下西洋之前对南洋群岛探索最远的中国人，为后世航海家探出了通往东南亚、南亚的详尽航线。他们出使南洋前后历时十余年，回国时孙权早已西去。为了铭记这次史无前例的航行，二人各自将旅途中的所见所闻记录下来，朱应著有《扶南异物志》一书，康泰著有《吴时外国传》一书。惜乎《扶南异物志》散失于唐代，《吴时外国传》也在宋代时失传。所幸有学者引用、转抄了《吴时外国传》的部分内容，使之成为研究古代东南亚、南亚的重要史料。

赤乌六年,是东吴大帝孙权在海外拓展与探索中最辉煌的时刻,从远征海南岛的珠崖郡、儋耳郡,到派遣朱应、康泰下南洋,开启了东吴的大航海时代。孙权对古代中国的航海事业做出了不可磨灭的巨大贡献,堪比被誉为"航海者"的葡萄牙亨利王子。

南鲁党争

播扬国威于海外,并不能使孙权从心烦意乱中抽身出来。愈演愈烈的两宫之争,丞相顾雍离世,无休止的吵闹,莫名其妙的恐惧与迷惘,已经让孙权感受到帝王的烦恼,以及尘世的寂寥。

两宫之争源于太子孙登的去世。

孙权妻妾可考的有十个。原配山阴谢氏,原东汉尚书郎、徐令谢煚之女,本来很受孙权的宠爱,但后来孙权又娶了姑母的孙女——富春徐夫人,便把谢氏冷落一旁。谢氏不愿做小的,就郁郁而终。谢氏和徐夫人都抚养过太子孙登。

三娶步骘的族女、淮阴步练师,为孙权生下两个女儿,长女孙鲁班,先配周瑜之子周循,后配名将全琮,也叫全公主;次女孙鲁育,先配朱据,后配刘纂,也叫朱公主。步夫人性情温和,有母仪天下之风,故而最受孙权的宠信。

四娶琅邪王夫人,生下皇三子孙和。孙权对她的宠爱仅次于步夫人。

五娶南阳王夫人,生下皇六子孙休。

六娶句章潘淑,她的父亲是一个被判死刑的官吏。潘淑为孙权生下皇七子孙亮。

七娶谢姬,为孙权生下皇四子孙霸。

八娶仲姬,生下皇五子孙奋。

另外还有袁术的女儿袁夫人、方士赵达的妹妹赵夫人。这个赵夫人心灵手巧,多才多艺,有"三绝"独步江东。第一是机绝。赵夫人不但绘画精

妙,而且能在小巧玲珑的手指中间,用彩丝织成云龙、虬凤图案的锦,大的一尺,小的只有一寸,令世人赞不绝口,誉之为机绝。第二是针绝。孙权行军打仗颇觉得无聊,希望能有一个画家,为他绘出山川地势之图,以供随时察看之用。赵达就把他的妹妹献给了孙权,孙权让她画下天下的江湖形势图。赵妹子说:"笔墨的颜色很容易褪掉,不可长久保存,我为陛下刺绣出一幅地图。"于是赵妹子用针线活将三国时期的行政区划、山川险要、城郭绣成一幅美轮美奂的万里江山帛画,令孙权大开眼界,于是纳入后宫,称赵夫人。第三是丝绝。孙权居住昭阳宫中,一到夏季,天气暑热,就卷起紫绡缦帐,但是蚊虫成群,狂轰滥炸,令孙权不得安眠。于是赵夫人剖开丝线,用郁夷国(日本)的神胶黏合在一起,弄成一片片罗縠,经过一个多月,裁剪缝制成缦帐,无论从内从外来看,都是飘飘如轻烟缭绕,浪漫无比,而且非常凉爽,再也不用担心蚊虫的侵袭。孙权爱不释手,每次征战,必随身携带。时人谓之丝绝,孙权也因此深宠赵夫人。但后来有人诬蔑赵夫人喜欢炫耀自己,孙权就把她废了。

皇长子孙登、皇二子孙虑生母的身份都很卑贱,所以史书失载。孙虑封建昌侯,卒于嘉禾元年(公元232年)正月,年仅二十。

孙权在孙登十二岁时立他为太子,是为了断绝曹丕让孙登作人质的非分之想。孙登确实也很争气,他的品德与才智都符合明君的要求。孙权对孙登的栽培也是苦心孤诣,他坚信"近朱者赤、近墨者黑"这条千古颠扑不破的真理,便网罗了江东最优秀的青年隽才,形成一个高精尖的智囊团,片刻不离地陪伴在孙登身边,来影响这位储君。孙权迁都建业后,将旧京武昌城交给孙登,并让大统帅陆逊辅佐他,刻意培养孙登独当一面的治政才干。

可惜老天辜负了孙权的一片苦心,赤乌四年(公元241年)五月,孙登病逝,年仅三十三岁。孙登临终前上疏孙权,对吴国的仁人志士作了非常客观的评价,劝孙权任贤选能,训练军队,抚恤百姓,如此不出十年,天下可定。

孙权对孙登之死悲恸万分,每每提起,就潸然落泪。因为不仅仅是他孙权失去一个孝顺、忠诚、贤明的儿子,东吴也失去了美好灿烂的未来。故而孙权在诏书中沉痛地说道:"国丧明嫡,百姓何福!"——国家失去了圣明的储君,对江东父老是一个大灾难!可以说,孙权晚年的昏庸甚至失性,与因太子孙登之死遭受的严重精神打击有关。

孙登走后,五个皇子都对朝思暮想的储君之位虎视眈眈,都在绞尽脑汁、不择手段地去抢夺。按太子递补次序,皇三子孙和当立为太子,而孙和的生母琅邪王夫人也是孙权的第二宠妃。不出所料,赤乌五年(公元242年)正月,孙权诏令立孙和为太子,并大赦天下。为了避孙和的名讳,他还把禾兴县更名为嘉兴县。

立太子后,琅邪王夫人理应被册封为皇后,如此国本就稳如泰山了。偏偏孙权是个不按常理出牌的君主,他对已故去的步练师感情深厚,在步练师生前几度要立她为后。但群臣倾向于抚养太子孙登的徐夫人,以步练师没有生下皇子为由,一直阻拦册封步练师为后。

步练师虽没有皇后的名分,却享受着皇后级别的待遇,后宫嫔妃见到步练师都要按皇后行尊礼,宫中的侍女早已把步练师当作至高无上的后宫之主,称呼她为皇后。所以步练师与皇后之间的距离只差那么一张厚度仅几毫米的诏书。赤乌元年(公元238年),步练师病逝,孙权立即追拜她为皇后,赠皇后印绶。

孙权也是性情中人,步练师活着没有封后,那谁也别想当皇后。于是孙权以"天下未定"为借口,驳回群臣册封王夫人为皇后的要求。八月,他又封皇四子孙霸为鲁王。立太子后国本就稳定了,再立其他皇子为王,也是巩固皇权的必要措施,这本来就无可非议。偏偏孙权不轨不物,又做出惊世骇俗之事,让太子孙和与鲁王孙霸并宠。

孙权令中书令阚泽为太傅、薛综为少傅,还把当时的大学问家蔡颖、张纯等都调到太子孙和身边,形成一个强大的辅佐团队,教导太子。但在鲁王孙霸身边也有一个精干的团队,为首的就是江东名臣、尚书仆射是仪。不但如此,孙权还让孙霸待在建业城内,享受与太子毫无二致的待遇,从侍臣、宾客、奴仆到俸禄、起居,完全是太子的规格。

天无二日,国无二主。储君也不能有两个,否则朝中大臣就会纠结于该站哪个队,人为分裂成两大阵营,国家就有动乱之危。辅佐鲁王孙霸的是仪对此忧心忡忡,上疏劝孙权说,鲁王天资睿明,文武兼备,应该让他出镇地方,为国家藩篱。而且太子与鲁王应当明确尊卑之分,使得上下有序,以正

朝纲。孙权左瞧瞧孙和,右瞧瞧孙霸,不知道宠爱的天平该向谁倾斜,就把是仪的话当作了耳边风。

孙权聪明一世,糊涂一时,走了一生中最糟糕的一步棋。结果吴国君臣分成泾渭分明的两大党派,太子党与鲁王党。因为太子孙和居住在南宫,所以太子党又称之为南党。

赤乌七年(公元244年)正月,辅佐太子的上大将军陆逊被任命为东吴第三任丞相。在委任诏书中,孙权高度评价陆逊,说他"天资聪睿,明德显融,统任上将,匡国弭难",有文武之才,建立超世殊勋,堪比商周的名臣伊尹、吕尚。孙权令陆逊为丞相、持使节,还有荆州牧、右都护、总领三公事务、领武昌事等职务。陆逊政治、军事一手抓,恩宠之隆,实属三国时期罕见。

由于陆逊拜相,凝聚在太子孙和身旁的人越来越多。南党势力空前强盛,包括丞相陆逊、大将军诸葛恪、太常顾谭、骠骑将军朱据、太子太傅吾粲、会稽太守滕胤、大都督朱绩、尚书丁密等。而鲁党包括骠骑将军步骘、镇南将军吕岱、大司马全琮、左将军吕据、中书令孙弘等。

南党与鲁党互相倾轧,视对方为水火不相容的政敌,朝会上两党人士如街头小贩,吵得不可开交。孙权一看,太不成体统了,如此闹下去,恐国将不国,不要等曹魏来进攻,东吴就已经自己把自己灭了。

孙权焦眉愁眼地对侍中孙峻说:"我的几个儿子都不和睦,做臣子也是路分两头,各走一方,恐将重蹈袁绍的覆辙,沦为千古笑柄。"这时候孙权还算清醒,意识到夺嫡之争对国家的危害性,开始重新考虑太子的人选问题。

但这话孙权对谁说都行,就是不该对孙峻说。此人是孙权叔父孙静的曾孙,与孙权之女孙鲁班有染。孙鲁班的生母步练师与孙和生母琅邪王夫人因争宠结下梁子,而且孙权想立王夫人为皇后,孙鲁班也极力阻挠。敌人的敌人就是盟友,于是孙鲁班坚决站在鲁王孙霸这边,与后夫全琮都是鲁党的核心成员。

孙鲁班还怂恿妹妹孙鲁育一起反对孙和,但是孙鲁育的丈夫骠骑将军朱据是太子党的人物,所以拒绝了孙鲁班的要求。孙鲁班恼羞成怒,从此姐妹俩反目为仇。

孙鲁班从情夫孙峻那儿获知孙权有废太子孙和之意,决定落井下石,扳倒孙和。狼要吃人,总是要找借口的。

有一回,孙权得了重病,派遣太子孙和到长沙去祭祀桓王庙,祈求兄长孙策神灵的佑护。孙和之妃张氏的叔父张休,也就是张昭的儿子,住在长沙桓王庙附近。于是张休邀请孙和到家里去做客,这本来是无可非议的,太子大老远从建业城来到长沙,顺便到叔父家去看一看,天经地义的事。但是孙鲁班立即向孙权报告说,孙和到了长沙,并没有直接去桓王庙,而是跑到张休家里,不知道他们在搞什么。孙鲁班还无中生有,诬蔑太子生母王夫人,说王夫人听到孙权病危的消息,面露喜色。

孙权平生最宠爱步练师,所以爱屋及乌,对孙鲁班、孙鲁育姐妹也是非常宠溺。听孙鲁班这么一说,孙权把王夫人骂得狗头喷血。莫名其妙的飞来横祸,让王夫人香消玉殒,惊惧而死。那个时代皇子都是"拼妈"的时代,子以母贵,王夫人一死,孙和也就渐渐失宠了。

全琮在战场上所向披靡,却是个惧内的男人,在悍妻孙鲁班的教唆下,决定充当倒太子的先锋。但是当时东吴的柱石陆逊被世人视为南党的核心人物,摸清他的底细很关键。当时朝中许多大臣夹在南鲁党争之中,为保平安,纷纷让儿子加入南党或鲁党。

全琮小心翼翼地问陆逊:"这种情况下该怎么办?"

陆逊告诉全琮:"儿孙后辈们应凭借自己的才干获得晋升,怎可走歪门邪道苟且取荣?万一站错队,那是自取其咎。更何况如今两派相争,孰是孰非,莫衷一是。应站在干岸上,免得沾湿了鞋。"

全琮不听,让儿子全寄依附于鲁党,为虎作伥。陆逊写信责问全琮:"为什么你不学一学金日磾?让自己的儿子蛮干,最终引火烧身,会给家族带来祸害。"

金日磾是汉武帝的重臣,他的儿子淫乱皇宫,金日磾大怒,杀死儿子,由此得到世人的尊敬。全琮见陆逊如此蔑视自己,气得浑身发抖,立即翻脸,自此与陆逊势不两立。

全琮和孙鲁班日日夜夜围着孙权贬损太子孙和,众口铄金,积毁销骨。孙权遂有废孙和、立孙霸为太子之意。孙权听说广陵人杨竺很有眼光,就把他召进宫,屏去左右,征求他的看法。孰料这个杨竺也是鲁党,孙霸的主要谋士之一,而且跟陆逊不和。杨竺就吹嘘说孙霸有帝王之相,应该立他为太子。

想不到桌底下隐藏着一个人,他是太子孙和埋伏在孙权身边的卧底,以监视孙权的言行。那人逃脱后,即刻飞报孙和。

恰逢陆凯的弟弟陆胤要去武昌城述职,启程前向太子孙和辞行。孙和故意避开不见,却在陆胤搭乘马车将要离开建业之际,乔装成下人,在马车上与陆胤相会。两人密议,陆胤到武昌后让陆逊上疏孙权,以保住孙和的储君之位。

南党的吾粲也积极四处活动,为拯救太子而奔波。他上疏孙权,要求将鲁王孙霸出调夏口,以避免与太子孙和发生直接冲突,并勒令孙霸的谋士杨竺离开建业城。他还暗中书信一封给武昌的陆逊,让他赶紧上疏,伸救孙和。

陆逊是个忠心耿耿的厚道人物,军事才华超群拔众,是当时与曹魏司马懿、蜀汉诸葛亮齐名的谋略家,但是政治才干略有欠缺,敏感性不足。他听了陆胤与吾粲的话后,连续给孙权上了几道奏疏,说:"太子正统,宜有磐石之固,鲁王藩臣,当使宠秩有差,彼此得所,上下获安。"他劝孙权要区分嫡庶,以储君孙和为重,孙霸只是个藩臣,不应轻重倒置,等等,言辞极为恳切。

陆逊是东吴第一重臣,他的话极有分量,代表着东吴人心所向。但孙权对陆逊干涉立储之事大为不悦,着手调查"泄密门",怀疑是杨竺泄露了机密。杨竺竭力为自己辩护,说只有一个陆胤到武昌城去。孙权又派人问陆逊是怎么知道要废孙和立孙霸的?陆逊坦言,是陆胤告诉他的。

孙权暴跳如雷,当即将陆胤抓回建业城,日夜拷问,要他交代出幕后主使人。陆胤护主心切,干脆移花接木,咬定说消息全部来自杨竺。这下子杨竺跳进黄河也洗不清,跟陆胤一同下了狱。在审讯时,杨竺忍受不住酷刑的荼毒,只好屈打成招。

聪明反被聪明误,反送了卿卿性命。孙权当初就怀疑是杨竺泄密,现在他自己招供了,于是没说一个字,下诏将杨竺斩立决。

杀了杨竺,"泄密门"事件越闹越大。孙权对陆逊介入南鲁之争大失所望,顺藤摸瓜,开始大清洗,矛头直指陆逊。陆逊的三个外甥顾谭、顾承(前任丞相顾雍之孙)、姚信,还有张休等,被安上阿附太子孙和的罪名,流放交州。太子太傅吾粲,暗通陆逊,下狱处死。最后,孙权还派遣宦官到武昌城,怒斥陆逊。陆逊激愤、怨恨、羞愧,一股脑涌上心头,气出病来,终于在赤乌

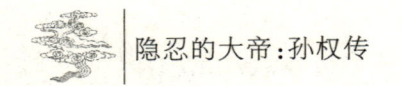

八年(公元245年)二月含恨而去。

陆逊虽身居高位,却为官清贫,死时家无余财。长子陆延早逝,次子陆抗继承陆逊的爵位。陆抗其年才二十岁,官授建武校尉,代统陆逊的五千部众。陆抗护送陆逊的灵柩回吴郡安葬后,进建业城觐见孙权。孙权拿出杨竺诋毁陆逊的二十条罪行,陆抗一一予以批驳,还父亲一个清白之身。孙权这才消除对陆逊的愤怒,渐渐为自己的鲁莽感到后悔。

陆逊之死,是孙权晚年乱政的牺牲品,也是东吴的一大悲剧。史学家陈寿如是评价陆逊:"忠诚恳至,忧国亡身,庶几社稷之臣矣。"陆逊征讨丹阳剿灭山越,奇谋袭取荆州,粉碎刘备的进攻,石亭大破曹休,平定鄱阳叛乱,一生经历大战数十处,无一败北,是三国时期唯一的不败将军。

陆逊死后,南党集团的骨干几乎被一扫而光,能逃过这场劫难的军政大员寥寥无几,其中诸葛恪算是奇葩。诸葛恪虽然被列入南党成员,但是他的儿子诸葛绰却是鲁党成员。有人认为这是诸葛恪的刻意安排,父子二人脚踏两只船,无论南党与鲁党谁得势,诸葛家族都稳坐钓鱼台。枪打出头鸟,诸葛恪谨记这个教训,在南鲁党争中韬光养晦、冷静低调,不扛旗、不当头,所以没有被孙权点名批评。

筑宫建寺

南鲁党争,因陆逊之死而暂告一个段落。经过这场政坛风暴之后,东吴精英损失大半,第二年(公元246年)七月,又发生马茂逆谋事件,孙权差点丧命,令他身心俱疲。

这个马茂本是曹魏的钟离县令,受到淮南魏军统帅、征东将军王凌的欺压,叛投吴军。他被孙权授封征西将军、九江太守、外部督,在名号上与王凌并驾齐驱。孙权给予的待遇不可谓优厚,但是马茂心怀不轨,竟然暗中策划了一个刺杀孙权的惊天阴谋。马茂经过观察,发现孙权经常去皇家林园与文武百官举行射箭比赛,遂与党羽兼符节令(掌管玉玺、虎符,负责授节等事)朱贞、无难督(皇家卫队无难营的统将)虞钦、牙门将(杂号将军)朱志等密谋,趁着孙权先入皇家园林,文武百官还在门口守候时,让朱贞假传圣旨,围杀文武百官;马茂则亲率士卒冲入园林,毙杀孙权;得逞之后,抢占皇宫以及石头坞,然后驰报曹魏朝廷,让魏军南下,里应外合,灭了东吴。

这个刺杀计划包藏险恶祸心,幸亏被及时发现,孙权震怒,诛杀马茂、朱贞等逆党的九族。

赤乌九年(公元246年)二月,孙权令车骑将军朱然第三次攻打柤中。朱然心知孙权对马茂刺杀案一直记恨在心,所以出征前给孙权上了一道奏疏,说:"马茂这小子,敢辜负皇恩。这回奉天命北伐柤中,定要杀得魏军片甲不留,得胜归来时,用战船载着魏军的首级,向陛下告捷,以慰藉东吴上下对马茂逆贼的愤怒之心。请陛下记住我的话,以观后效!"

朱然把法螺吹得震天响,孙权却无必胜之心,所以暂时将朱然的奏疏束之高阁。

朱然出师不久,就深入柤中地区,颇有缴获。魏将李兴率步骑六千包抄朱然的后路,想关门打狗,聚歼吴军于柤中。朱然却不慌不忙,夜里来一个突然袭击,大破魏军,斩获千余首级;而后高举大旗,八面威风地进入建业城,报捷于孙权。

孙权大喜,立即举行庆功酒会。在酒会上,孙权眉飞色舞地抖出朱然出征的奏疏,说道:"这家伙早就有言在先,我本不信,今天果然传来捷报。可见朱然这家伙也是有先见之明的!"

此役胜捷,确实令孙权高兴了一番,当即提携朱然为左大司马、右军师。

九月,孙权重新调整人事布局,对经历惨烈地震的政坛进行灾后重建,任命骠骑将军步骘为丞相、车骑将军朱然为左大司马、卫将军全琮为右大司马、镇南将军吕岱为上大将军、威北将军诸葛恪为大将军。

另外将荆州战区划为左右两部,自武昌城以西至蒲圻为右部,吕岱为右部督;诸葛恪为左部督,代替陆逊镇守武昌城。

从这份名单来看,鲁党成员尽数上位,而诸葛恪在党争中投机取巧,保持了诸葛家族利益的最大化,不但没有被孙权责罚,反而获得青睐,跃升为军政五巨头之一,真正走入吴国的决策核心圈。

但是五巨头年事已高,在耗尽所有的生命力后,相继凋零而去。赤乌十年(公元247年)正月,右大司马全琮病卒。全琮是鲁党的核心之一,他的死重创了鲁党。孙权与太子孙和的关系也稍稍有所修复,二月,因为建业宫老旧,破损严重,无法安居,孙权遂迁到孙和的南宫。

三月,孙权下令将建业宫全部拆毁,并修建太初宫。为了爱惜民力,孙权诏令,太初宫的建筑材料木头、砖瓦全部来自陪都武昌城的皇宫。但是武昌宫已有二十八年的历史,有关部门担忧砖瓦、木料腐朽,不堪一用,建议孙权另外采集木料。孙权批驳说,大禹以低矮的宫室为美,如今战争频仍,到处都在征收赋税,如果再大行砍伐,恐怕会误了农时。最后太初宫还是用了武昌宫的旧材。

孙权晚年仍然保持勤俭节约的"抠门"习惯,太初宫几乎是零成本修建起来的,不但原材料拆自现成的武昌宫,而且他让将士、州郡官吏和百姓充当义务工,结果施工人员热情高涨,劳作了一年多,修建了一座方圆三百丈的皇宫。太初宫简陋、朴实,并无高台之类的显眼建筑物,皇宫内部的装饰也很简单,没有华丽的雕梁画栋。

皇宫的正殿称神龙殿,为朝会的场所。正南面有五个宫门,正中的宫门称公车门,东侧是升贤门、左掖门,西侧是明扬门、右掖门。正东为苍龙门,正西为白虎门,正北为玄武门,还有临海殿、白爵观等建筑物。

太初宫开工后不到两个月,也就是五月时,丞相步骘又驾鹤西去了。眼见人才日益凋零,孙权逐渐感到北伐的急迫性,于是让诸葛壹诈降,试图诱击曹魏的扬州刺史、镇东将军诸葛诞。诸葛壹与诸葛诞都是琅邪诸葛氏的家族成员,与诸葛瑾、诸葛亮血脉相连。同宗不相欺,所以诸葛诞信以为真,率一万骑兵南下高山(今安徽滁州境内)迎接诸葛壹。孙权亲自率大部队出涂中,埋伏在高山四周。这个诸葛诞也很机警,踏入伏击圈之前就发现不对劲,结果逃之夭夭。

孙权虽然无功而回,但是太子孙和的表现令他感到一丝欣慰。据史书记载,孙和看到孙权在外行军打仗,整天为他心忧,寝食难安,屡屡上疏给孙权,希望老皇帝小心谨慎,务求全胜而归。孙权自高山前线平安回到建业城后,孙和才静下心来。

诱击诸葛诞未果,年底孙权又在建业城集结重兵,扬言要大举北伐。诸葛诞有点恐惧,赶紧找来安丰太守王基,让他出谋献策。王基说:"如今曹魏最忌惮的陆逊已被孙权逼死,孙权年老,国中又缺乏贤明的储君,境况颇为尴尬,进退维谷。孙权亲自出征,担忧后院起火,内乱像痈疽溃烂那样突然爆发;委派将领出征,则国中青黄不接,善战的老将军死光,新将军又嘴上没毛,办事不牢。所以我断定孙权这次集结军队,只不过是虚张声势,以整顿军队,加强自我保护而已。"诸葛诞等了很久,孙权果然没有出兵。

这一年孙权没有打过一次真正的仗,但是为后世做了一件大好事,建立了中国古代第二座佛寺——建初寺。

两汉之际,佛教顺着丝绸之路传入中国,西域高僧纷纷东来,将大量的佛经带到中国来。但是主要在中原地区传播,直到汉桓帝时期安息(萨珊波斯帝国)学者安世高入华后,才云游过江东。黄巾大起义时,寓居洛阳城的贵霜帝国学者支谦为避战乱,南下江东。据说孙权闻得其名,拜为博士,让他跟史学家韦曜一道辅佐太子孙和。孙和死后,支谦隐居吴县的穹隆山(据说孙权的老祖宗孙武当年就隐居此山,写下不朽兵学名著《孙子兵法》十三篇),潜心翻译佛经。但是支谦辅佐孙和的事迹尚未在正史记载中找到佐证。

再之后就是康居(今吉尔吉斯斯坦)籍的学者康僧会自交趾取海道,至东吴。僧会见举国上下不是忙着北伐曹魏,就是热衷于党派斗争,笼罩在令人窒息的凶暴之气下,完全是因为佛经尚未在江东流行,释迦牟尼的祥瑞之光无法普照。于是,僧会发下宏愿,要在东吴传播佛教,以普度芸芸众生。赤乌十年(公元247年),僧会拄着拐杖来到建业城,在城郊搭起茅屋,挂上佛像,开始宣讲佛法。

东吴百姓没几个见过光头的和尚,都以为僧会是怪诞诡异之徒,甚至有人向朝廷举报,说是曹魏的间谍打扮成怪人混入建业城。孙权把他抓来,才知道是西域的僧侣,要在江东宣法。

孙权博闻强识,知道汉明帝梦见佛祖的事,就问僧会:"佛祖有何神通?"僧会回答说:"如来已涅槃千余载,留下佛骨、舍利无数颗,神光照耀四洲。后有天竺阿育王,造佛塔四万八千座,以宣传如来的教化。"

孙权为其所感,下诏建立佛寺供养舍利子,这佛寺称建初寺。建初寺所在的乡村也被称为佛陀里,从此佛教在江东逐渐兴旺起来。到了两晋南北朝时期,江南佛教出现了寺刹林立、钟鼓响彻四野的盛况,甚至后世有"南朝四百八十寺,多少楼台烟雨中"的诗句描写。这一切都应归功于孙权设建初寺,开启了佛教传入江南的大门。

储君易位

赤乌十年,东吴修太初宫,置建初寺,孙权整天东奔西跑、敲敲砸砸,成了一名建筑设计师。可能是因为南鲁党争带来的心灵创伤,一时难以抚平吧,孙权需要转移注意力,以求得精神解脱。

储君之事,攸关国之大本、江东的兴衰,成了孙权心中最大的伤痛。十八岁时仓促之间,承继父兄大业,鏖战沙场五十年,经历危难无数回。江夏伐黄祖,赤壁战曹操,荆州杀关羽,夷陵破刘备,孙权有过恐惧,有过纠结,但从未像现在这么的无奈、这么的悲哀。

赤乌十年与十一年之间,孙权派遣偏将军朱异率两千吴军,袭击六安,击败曹魏庐江太守文钦的魏军,斩获数百人。这次小捷一度让孙权兴奋起来,提携朱异为扬武将军,以赏赐六安破敌之功,但依然难以掩饰孙权内心的颓丧。

赤乌十一年(公元248年)二月,东吴发生一场大地震。孙权下了一道罪己诏,说"朕以寡德,过奉先祀,莅事不聪,获谴灵祇,夙夜祗戒,若不终日",承认自己德行上有欠缺,处事不当,所以招致上苍的谴责,天降灾祸。

下罪己诏后似乎得到神灵的饶恕,又出现祥瑞之征了。四月,云阳(即曲阿)有黄龙现形。五月,鄱阳郡官员上报,当地的白虎不吃人。古人说,国君施行仁政,就会感动白虎,故而不吃人。由是举朝百官为孙权的仁政欢腾不已。

然而,孙权实施仁政,地方州郡却暴政横加,以致激起民众的反抗。祥瑞征兆刚过,从南方遥远的交州传来消息称,九真郡一位赵姓的妇女——赵妪,举旗叛乱,袭击官府,大肆洗劫。

这个赵妪长得非常妖异,乳房有三尺之长,悬垂腰间,体内雄性激素异常发达,巾帼不让须眉,力大无比,因此没有一个男人敢娶她。赵妪年少时父母双亡,寄居在哥哥赵国达家中。赵妪不满嫂嫂的丑恶行径,一怒之下杀了她,然后避入山中,募得千余山民,当了土匪,四处打家劫舍,赵国达屡劝不听。

赤乌十一年,赵国达不堪受官府欺压,发动暴乱。赵妪率众下山,助哥哥攻打九真郡的吴军。赵妪乘坐大象,身披盔甲,形体十分剽悍,被叛军称为蕊娇将军。由是叛军气焰嚣张,席卷整个九真郡,当地百姓群起响应,九真郡岌岌可危。

孙权任命衡阳督军都尉陆胤为交州刺史兼安南校尉,让他南下剿灭九真之乱。陆胤进入交州境内之后,广施恩德,以收民心,所至之处,乱党贼徒无不望风投诚。高凉的叛军首领黄吴没等陆胤杀来,就率部属三千余家出降。

陆胤继而挥师南下,直抵交趾郡、九真郡,每到一处,先宣扬国威,后大撒财币,开仓发粮米,以赈济当地贫困之民。交趾百姓感恩戴德,先后有叛贼头目百余人、土著居民五万余家,归顺陆胤。

最后只剩下赵国达、赵妪兄妹负隅顽抗,跟陆胤周旋了五六个月后,逃到蒲田社(今越南清化省美化县富田社),结果被吴军重重包围,赵国达身死。赵妪见大势已去,拔刀自杀,九真之乱自此平定。

九真郡南边的林邑国趁火打劫,入侵九真郡,至寿冷县(今越南顺化)。陆胤派军南下抵御,初战失利,区粟(今越南广治省境内)被林邑攻陷。由于吴军连续奋战大半年,死伤累累,又疾疫横行,只好跟林邑国讲和,双方以区粟为界,各撤兵回去。九真郡虽失一隅之地,但陆胤因平定九真叛乱有功,还是被加授安南将军。

翌年,赤乌十二年(公元249年)三月,左大司马朱然病卒,孙权北伐的骨干丧失殆尽。朝政大局仅靠八十七岁的老将吕岱、四十六岁的诸葛恪二人苦苦支撑。

东吴的情况很不妙,日益陷入困境,在其后的一年间屡屡冒出怪诞事,有吉征也有凶兆。

四月,有两只乌鸦叼衔着一只喜鹊,坠落在东馆(即东宫)。按迷信的说法,这是羽虫妖孽化成的,极为不祥之兆。落在东宫,意味着太子孙和将有不虞之患。几天后,孙权任命骠骑将军朱据为丞相,焚烧喜鹊以祭天。

六月,平湖有一个宝鼎冒出水面。八月,章安又出现了吉利之鸟——白鸠。

虽然连续降下瑞兆,但是孙权再也高兴不起来。

次年(公元 250 年)五月的夏至日,天象极为凶险,荧惑(火星)入南斗。俗话说,荧惑入南斗,天子下殿走,预示着皇家将有一场大灾祸,皇帝要出逃避难。七月,荧惑扫过北斗第二星——天魁星后向东而去。荧惑犯北斗,占星术的解释说这是人间帝王最凶恶的兆象。

吉凶之兆交替呈现,孙权内心惶惧。建业城内也是人心蠢动,流言到处飞。

秋天八月,丹阳、句容、故鄣(今浙江长兴县)、宁国等县接连发生了骇人听闻的山崩地裂,洪水就像地狱中的魔鬼,汹涌而出。

这是典型的亡国征兆,孙权脆弱的心再也无法承载上苍对他的考验,终于狠下心来,做出一生中最为痛苦的决定,诏令废去太子孙和,将他幽闭在故鄣县。

自陆逊、太子孙登死后,孙权变得比以往任何时候都要阴沉可怖。人们早就猜想孙和的储君之位恐将难保,但是谁也不愿意看到那一刻的真正来临。故而废诏一下,犹似投下重磅炸弹,满朝震撼,举国沸腾。

丞相、骠骑大将军朱据与尚书仆射屈晃率领文武百官,用泥巴糊住头发,自绑双手,连续几天跪在宫门前,为孙和请命。皇家侍卫队的两名高级军官,无难督陈正、无营督陈象也递交奏疏,列举了春秋时期晋献公杀太子申生、立公子奚齐,终致国家大乱的事例,死谏孙权。

孙权登上白爵观,看到底下黑压压跪倒一大片,赫然震怒,这是赤裸裸的逼宫!

孙权气得咬牙切齿,即刻下诏,将陈正、陈象族诛,把带头起哄的朱据、屈晃拖到神龙殿,各痛打一百棍。打完之后孙权又罢去朱据的丞相职务,降为新都郡丞,随后赐死。屈晃夺职,贬为庶民,让他回老家种田。其他跪谏的官员不论大小,一律严惩,斩杀、流放十数人。

孙和被废之后,鲁王孙霸似乎成了储君之位的不二人选。但是世人永远无法猜透孙权的心思，十一月，他又下诏，立年仅八岁的皇七子孙亮为太子。那位颠三倒四的公主孙鲁班担心自己失势，劝孙权为孙亮迎娶全尚（全琮之侄）的女儿为太子妃。于是东吴出现了极为荒唐可笑的一幕，在几个皇子都健在的情况下，孙权不顾任何后果，就立最小的皇子为储君，还给他纳太子妃。

孙权又担心鲁王孙霸日后造反，就以结党谋害兄长的罪名，将其赐死。鲁党的骨干全寄、吴安、孙奇等全都被斩首。

如此血腥的杀伐之后，孙权才略微解恨。持续了长达七八年的南鲁党争也以两败俱伤、血雨腥风而告终。介入党争的，上至丞相、下至走卒，重者逼死、赐死，轻者流放、杖责，有数百人惨遭杀戮。

南鲁党争，是东吴的一场空前大浩劫，经过内耗之后，国家元气大伤，从此一蹶不振。孙权也为之心虚，生怕曹魏乘人之危，大举进攻，就发动十万士卒在长江北边的棠邑（今江苏六合境内）修筑长长的堤坝，以拱卫京城建业。一旦曹魏来犯，即可决堤放水淹没。

曹魏则沾沾自喜地隔岸观火，看着大敌孙权自毁长城，一步步将东吴推向绝境。当然在幸灾乐祸的同时，曹魏也不忘插一脚，给本已乱成一团麻的东吴再添个堵。

十月，曹魏扬州刺史、前将军文钦趁着孙权废去太子孙和，国内大乱，试图浑水摸鱼，大捞一把。三年前，文钦担任庐江太守时在六安被吴国的扬武将军朱异击败。这个仇一定要报！文钦给朱异写了一封诈降书，要他出兵迎降，然后打算趁势伏击。

朱异把文钦的诈降书呈送给孙权，并指出这是文钦在诈降。此时孙权被废立太子的事搞得焦头烂额，丧尽威严，急需来一场胜利给自己挽回一点面子。朱异从孙权那儿得到指示，如今中原尚未统一，既然文钦来信归顺东吴，那就应当派人去接过来。如果文钦要弄诈降的诡计，只需将计就计，设下天罗地网，让他吃不了兜着走。

一颗红心，两手准备。诈降一向是孙权的拿手好戏，现在要来诈我，那简直鲁班门前耍大斧——不自量力。

孙权给朱异增添了偏将军吕据的两万吴军，让他们北上迎接文钦。文钦见吴军有备，再南进就偷鸡不成蚀把米了。于是文钦诈降事败，孙权也一无所获。

曹魏并未就此放手。孙权立孙亮为太子后,吴国更加纷扰不休。征南将军王昶上奏朝廷说,孙权流放忠良之臣,国中嫡庶相争,可乘乱出兵,一举征服吴、蜀两国。自白帝城至西陵之间,黔、巫、秭归、房陵都在长江北岸,与曹魏的新城郡相接,可先吞并这些地盘,再挥师长江南岸,扫荡东吴。

曹魏的当权者司马懿打开地图一瞧,白帝城与江陵一带距离建业城超过两千里,魏军集中兵力在此发动进攻,孙权定然措手不及。而且占领这些城池之后,入川的大门洞开,西可取蜀汉,东可下吴国,有一石双鸟之利。他遂果断于十二月派遣魏军,分三路南攻。西路,新城太守州泰袭攻巫、秭归、房陵;中路,荆州刺史王基直取西陵;东路,征南将军王昶攻向江陵城。

但是司马懿绝对料不到,经过十数年的部署,孙权早已沿着长江两岸部署下一个高效快捷的预警体系。吴军每相距一百里,或五十里,或三十里,就在江岸的高山顶峰设置烽火台,一旦发现敌情,守卒立即点燃大火炬,不到一天时间,警报就可以从巫、秭归一带传至数千里之外的建业城。

所以三路魏军一出动,孙权当天稍晚就接到情报,马上发布作战命令。魏军三路来,吴军也三路去,令左将军戴烈迎战州泰,建武都尉陆凯抵御王基,平魏将军、乐乡督朱绩(朱然之子)坚守江陵城。

王昶兵至江陵,用竹篾绞成粗大的绳索,在江面上架起一座桥梁,迅速渡江,抢占南岸的阵地。朱绩挖了七条坑道,让吴军从坑道出击,试图把魏军赶下江。王昶下令用能够连续发射的积弩射击吴军。朱绩大败,扔下数百名吴军尸体后,趁夜逃入江陵城。

江陵城易守难攻,王昶定下诱敌之计:先把朱绩哄出城,然后在开阔之处纵铁骑围杀。王昶让魏军搬出刚刚缴获的吴军铠甲头盔,排列在江陵城,以激怒吴军,然后假装撤退,并在道路两旁埋下伏兵。

朱绩果然中计,对公安督诸葛融(诸葛瑾第三子、诸葛恪之弟)说:"王昶远来兵困,军中粮草匮乏,马无所食,战斗力衰竭,此时正是我等建功立勋的天赐良机!"于是两人商议,分批出击,朱绩为第一梯队,诸葛融为第二梯队。

议定之后,朱绩率部急燎燎地杀出城,王昶且战且退,将他诱至江陵城西北三十里处的纪南城。王昶下令魏军摆开阵势,准备在此与吴军决战。朱绩求胜心切,向魏军全力发起进攻。吴军奋勇拼杀,略有斩获。孰料诸葛融的第二梯队迟迟未至,朱绩兵力不济,渐渐落在了下风。王昶见状,果断下令反击,魏军伏兵从四面八方杀出。吴军寡不敌众,死伤累累,统将钟离茂、许旻阵亡,溃不成军,狼狈奔回江陵城。王昶大获全胜,缴获盔甲、旗鼓、珍宝、器械等战利品无数。

东路吴军战败,中、西路则互有胜负。战后朱绩将纪南城之败归咎于贻误战机的纨绔子弟诸葛融,孙权碍于其兄诸葛恪的权势,饶了诸葛融。

此战之后,孙权在精神上彻底颓废了,整天拜鬼求神,把希望都寄托在神灵身上。有一个巫师告诉孙权,东吴将有大难,要想避过祸难,应当改年号、立皇后。

大帝之殇

翌年(公元251年)正月,吴、魏边境战火再燃。曹魏荆州刺史王基、新城太守州泰在西陵袭击吴国的抚军将军步协(步骘之子)。步协躲在西陵城中坚守不战。岂料,王基耍了个声东击西之计,佯攻西陵城,暗中却派大兵袭击西陵附近的吴军粮库——雄父邸阁,掠走米三十余万斛,俘虏了吴军安北将军谭正以下数千人。曹魏把这些战俘都安顿在新设置的夷陵县。

此役是孙权在位时期的最后一战,遭此重创,他从此便日益沉溺于鬼神崇拜之中,彻底沦为一个昏庸堕落的君主。他听信巫师的话,在当年五月诏令,将赤乌十四年改为太元元年,并立太子孙亮的生母潘淑为皇后。这是孙权一生中唯一立的皇后。

潘皇后虽然娇艳妩媚,但是心胸狭窄,生性嫉妒,荼毒后宫其他嫔妃和侍女。袁夫人(袁术之女)品行端正,深受孙权的宠爱,步练师死后,孙权要立她为后,袁夫人以没有生育为由,坚决不肯受封。人善被人欺,马善被人骑。潘皇后视袁夫人的善良美德为懦弱、愚昧,百般刁难,肆意欺凌。宫中侍女更是遭到潘皇后的荼毒,动不动就挨板子,闹得后宫人心不安,怨气冲天。

这时候人们又传言说临海郡罗阳县(今浙江瑞安)住着一位叫王表的神仙,说话、饮食跟平常人没有什么两样,就是会隐身术,人们根本就看不清他的模样。这位隐形人的饮食起居全靠女仆纺绩照料。

立潘皇后之后,孙权为保佑东吴国祚长久,下诏封王表为辅国将军、罗阳王,派遣中书郎李崇携印绶到罗阳去请王表进京。王表这才现身,与李崇一道出来,跟临海郡的郡守、县令高谈阔论。王表见多识广,口若悬河,滔滔不绝,让李崇等人佩服不已。据说,王表还会灵魂出窍,将其游历的山川仙境通过女仆纺绩一一道出,令李崇膜拜得五体投地。

七月,李崇偕同王表抵达建业城。孙权在正东的苍龙门为王表盖了一栋豪华府邸,屡屡派人送去宫中的酒食。

八月初一日,江东刮起猛风,翻江倒海,波浪滔天,平地积水有八尺之深,高陵(今江苏南京上坊的孙坚陵墓)周边的高大松柏都被连根拔起,就连郡城南门也被刮到空中坠落下来。

骇于这场风暴,十一月冬至日,孙权颁诏大赦天下,并在建业城南郊举行隆重的祭天大礼,跟十九年前君臣之间激烈的郊祀争论大相径庭。而孙坚的高陵就在建业城南方,显然孙权郊祀,既祭天谢地,也告慰孙坚的在天之灵,祈求祖宗神灵佑护自己,佑护大江东!

但是郊祀回到宫中没几天,孙权突然半身不遂,经常抽搐,言语不清。这回连王表也无济于事了。就在宫中乱成一锅粥时,潘皇后野心骤胀,竟然向中书令孙弘问起吕雉临朝称制、垂帘听政的故事。

孙权也知道自己快不行了,太子孙亮年仅八岁,选拔辅佐太子的良臣,确保身后东吴长治久安,悠悠万事,唯此最大。朝中群臣们一致推举大将军诸葛恪,因为只有他堪当大任。侍中孙峻也认为诸葛恪之才朝中无人能及,因而上奏担保,要孙权重用诸葛恪。

既然大家都这么说,那就这么做。十二月,孙权遣使快马加鞭,赶到武昌,把大将军诸葛恪召回建业。诸葛恪临行前,顶头上司——上大将军吕岱谆谆告诫:"如今世道多难,每遇到事你必须十思而后行。"

诸葛恪有点不高兴,春秋时期鲁国的执政者季孙行父为人谨慎,凡事都要三思而后行。孔夫子说,季孙太婆婆妈妈了,只需考虑两次就行了。现在吕岱却要我十思而后行,岂不是门缝里看人,将我堂堂大将军看扁了?

吕岱也自知失言,一时无语。

诸葛恪急匆匆奔回建业城,孙权将他召到病榻前,说:"我已病入膏肓,恐无再相见之时,所有的事都交给你了。"诸葛恪痛哭流涕,回答说:"臣等深受皇恩,当以死奉诏,愿陛下宽心。"

诸葛恪一表态,孙权就放心了。于是他诏令诸葛恪以大将军领太子太傅,中书令孙弘领太子少傅。国家大事除了生杀予夺大权之外,一概由诸葛恪负责。孙权赐诸葛恪豪宅,设陪臣、侍卫,伺候诸葛恪。文武百官见了诸葛恪,都要依序施行拜揖之礼。国家律法中有不当的条文,一经诸葛恪指出,孙权立即诏令更改。

在诸葛恪的主持下,孙权下令减少徭役,降低赋税,受到举国上下的一致拥护,老百姓都为东吴出了个好领导欢欣鼓舞。诸葛恪一人之下、万人之上,俨然为东吴的顶梁柱。

太元二年(公元252年)正月,孙权诏令,废太子孙和为南阳王,居长沙;皇五子孙奋为齐王,居武昌;皇六子孙休为琅邪王,居虎林。

二月,孙权诏令大赦天下,改元神凤。神凤是一种吉祥的雄鸟,但是改年号后更加不吉利,母仪天下的潘皇后竟然惨遭暗算身亡。

宫中侍女屡受潘皇后的荼毒,过着非人的日子。哪里有压迫,哪里就有反抗。于是宫女们趁着潘皇后昏睡不醒,用绳子将她活活勒死,并谎称皇后是暴病而终。不久东窗事发,孙权异常恼怒,将伺候皇后的五六个宫女斩首。

皇后死于非命,朝廷内外人心惶惶。朝中百官纷纷去找王表,向他问祸福。王表不堪其扰,跟着他的奴仆纺绩突然人间蒸发了。百官们还以为王表又在耍弄隐形神技,过了许久方知,王表见骗局渐渐露出马脚,已经吓得连夜逃之夭夭了。

在最悲伤的时刻,"活神仙"抛弃自己,溜之大吉,成了压垮孙权沉疴病体的最后一根稻草。四月,孙权只剩一口气了,赶紧把太子太傅诸葛恪、太子少傅弘、太常滕胤、将军吕据、侍中孙峻召进宫,在病榻前托孤,交代后事。这是三国时期第三次临终托孤。第一次,黄武二年(公元223年)刘备在白帝城向诸葛亮托孤。第二次,赤乌二年(公元239年)曹叡向司马懿托孤。蜀、

魏的托孤重臣基本上都没有辜负故主的期许，兢兢业业辅佐幼主，充当掌舵者，引领失去船长的大船轻松避过危险区，安然前行。诸葛恪能像叔父诸葛亮或者司马懿那样，引领东吴这艘巨舟，平安驶向光明的未来吗？

翌日，孙权带着无比的惆怅与迷惘，撒手人寰，殡天而去，年七十一。

孙权驾崩的日期，陈寿《三国志·诸葛恪传》有载，诸葛恪在给弟弟公安督诸葛融的书信中写道："今月十六日乙未，大行皇帝委弃万国，群下大小，莫不伤悼。"

但四月十六日是乙酉，乙未是二十六日。《建康实录》与《吴书》中明确记载："神凤元年夏四月乙未，帝崩于内殿。"显然，陈寿在转录诸葛恪的书信时漏阙了一个"二"字。所以，孙权驾崩于神凤元年（公元252年）四月二十六日。

孙权驾崩之日，中书令孙弘因与诸葛恪不和，惧怕遭到诸葛恪的清算，就封锁消息，准备假传诏书诛杀诸葛恪。侍中孙峻却向诸葛恪告密。因为诛杀大权不在诸葛恪手中，诸葛恪就把皇室长辈、孙权的姐夫弘咨请出来，让他定夺。最后，他们将孙弘正法，并向天下宣告，孙权驾崩，立太子孙亮为皇帝，改元建兴，谥孙权曰大皇帝。七月，葬蒋陵（今江苏南京钟山南麓）。

东吴进入了动荡不安的后孙权时代。

后孙权时代的东吴与后诸葛亮时代的蜀汉、后曹叡时代的曹魏一样，在失败中顽强地抗争，最后仍然难逃覆亡的劫数。

诸葛恪掌政初期，确实不负众望，宣布废除孙权时代的严密监控政策，文武百官空前自由；又免除逃租漏税，取消关税，广大农民与商人获得大解放，故而诸葛恪深得人心，成了东吴的大救星。诸葛恪一出门，就受到老百姓的围观，前呼后拥，风头与蜀汉的大政治家诸葛亮相比，有过之而无不及。

在诸葛恪的领导下，当年十二月，吴军大破魏军于东兴（今安徽含山西南），斩杀数万，缴获战车、牛马、骡驴各以千数，军资堆积如山。东吴叛将韩综也成为诸葛恪的刀下鬼。韩综投降曹魏之后，多次引导魏军侵犯吴境，孙权生前一提起韩综就恨得牙痒痒。诸葛恪凯旋之后，让人提着韩综的头颅去祭奠孙权。东吴大快人心，诸葛恪简直成了神一般的人物。幼主孙亮加封他都督中外诸军事、荆扬二州牧、丞相。

可惜好景不长，东兴大捷之后，诸葛恪突然像变了一个人，刚愎自用，穷兵黩武，竟然强征二十万人北伐曹魏，结果惨败于淮南，损伤大半。诸葛恪一下子从云端摔到地面,由战争之神堕落为战争狂魔,人人恨不得将其食肉寝其皮,终于被政敌孙峻手刃于酒席之中。

诸葛恪死后,权臣之间相残变本加厉。杀了诸葛恪,孙峻独揽大权,在情妇孙鲁班的挑唆下,又杀了废太子孙和、公主孙鲁育。孙峻死后,另一宗室成员孙綝粉墨登场。他也是嗜杀成性,残暴更甚于孙峻,不但杀了孙权的顾命大臣滕胤、吕据,而且连皇帝孙亮也被他先废位后毒毙,是一个人人欲诛之的大魔头,结果死在被自己扶上皇位的吴景帝孙休之手。

杀杀杀,成了后孙权时代的主旋律,终于埋葬了孙坚、孙策、孙权父子三人浴血奋战半个世纪、历经千辛万苦才建立起来的孙吴王朝。

魏、蜀两国的命运也好不到哪里去。吴景帝永安六年(公元263年),曹魏权臣司马昭大举伐蜀,十一月,魏将邓艾偷越阴平关,直捣成都。后主阿斗投降,蜀汉立国四十三年后宣告灭亡。

翌年,吴景帝孙休死去,废太子孙和之子孙皓继位。孙皓为三国时代罕见的暴君,穷奢极欲,用刑残虐,东吴不可逆转地沉沦了下去。

孙皓元兴二年(公元265年)十二月,晋王司马炎逼曹魏后主曹奂退位,建立西晋王朝。魏立国四十六年灭亡,仅比蜀汉多三年。

凤凰元年(公元272年)秋冬,晋、吴之间爆发一场大战——西陵之役。五十年前,陆逊在此火烧连营,大破刘备,挽救了东吴。现在,陆氏家族再次扮演救世主的角色,陆逊之子陆抗击杀东吴叛将步阐,击退西晋名将羊祜,收复西陵,延长了东吴的数年国祚。但是随着陆抗的死去,东吴又坠入了覆没的深渊。

天纪三年(公元279年)十一月,西晋兵分水陆两路,大举伐吴。翌年二月(公元280年),吴国丞相张悌与丹阳太守、《临海水土志》著者沈莹在版桥(今安徽含山县北)展开了可歌可泣的阻击战,终因寡不敌众,与部众七千八百人一同殉难。

版桥之战奏响了东吴灭亡的哀鸣曲。三月十五日,孙皓仿效蜀汉后主阿斗,自绑双手,让人用牛车运着棺材,投降晋军,吴灭。

东吴自大皇帝孙权黄龙元年,至后主孙皓天纪四年,历四帝,凡五十二年(若从黄武元年授封吴王算起,则有五十九年),是魏、蜀、吴中国祚最长的

一个。东吴的灭亡,标志着黄巾起义以来百年乱世的终结,华夏再次一统。

孙权十八岁继位,四十一岁授封吴王,四十八岁登基称帝,七十一岁驾崩,在位二十三年,是三国时期最长寿的君主。

历史学家陈寿是如此评价这位传奇君主的:"孙权屈身忍辱,任才尚计,有勾践之奇,英人之杰矣。"孙权善忍,堪比越王勾践。忍,是世间的最大智慧。凡是善忍的,无一不成就一番大业的,曹操、刘备、司马懿如此,孙权更是如此。为了抵御曹操,孙权不惜牺牲妹妹的幸福,不惜借出兵家必争的荆州,来拉拢刘备;为了牵制刘备,孙权又不惜牺牲尊严,屈膝献媚,向曹操称臣。曹操死后,曹丕、刘备相继称帝,孙权依旧不温不火,俯首称藩,一忍就是八年。直到曹叡即位,东吴取得了石亭大捷,孙权这才彻底与曹魏绝交,堂而皇之地登上帝位。

孙权的隐忍,可谓至大、至智也。只有笑到最后,才是真正的赢家。虽然晚年沉迷神鬼,废立失度,庶几动摇了东吴的统治根基,但是孙权在位期间,勇于开疆拓土,首航夷洲,征服珠崖郡,遣使远赴辽东、高句丽,宣化南洋,东吴使者的足迹遍及东亚、东南亚,甚至南亚,拓通了海上丝绸之路,在中华民族史和东西交往史上都书写下了极为辉煌的篇章!孙权对中华民族的贡献丝毫不亚于统一北方的曹操,堪称一位伟大的君主,不辱其"大皇帝"的谥号。

附录　孙吴家族世系表

第一代	第二代	第三代	第四代	备注
孙坚	孙策	孙绍	孙奉	
		女		配陆逊
		女		先配顾雍长子顾邵,续配朱治三子朱纪
	长女			配弘咨
	孙权①	孙登（谥号宣太子）	孙璠	孙登、孙虑生母不详,由徐夫人抚养
			孙英	
			孙希	
		孙虑		
		孙和（王夫人生、废太子、南阳王）	孙皓④	吴末帝
			孙俊	
			孙德	
			孙谦	
			女	配陆抗之子陆景
		孙霸		鲁王。谢姬生
		孙奋		章安侯。仲姬生
		孙休③		吴景帝。王夫人生
		孙亮②		吴少帝。潘皇后生
		孙鲁班		全公主。步夫人生,先配周瑜子周循,后配全琮
		孙鲁育		朱公主。步夫人生,先配朱据,后配刘纂
	孙翊	孙松		
	孙匡	孙泰		
	孙朗			
	女			配刘备

注:数字标示了帝位继承顺序。

图书在版编目（CIP）数据

隐忍的大帝：孙权传 / 柯胜雨著. —杭州：浙江大学出版社，2019.3
ISBN 978-7-308-18701-5

Ⅰ.①隐… Ⅱ.①柯… Ⅲ.①孙权（182—252）—传记 Ⅳ.①K827＝363

中国版本图书馆 CIP 数据核字（2018）第 228020 号

隐忍的大帝：孙权传

柯胜雨　著

责任编辑	谢　焕
责任校对	杨利军　唐微韦
封面设计	石　几
出版发行	浙江大学出版社
	（杭州天目山路148号　邮政编码310007）
	（网址：http://www.zjupress.com）
排　　版	浙江时代出版服务有限公司
印　　刷	杭州钱江彩色印务有限公司
开　　本	710mm×1000mm　1/16
印　　张	16
字　　数	238千
版 印 次	2019年3月第1版　2019年3月第1次印刷
书　　号	ISBN 978-7-308-18701-5
定　　价	48.00元

版权所有　翻印必究　印装差错　负责调换

浙江大学出版社市场运营中心联系方式　（0571）88925591；http://zjdxcbs.tmall.com